KB150853

개헌과 동시선거

선거주기의 효과에 대한 비교연구

개헌과 동시선거

선거주기의 효과에 대한 비교연구

이준한 지음

인간사랑

목차

서문

이 책은 2007년 벽두 이른바 원 포인트 개헌론이 제기되면서 관심을 모았던 동시선거(대통령선거와 국회의원선거 동시실시 4년 연임제 대통령제)라는 주제를 폭넓게 다룬다. 『개헌과 동시선거 : 선거주기의 효과에 대한 비교연구』라는 제목이 말해주듯이 이 책은 한국의 개헌에 있어서 가장 중요한 주제인 선거주기를 이해하기 위하여 동시선거와 그 외에 전 세계의 다양한 선거주기에 따른 정치적 효과를 비교하고 평가하는 것이다. 이 책은 크게 세 부분으로 나뉘는데, 먼저 첫 부분은 서로 다른 선거주기의 정치적 효과를 살펴보기 위하여 전 세계의 다양한 사례를 분석한다. 그 다음은 한국의 선거주기에 대한 진단과 실험 및 대안을 제시한다. 마지막은 한국의 개헌 및 정치개혁의 주요 대안들인 결선투표제와 국회의원 중선거구제에 대하여 평가해 본다.

일반적으로 선거주기는 대개 동시선거(concurrent election)와 비동시선거(nonconcurrent election)로 구분된다. 동시선거는 대통령제 국가에서 대통령선거와 의회선거가 같은 날 열리는 것을 가리키는 반면 비동시선거는 두 가지 선거가 서로 다른 날 열리는 경우를 일컫는다. 비동시선거는 다시 세 가지 대표적인 유형으로 구분된다. 먼저 신혼선거(honeymoon election)는 대통령선거가 끝난 지 1년 안에 열리는 의회선거이다. 그 다음으로 중간선거(midterm election)는 대통령선거의 정 가운데 의회선거가 열리는 경우를 말한다. 마지막으로 황혼선거(counterhoney-moon election)는 현 대통령의 임기 말 1년 안에 열리는 의회선거를 의미한다(Shugart and Carey 1992).

이 책을 관통하는 선거주기와 선거결과 사이의 핵심적인 이론은 매우 간단하다. 다른 조건이 고정되었다고 가정할 때(with other things being equal) 대통령선거에서 가까운 시일 안에 의회선거가 실시될수록 대통령 소속정당이 의회선거에서 승리할 가능성이 커진다는 것이다. 이와 비슷한 논리적 연장선상에서 대통령선거로부터 의회선거가 멀어질수록 대통령 소속정당이 의회선거에서 패배하는 경향이 있다(Jones 1994 ; Meirowitz and Tucker 2007 ; Negretto 2006 ; Shugart 1995 ; Shugart and Carey 1992).

여기에서 연구방법론상 독자들이 유의하고 잊지 말아야 할 점이 있다. 그것은 '다른 조건이 비슷하다고 간주'(*ceteris paribus*)한 상태에서 이 책이 선거의 시점과 대통령 소속정당의 선거이득 사이의 관계에서 일정한 경향이 보이는지 각각의 사례에서 규명한다는 사실이다. 일반적으로 선거결과에 영향을 주는 변수들은 선거의 시점 외에 다양한 변수들이 있고 또 이 변수들이 복합적으로 작용한다. 구체적으로 말하자면 선거에서는 정당소속감, 사회경제적 배경, 선거이슈, 후보자의 인물특징 등이 유권자의 선택을 좌우하는 것으로 알려져 있다. 그리고 선거가 치러지는 독특한 정치적 환경, 경제적 상황, 선거제도의 변화는 물론 심지어 국제정세까지도 집권당의 승패에 큰 영향을 미친다. 그러나 이 책은 선거에 영향을 미치는 다른 여러 가지 변수들을 고려하지 않는다. 그렇다고 이 책이 선거결과에 선거시점만이 중요한 변수이고 다른 변수들이 그렇지 않다는 것을 주장하는 것이 아니다. 다만 선거의 시점과 대통령 소속정당의 선거이득 사이에 형성된 관계를 고찰하기 위하여 다른 변수들을 제외시킬 뿐이다.

그 외에 주의해야 할 점이 더 있다. 이 책은 선거주기에 따른 대통령 소속정당의 선거이득을 규명하는 것이기 때문에 선거연합보다는 정당이 분석의 단위가 된다. 또한 대통령 소속정당이 의회선거에서 1위를 차지한 사실보다는 의석 점유율이 과반수인지 아닌지를 선거주기에 따른 선거이득의 기준으로 삼는다. 이렇게 분석의 기준을 정하다 보니 이 책 전반에서 통일성의 차원에서는 긍정적이나 애초의 연구와 조금 다른 분석결과가 나오는 것을 피할 수 없게 되었다.

이 책은 이미 밝혔듯이 크게 3부로 구성된다. 제1부는 지구상에서 다양한 선거주기에 따라 관찰되는 대통령 소속정당의 선거이득을 다양한 사례연구에 기초하여 체계적으로 추적하고 비교하며 평가한다. 제1장은 미국형 또는 혼합형 선거주기의 사례인 미국, 멕시코, 아르헨티나, 필리핀을 분석한다. 미국의 대통령 임기는 4년이고 하원의 임기는 2년이며, 멕시코와 필리핀은 6(대통령 임기)–3년(의회 임기), 아르헨티나는 4–4년이다. 이들 국가에서는 대통령선거와 의회선거를 동시에 치렀다가 대통령 임기 정 가운데에 중간선거를 실시한다. 아르헨티나는 하원의 1/2씩 나눠서 2년마다 선거를 치른다. 미국식 선거주기는 두 가지 선거주기를 함께 보유하기 때문에 선거주기 연구의 좋은 출발점이 된다.

제2장은 중간선거주기를 채택한 도미니카 공화국을 통하여 대통령 소속정당의 선거이득을 체계적으로 추적한다. 선거주기 가운데 중간

선거주기도 매우 희귀한 것이지만 도미니카 공화국은 이 희귀한 선거주기를 이용하는 지구상의 유일한 국가이다. 도미니카 공화국은 1978년부터 동시선거를 실시하다가 1994년 선거부정으로 대통령선거를 2년 앞당겨 조기에 실시하면서 1996년부터 중간선거주기를 이용하고 있다. 이에 따라 1996년부터 2010년까지 대통령선거와 의회선거가 모두 네 번씩 치러졌다. 따라서 이 장에서는 새로이 도입된 도미니카 공화국의 중간선거주기가 이끈 선거결과를 구체적으로 살펴보고 2008년 이후 도미니카 공화국에서 다시 동시선거주기를 도입하려는 노력이 펼쳐지는 배경에 대하여 알아본다.

제3장은 신혼선거주기를 주로 프랑스의 사례를 통하여 분석한다. 지구상에서 대통령선거를 실시하는 근 100개에 이르는 국가들 가운데 신혼선거주기를 제도적으로 채택한 국가들은 타지크스탄, 우즈베키스탄, 감비아, 콩고 등이 있으나 이들 국가들은 대부분 민주적인 선거의 실시라는 관점에서 부정할 수 없는 의심을 살 수 있다. 따라서 이들 국가를 통해 아직 신혼선거주기의 선거결과에 관하여 의미 있는 추론을 도출하기 어렵다. 대신 제3장은 2000년 개헌 이후의 프랑스에 주목하는데, 프랑스는 과거의 불규칙한 선거주기를 버리고 1달 간격이 있는 신혼선거주기를 새로 채택했다. 프랑스와 같이 과거 매우 불규칙한 선거주기로 고생한 대만은 2005년 개헌을 통하여 2달 간격이 있는 황혼선거주기를 새로 도입했기 때문에 제3장에서는 프랑스와 함께 그 개헌의 배경과 동학 및 결과를 비교한다.

제4장은 황혼선거주기를 러시아와 콜롬비아 사례를 통하여 분석한다. 대만에서 최근 황혼선거주기를 채택하기 전부터 러시아와 콜롬비아는 민주주의 이행 이후에 황혼선거를 규칙적으로 치러왔다. 러시아는

새로운 대통령선거 반년 전에 의회선거를 치르고 콜롬비아는 2달 간격을 두고 양대 선거를 벌인다. 이 책이 참고한 국가별 선거주기와 관련된 자료는 Meirowitz and Tucker(2007)에 나와 있는데, 이 책의 사례들은 어쩌다 한 번씩 중간선거나 신혼선거 또는 황혼선거를 치르는 게 아니라 정기적으로 실시한다는 점에 유의해야 한다.

제2부는 한국의 불규칙한 선거주기에 대한 진단과 동시선거주기에 대한 실험 및 대안을 제시한다. 그 가운데 먼저 제5장은 한국의 불규칙한 선거주기와 그에 따른 국회의원선거와 지방선거의 선거결과를 추적한다. 여기에서는 과거 1987년 이후 한국에서 다양한 시점에 열린 국회의원선거와 지방선거에서 대통령 소속정당의 선거결과를 찾아본다. 한국에서는 신혼선거나 황혼선거를 비롯하여 대통령 임기 전반부나 후반부에 각종 선거가 모두 등장한다. 다만 엄격한 의미의 중간선거는 없지만 그와 비슷한 시점에 벌어진 선거에서 대통령 소속정당의 선거결과도 살펴본다. 따라서 제5장을 통하여 한국의 사례와 제1부의 다양한 사례연구의 결과를 비교할 수 있게 된다.

제6장은 한국에서 실험했던 동시선거의 다양한 사례를 찾아 그 선거결과를 규명한다. 그 가운데 2010년 6월의 지방선거에서 교육감 및 교육의원선거의 동시실시가 대표적이다. 그 외에 2000년부터 1년에 2회씩 동시에 실시하게끔 바뀐 선거법에 따른 재보궐선거나 2007년 대통령선거와 동시에 실시된 재보궐선거 및 교육감선거 등이 사례가 된다. 이러한 사례연구는 한국의 동시선거주기 도입에 따른 선거결과를 예측하는데 기여할 것이다.

제7장은 장차 개헌의 대안으로 동시선거주기 4년 연임제 대통령제

를 제안하는데 이 책의 결론이라고 해도 과언이 아니다. 이러한 대안을 도출하기 위하여 1987년 헌법의 불규칙선거주기 5년 단임제와 동시선거주기 4년 연임제의 장점과 단점을 서로 비교하고 평가한다. 그리고 제7장에서 제시하는 결론을 이해하기 위하여 독자들은 이 책이 왜 제1부에서 지구상 다양한 사례를 통하여 선거주기에 따른 대통령 소속정당의 선거결과를 분석했는지 생각해 볼 필요가 있다.

제1부에서는 9개 국가의 다양한 선거주기에서 선거의 기계적인 시점이 대통령 소속정당의 선거이득에 대체로 적지 않은 영향을 준다는 사실을 거의 공통적으로 찾아낸다. 제1부를 보면 특히 동시선거와 신혼선거에서 대통령 소속정당의 의회선거 승리 가능성과 중간선거의 패배 가능성이 컸지만 황혼선거의 패배경향은 아직 뚜렷하지 않다는 사실이 발견된다. 즉 한국에서 선거주기를 바꿀 때, 특히 이 책이 제안하듯이 동시선거주기를 채택할 때 대통령 소속정당의 이점이 없지는 않다. 그러나 이러한 선거주기의 변화에 따른 대통령 소속정당의 이점이나 손해는 전세계적으로 피할 수 없는 것이다. 이와 같은 현상은 과거 한국의 불규칙한 선거주기 아래에서도 발생했던 일이다. 하지만 장차 개헌의 대안으로 신혼선거주기나 황혼선거주기는 선거비용을 포함하여 각종 정치비용의 절감 등에 큰 기여가 없기 때문에 중요한 고려의 대상이 되지는 못한다. 미국식 선거주기는 국회의원의 임기를 4년에서 2년으로 줄여야 하는 어려운 문제가 파생되기 때문에 전혀 고려의 대상이 안 된다. 이에 따라 남는 것은 동시선거주기나 중간선거주기이다. 하지만 이 책의 제2장에서 도미니카 공화국의 사례를 분석한 결과 중간선거주기는 결코 생산성 있는 정치를 보장하지 못하다는 것을 발견했다. 이러한 체계적이고 종합적인 분석은 이 책에서 한국의 개헌을 위한 대안을 찾는 데 큰 도움을 준다.

그리고 제7장은 대만이 2005년 개헌을 성공시키기 위하여 3년의 의원임기를 4년으로 연장했듯이 한국도 2012년 4월로 끝나는 의원임기를 대통령선거까지 연장시켜 주면서 동시선거주기로 개헌할 것을 제안한다. 대통령이나 국회의원 누구도 자기의 임기를 줄이는 개헌에 나서지 않을 것이기 때문이다. 임기를 반년 정도 늘려주는 대신에 국회의원이 개헌을 성사시키는 데 앞장서거나 무임금으로 추가 임기 동안 일하겠다는 의지를 표한다면 일은 더욱 쉬어질 것이다. 제18대 국회는 너무 자주 공전되지 않았는가? 다만 현실적으로 2012년에 지방선거까지 동시화시키는 것이 어렵지 않다면 지방자치단체장이나 지방의회의원의 임기까지 모두 조정해서 동시화시키는 것이 이 책에서 연구할 결과들에 따라 더욱 바람직할 것으로 본다.

제3부는 현재 한국의 개헌과 정치개혁의 대안에서 가장 중요한 사항을 하나씩 구체적으로 평가해 본다. 제8장은 현재 개헌의 주요 아이템으로 회자되는 결선투표제의 실체를 밝혀본다. 특히 제8장은 결선투표제가 현재 개헌을 통하여 선거의 동시화를 추구하는 노력에 역행하는 효과를 낳는다는 관점에서 평가해 본다. 대통령선거에서 과반수 당선자가 없다면 최소 1주 뒤에 다시 선거를 치르기 때문이다. 이 외에도 결선투표제는 2라운드에서 유권자의 투표참여를 저하시키고 선거결과의 역전을 가능하게 만들며 정당체계의 파편화와 불안정화를 유인하고 네거티브 선거연합의 구축을 추진시키는 문제점을 안고 있다.

마지막으로 제9장은 중선거구제 국회의원선거제도에 대하여 평가해 본다. 이 장은 한국에서 실시되었던 제8대부터 제12대 사이 국회의원선거와 제4회 전국동시지방선거의 중선거구제 선거결과를 경험적으로 분석한다. 그 결과 중선거구제는 결코 지역주의의 완화에 기여하지 않았고 정치신인이나 여성의 의회 진출에 도움을 주지 않았다는 사실을 발견할 수 있었다. 따라서 적어도 현재까지 한국에서 실시해 온 단기비이양식 중선거구제의 재도입은 바람직하지 않다는 것이다.

한국의 현행 단임 5(대통령 임기)－4년(의회 임기) 비동시선거제도는 전 세계에서 사례가 매우 적은 편에 속한다. 한국의 단임제는 99개 대통령 선출국가들 가운데 11개 국가만이 채택한 소수파이다. 한국의 5–4년 임기조합은 단임제 국가들 사이에서는 유일한 사례이다. 대상을 좀더 넓혀 모든 대통령 선출국가들을 살펴보면 한국의 5–4년 임기조합은 21개 국가들이 이용하여 두 번째로 많이 애용되는 제도이다. 5–5년 임기조합은 34개 국가(37.0%)가 채택하여 가장 빈번한 조합이다.

전 세계 99개 대통령 선출국가들 가운데 5–4년 조합을 선택한 국가들을 살펴보면 한국보다 민주주의 수준이 발전된 국가가 하나도 없는 것을 알 수 있다. 5–4년 조합을 선택한 21개 국가들 가운데 12개는 구동유럽 사회주의 국가들(그루지야, 루마니아, 리투아니아, 마케도니아, 몬테네그로, 세르비아, 슬로바키아, 슬로베니아, 아르메니아, 알바니아, 크로아티아, 폴란드) 출신이고 6개는 아프리카(기니바시우, 마다가스카르, 베냉, 상 투메 프린시페, 앙골라, 차드)에 위치하며 아이티는 여전히 아메리카의 불안정한 정치의 대명사이다. 마지막으로 남은 포르투갈은 제3의 민주화 물결이 시작된 국가이다. 이미 1987년 헌법에 기초한 5–4년 임기조합 단임제 대통령제에 대한 위상을 제대로 인식하고 개선할 시점이 지난 것이다.

이 책을 완성하는 데 적지 않은 시간이 걸렸다. 2007년 이른바 원 포인트 개헌론이 제기된 뒤 마음에 계획을 세워놓고 있었다. 그러나 2009년 안식년을 얻은 뒤 그간 써놓았던 논문들을 대폭 수정하고 보완하는 한편 새로운 논문을 몇 개 더 작성했다. 그 뒤 책을 편집하면서 몇 개월을 더 기다려야 했다. 2010년 3월에는 콜롬비아의 의회선거가 있었고, 5월에는 필리핀의 동시선거와 도미니카 공화국의 중간선거가 치러졌으며, 6월에는 한국의 지방선거가 있었고, 11월에는 미국의 중간선거가 치러졌기 때문이다. 이 선거결과들을 이 책의 여기저기에 반영하고 싶었다. 어려운 경제사정과 출판계 현실에도 불구하고 흔쾌히 책을 맡아 준 인간사랑 여국동 사장님과 책을 편집하는 데 수고를 아끼지 않은 인간사랑 편집진에게 감사의 마음을 전한다.

작년 여름 미국 캘리포니아 주 수도인 새크라멘토로 안식년을 떠나기 전 인하대학교의 김용호 교수님께서 책 한 권이라도 꼭 써야 한다는 명을 받았다. 안식년을 준비하면서 추천서를 써주신 것도 고마운데 목표를 설정하고 달성하도록 큰 힘을 주셔서 대단히 감사하다. 경남대학교 심지연 교수님께서도 안식년을 준비하는 데 큰 가르침을 주셨다. 또 서울대학교 박찬욱 교수님께서도 안식년에 필요한 추천서도 써주시면서 두루두루 격려해 주셨다. 세 분께 갚기 어려운 은혜를 입었다. 추천서를 거론하다 보니 미국으로 유학 떠날 때 도와주신 서울대학교의 김세균 교수님, 장달중 교수님, 최명 교수님이 다시 한 번 생각난다. 그런데 아직도 제대로 감사의 마음을 표현하지 못해왔다. 그때 그분들의 도움의 결과물이 이 책이다. 정말 감사한 마음을 정중하게 전해드리고 싶다.

안식년을 보내는 동안 다른 길로 빠지지 않게 성원해 주신 데 대하여 인천대학교의 이갑영 교수님께 고마움을 전한다. 특히 이갑영 교수님의 자랑스런 딸 다솜이는 안식년을 준비하는 영문 지원서를 다듬어줬다.

또한 한미교육위원단의 심재옥 단장님과 임부희 선생님께서는 안식년을 성공적으로 보내는 데 물심양면으로 지원을 아끼지 않으셨다. 두 분의 지원이 없었다면 이 책을 완성하는 것이 매우 어려웠을 것이다. 마지막으로 내 아들 주승이가 이 책을 보고 좋아했으면 하는 마음이 간절하다.

2011년
인천 송도의 새 교정에서

일러두기

이 책의 각 장은 이미 여러 논문집에 따로 게재된 바 있어 아래에 그 출처를 밝혀둔다. 모두 단독저자이다. 물론 이 책을 위하여 이 논문들은 적지 않게 수정 · 보완되었다.

제1장 : 2008. "남미의 혼합형 선거주기 비교연구." 『라틴아메리카연구』 제21권 제2호. 6-33.

제2장 : 2010. "도미니카 공화국의 중간선거주기와 정치적 효과." 『라틴아메리카연구』 제23권 제3호. 247-268.

제3장 : 2008. "불규칙한 선거주기와 대통령 소속정당의 선거이득 : 프랑스와 대만." 『대한정치학회보』 제16권 제2호. 69-93.

제4장 : 2008. "황혼선거와 집권당의 선거이득 : 러시아와 콜롬비아." 『국제지역연구』 제12권 제2호. 327-349.

제5장 : 2008. "한국의 선거주기와 대통령 소속정당의 선거이득." 『한국정당학회보』 제7권 제2호. 137-157.

제6장 : 2009. "2010년 지방선거와 교육감 및 교육의원선거의 동시실시에 따른 효과 예측." 『한국지방정치학회보』 제21권 제3호. 101-118.

제7장 : 2008. " '87년 체제'의 의의와 정치권력구조의 한계." 『동양정치사상사』 제7권 제2호. 85-101.

제8장 : 2010. "결선투표제의 비판적 고찰." 『의정논총』 제5권 제2호. 101-127.

제9장 : 2010. "한국의 중선거구제가 선거결과에 미친 영향." 『대한정치학회보』 제18권 제1호. 315-345.

제1부 선거주기에 대한 사례연구

Chapter 1

미국형(혼합형) 선거주기 :
미국, 멕시코, 아르헨티나, 필리핀

I. 서론

지구상에 존재하는 대통령선거와 의회선거 사이의 다양한 선거주기와 그 정치적 효과를 분석하는 데 있어서 미국의 대통령선거와 의회선거는 매우 중요한 출발점이 된다. 무엇보다도 그 이유는 대통령제의 효시가 1787년 미국의 헌법이기 때문이다. 당시 미국에서 건국의 아버지들(founding fathers)은 영국의 군주와 같이 강력한 권한을 보유하는 대통령의 선출을 피했다. 이에 따라 미국에서는 의회 또는 선거인단에서 간접적으로 대통령을 선출하는 방식을 취했다. 이와 동시에 미국에서는 하원의원의 임기를 2년으로 규정하여 4년마다 대통령선거와 동시에 선거를 치르거나 정 가운데에 중간선거를 치르도록 제도화했다. 사실 이 책에서 미국형 선거주기 또는 혼합형 선거주기라 함은 동시선거와 중간선거를 번갈아 실시하는 것을 일컫는다. 미국에서는 6년 임기의 상원의

원도 1/3씩 나눠서 2년마다 선거를 실시한다.

이러한 간선제 대통령제는 1848년 프랑스에서 루이 나폴레옹 보나파르트(Louis-Napoleon Bonaparte) 또는 나폴레옹 3세를 대통령으로 선출하는 데 이용되었다. 그러나 그는 대통령이 된 지 얼마 지나지 않은 1851년 쿠데타로 권력을 더욱 강력하게 장악하고 1870년까지 권좌를 지켰다. 그는 프랑스의 마지막 군주이자 명목상의 대통령이었다. 세계적으로 첫 직선제 대통령선거는 1919년 독일에서 열릴 예정이었지만 의회의 간선제로 대체되었다. 결국 첫 직선제 대통령선거는 1925년 독일에서 치러졌다(Blais, Massicottea, and Dobrzynska 1997).

이후 미국식 간선제 대통령선거제도는 중남미로 흘러들어 갔다. 중남미에서는 그나마 군주제의 전통이 빈약했는데 영국, 스페인, 포르투갈의 식민지를 거치면서 더욱 그 전통이 사라졌다. 이에 따라 중남미에서는 독립 이후 영국의 식민지배를 받은 지역은 의원내각제를 채택하는 경로를 밟은 반면 스페인이나 포르투갈의 지배를 받은 국가는 대통령제를 채택하는 경로를 택했다. 중남미에서도 의회나 선거인단을 통한 간선제 대통령선거제도가 프랑스와 같이 독재의 출현을 미연에 방지하거나 국민의 권한을 조금이라도 제한할 수 있다는 점에서 매력적이었던 것이다. 또한 미국의 대통령제는 제2차 세계대전이 끝나면서 신생민주주의 국가에 많이 전파되었고, 1990년대 아프리카에서 민주화를 거치면서 더욱 확산되었다(Golder 2005).

다른 선거주기보다도 미국형 선거주기를 먼저 살펴보는 이유는 혼합형 선거주기가 선거주기에 따른 대통령 소속정당의 선거이득을 종합적으로 분석할 수 있도록 하기 때문이다. 대통령선거와 의회선거가 동시에 열리는 동시선거에서는 유력한 대통령 후보나 현직 대통령이 속한 정당이 의회선거에서도 승리할 가능성이 높다. 이에 비하여 대통령선거로부터 의회선거가 멀어질수록 대통령 소속정당의 선거이득이 사라지는 경향이 있다(Shugart 1995). 미국형 선거주기에서는 동시선거와 중간선거가 번갈아 치러지기 때문에 선거의 시점에 따른 선거결과를 다양하게 분석할 수 있는 실험실 역할을 한다. 이에 따라 미국형 선거주기는 지구상 모든 동시선거 국가의 선거결과와 비동시선거 국가의 선거결과를 수집하여 비교·평가하는 것보다 훨씬 더 효율적이고 현실성이 높은 연구를 보장한다. 같은 국가에서 선거의 시점에 따라 변화하는 선거결과를 추적하는 방법은 많은 국가의 다양한 선거주기가 각국의 선거결과에 미치는 정치적 효과를 분석하는 것보다 더 설득력 있는 추론을 제공하기 때문이다.

따라서 여기에서는 지구상에서 혼합식 선거주기를 이용하는 국가들을 모두 찾아 선거의 시점에 따른 선거결과의 특징을 체계적으로 규명한다. 현재 혼합식 선거주기는 전 세계적으로 미국, 멕시코, 아르헨티나, 필리핀에서 사용된다. 이미 밝혔듯이 중남미에서는 미국식 간선제 대통령제가 유행했으나 독재와 민주화라는 격동의 시기를 거치면서 미국형 선거주기는 멕시코와 아르헨티나에만 남게 되었다. 아시아의 필리핀은 제2차 세계대전을 전후하여 미국식 정치제도를 많이 도입한 결과 미국형 선거주기의 다른 사례가 되었다.

이 장은 미국형 또는 혼합형 선거주기의 특징과 그 선거효과를 분석·비교해 본다. 이러한 목적을 달성하기 위하여 이 장은 먼저 선거주기에 따른 대통령 소속정당의 의회선거 성적에 대한 선행연구를 이론적으로 검토한다. 그 다음은 사례분석으로서 미국, 멕시코, 아르헨티나, 필리핀에서 관찰되는 대통령 소속정당의 의회선거 결과를 동시선거와 비동시선거라는 맥락에서 각각 비교·평가해 본다. 이들 국가들은 모두 양원제를 채택하고 있지만 여기에서는 대통령선거와 하원선거에 초점을 맞춘다. 결론에서는 연구의 결과를 요약한다.

II. 선거주기와 대통령 소속정당의 선거이득

대통령제가 미국에서 발전했듯이 대통령제 또는 대통령선거와 관련된 연구도 미국적 맥락에서 크게 발전해 왔다. 그 가운데 선거주기와 관련된 연구는 대통령선거와 의회선거 사이의 주기에 따라 네 가지 선거유형으로 구분해 왔다(Shugart and Carey 1992). 그 가운데 첫째는 대통령선거와 의회선거를 한날 한시에 치르는 동시선거(concurrent election)가 있다. 일반적으로 동시선거에서는 언론에 많이 노출되는 유력한 대통령 후보의 인기에 힘입어 그가 속한 정당이 의회선거에서 승리하는 경향이 있다. 이에 따라 미국식 양당제에서는 대통령 소속정당이 과반수 의석을 장악하여 한 정당이 행정부와 입법부를 모두 보유하는 단점정부(unified government)의 출현으로 이어질 가능성이 생긴다.

둘째는 대통령선거와 의회선거가 다른 날에 거행되는 비동시선거(nonconcurrent election)의 일종으로 신혼선거(honeymoon election)가 있다. 신혼선거는 대통령 임기 전반부, 특히 1년 안에 열리는 의회선거를 가리킨다. 신혼선거에서는 새로 취임한 대통령 소속정당이 의회에서 이길 가능성이 크다. 아직 대통령의 인기도 높고 언론이나 유권자는 대통령이 정치를 좀더 쉽게 할 수 있는 환경을 조성해 주는 경향이 있는 것이다. 이러한 우호적인 분위기를 허니문 효과(honeymoon effect)라고 부른다.

셋째는 비동시선거의 일종으로 중간선거(midterm election)가 있다. 중간선거는 대통령 임기의 정 가운데 의회선거를 실시하는 것이다. 중간선거에서는 대통령 소속정당이 패배하는 경향이 있다. 이에 따라 미국식 양당제에서는 대통령 소속정당이 입법부의 과반수 지위를 잃어 행정부와 입법부를 서로 다른 정당이 나누어 보유하게 된다. 이러한 분점정부(divided government)에서는 실정의 책임소재를 명확하게 구분하기 어렵고, 행정부와 입법부 사이의 교착과 대치의 가능성이 생기며, 효율적인 정책집행의 가능성을 낮추는 경향이 있다(McCubbins 1991).[1] 그래서 흔히 책임정당정부(responsible party politics)가 운영되기 쉬운 것은 분점정부가 아니라 단점정부라고 하는 것이다. 그 결과 중간선거는 행정부와 입법부의 조화에 대한 전망을 가장 어둡게 만들고 의회선거에 대한 대통령선거의 영향을 가장 약화시키는 것으로 알려졌다(Shugart and Carey 1992 : 264-265).

마지막으로 비동시선거의 일종으로서 황혼선거(counterhoneymoon election)가 있다. 황혼선거는 신혼선거와 정반대로 대통령 임기 후반부, 특히 임기를 1년도 안 남긴 상태에서 열리는 의회선거를 일컫는다. 황혼선거에서는 퇴임할 대통령의 소속정당이 의회에서 좋은 성적을 올리지

1. 분점정부에 대한 일반적으로 통용되는 부정적인 평가와 달리 Mayhew(1991)는 분점정부 시기에 오히려 의회의 입법활동이나 주요 법안의 통과가 더 활발하게 이루어진다는 긍정적인 평가를 내린 바 있다. Shugart(1995)도 이러한 주장에 대체로 수긍하는 편이다. 오승룡(2004)은 한국에서 Mayhew(1991)의 이론과 같이 분점정부 시기와 단점정부 시기에 입법활동이나 주요 법안의 통과에 있어서 큰 차이가 없다는 사실을 찾아냈다.

못하는 경향이 있다. 임기 말에는 대통령의 인기가 떨어지고, 이에 따라 유권자는 야당에 표를 주는 경향이 있는 것이다.

선거주기에 따라 등장하는 단점정부나 분점정부라는 개념은 주로 미국식 양당제 국가에서나 잘 적용될 수 있다. 그러나 미국적 맥락을 벗어나 좀더 넓게 적용할 수 있는 차원에서 단점정부는 한 정당이나 선거전 선거연합이 과반수 의석을 장악할 때를 가리킨다(Shugart 1995 : 327). 그럼에도 불구하고 전 세계적으로 양당제가 흔하지 않기 때문에 과반수를 기준으로 하는 단점정부와 분점정부 외에 과반수를 장악한 정당이나 정치연합이 없는 정부(no majority situation)를 따로 분류하기도 한다. 후자는 정당체계가 파편화되고 불안정한 중남미에서 많이 발견된다.

네 가지 선거주기와 선거결과 사이에 관통하는 이론은 이미 언급했듯이 다른 무엇보다도 선거의 기계적인 시점이 대통령 소속정당의 선거이득에 적지않은 영향을 준다는 것이다. 즉 동시선거에서는 대통령 소속정당의 의석점유율이 높고 반대로 대통령선거에서 의회선거가 멀리 떨어질수록 대통령 소속정당의 의석점유율이 점차 낮아진다는 것이다(Jones 1994). 그 이유는 첫째, 동시선거에서는 이른바 "연미복 효과"(co-attail effect)가 발생할 수 있기 때문이다. 여기에서 연미복 효과란 투표용지의 가장 위에 쓰여진 사람(대통령 후보)의 인기와 후광에 힘입어 같은 당의 다른 하위직 공직 후보자가 쉽게 당선되는 현상을 일컫는다(Beck 1997 ; Samuels 2000). 미국에서는 당선될 가능성이 큰 대통령 후보가 자기 당 소속의 상하 양원의원은 물론이고 다른 공직 후보자의 당선 가능성을 크게 향상시키는 경향이 있다.[2)]

둘째, 대통령의 임기가 지날수록 "자각현상"(disillusionment)이 일어나기 때문이다(Mueller 1970, 1973 ; Stimson 1976). 시간이 지날수록 유권자들이 대통령에 대하여 가지는 기대와 환상이 깨지고 대통령의 인기가 떨어지는 일이 새롭게 유권자의 머리 속을 채운다. 이에 따라 야당에게 새로운 기대를 갖기 시작한다. 미국의 중간선거에서는 거의 대통령 소속정당이 패배할 것을 기정사실화하면서 이를 대통령 정당의 중간선거 패배라고 부른다(Campbell 1991 ; Shugart 1995). 그 중에도 연임하는 대통령의 첫 번째 임기의 중간선거보다 두 번째 임기의 중간선거에서 대통령 소속정당이 더 고전을 면치 못하는 경향이 확인되었다(최명 · 백창재 2005 : 283).

그러나 여기에서 주의해야 할 것이 하나 있다. 선거결과에 영향을 주는 요인은 선거의 기계적인 시점만이 아니라는 사실이다. 다만 여기에서는 선거주기에 따른 선거결과의 변화를 분석하는 연구들이 대개 그렇듯이 다른 요인을 고려하지 않거나 또는 다른 요인을 고정시켜 놓았다고 가정한 상태에서 선거의 시점과 대통령 소속정당의 선거결과 사이의 관계에만 주목하는 것이다. 여기에서는 그 외에 선거에 영향을 주는 것으로 알려진 유권자의 정당소속감, 선거의 쟁점, 후보자의 성격 등 다른 요인은 분석의 대상이 되지 않는다. 또한 유권자의 사회경제적 배경, 선

2. 이러한 측면에서 동시선거의 부정적인 효과가 거론되기도 한다. 일반적으로 대통령 후보의 연미복 효과로 당선된 하위 공직자들은 당선 뒤 대통령에 협조할 가능성이 커지나 연미복 효과 없이 당선된 공직자들은 그럴 가능성이 적어진다. 또한 연미복 효과로 인하여 의원 후보의 자질에 대한 충분한 검증이 이루어지지 않을 수 있다. 선거 캠페인에서 언론이나 유권자의 관심은 대통령선거에 집중되고 그 틈에 인기 없거나 무능력한 의원 후보가 대통령의 인기를 업고 쉽게 당선될 수 있기 때문이다.

거가 열리는 경제적 환경, 그리고 각 선거마다 처한 독특한 정치적 환경 등도 분석의 범위를 벗어난다.

III. 미국형 선거주기의 사례분석

1. 미국

주지하듯이 미국의 대통령은 4년 연임제로서 2년마다 새로 구성하는 하원과 혼합형 주기로 선거를 치른다. 미국의 혼합형 선거주기와 선거이득의 관계에 대하여 살펴보기 위하여 이 장은 미국에서 양당제가 굳어지기 시작하는 1856년의 동시선거를 기점으로 삼는다(Gershtenson 2006).[3] 〈표 1〉은 1856년 동시선거 이래 미국의 선거결과를 요약하고 있다. 1856년부터 2010년까지 154년 동안 무려 78회의 선거가 정기적으

3. 미국에서 민주당의 효시를 1792년 토마스 제퍼슨(Thomas Jefferson)의 반연방주의파에서 찾고 1828년 선거 이후에 민주당이 창당되었다고 하지만 양당제가 갖춰진 것은 훨씬 뒤였다. 1854년 노예제 폐지를 주장하면서 공화당이 창당된 뒤 벌어진 같은 해의 하원선거에서는 민주당이 33.3%의 의석을 차지했고 아메리칸당(American Party)이 24.6%, 휘그당(Whig Party)이 23.8%, 공화당이 18.3%를 각각 확보했다(최명 · 백창재 2005). 그러나 1856년 의회선거에서는 민주당이 55.7%의 의석을 획득하고 공화당이 38.0%의 의석을 점유하면서 현재와 같은 양당제를 형성하기 시작했다(http://en.wikipedia.org/wiki/United_States_House_elections 검색일 : 2007년 9월 10일). 따라서 비교의 일관성을 도모하기 위하여 1856년 선거를 사례 연구의 기점으로 놓는다.

〈표-1〉 미국 선거결과 : 1856-2010

	단점정부	분점정부	합계
동시선거	31회(39.7%) 1856, 1860, 1864, 1868, 1872, 1880, 1884, 1888, 1892, 1896, 1900, 1904, 1908, 1912, 1920, 1924, 1928, 1932, 1936, 1940, 1944, 1948, 1952, 1960, 1964, 1976, 1992, 1996, 2000, 2004, 2008	8회(10.3%) 1876, 1916, 1956, 1968, 1972, 1980, 1984, 1988	39회 (50.9%)
비동시선거 (중간선거)	18회(23.1%) 1862, 1866, 1870, 1886, 1898, 1902, 1906, 1914, 1922, 1926, 1930, 1934, 1938, 1950, 1962, 1966, 1978, 2002	21회(26.9%) 1858, 1874, 1878, 1882, 1890, 1894, 1910, 1918, 1942, 1946, 1954, 1958, 1970, 1974, 1982, 1986, 1990, 1994, 1998, 2006, 2010	39회 (50.09%)
합계	49회(62.0%)	29회(37.2%)	78회 (100%)

출처 : http://en.wikipedia.org/wiki/United_States_House_elections(검색일 : 2010년 2월 10일)

로 열렸는데 그 가운데 동시선거와 비동시선거가 각각 39회씩 번갈아 치러졌다. 실로 미국의 혼합형 선거주기는 충분히 많은 사례를 제시하는 셈이다.

〈표 1〉을 통하여 확인할 수 있는 것은 역시 미국의 동시선거에서는 대통령 소속정당이 의회선거에서 승리하여 단점정부가 탄생할 가능성이 컸고, 중간선거에서는 그 반대로 분점정부가 탄생하는 경향이 있었다는 사실이다(Gershtenson 2006). 통계적으로 보았을 때 모두 39회의 동시선거 가운데 31회에 걸쳐 단점정부가 출현했다. 이와 반대로 모두 39회의 비동시선거에서는 21회씩이나 분점정부가 발생했다. 전체적으로 단점정부는 78회의 선거 가운데 49회(62.0%)를 차지하는데 그 가운데 31회가 동시선거에서 발생했다. 분점정부는 29회(37.2%)에 걸쳐 탄생했

는데 그 가운데 21회가 비동시선거에서 이루어졌다.[4)]

그리고 미국의 혼합형 선거주기에서는 연임제에 영향을 받아 첫 번째와 두 번째 임기의 중간선거에서 대통령 소속정당의 선거이득이 다르게 나타난다. 두 번째 임기의 중간선거보다 첫 번째 임기의 중간선거에서 대통령 소속정당의 선거이득이 큰 경향이 있다. 양당제가 정착된 1856년 이래 미국에서는 연임한 대통령이 모두 10명(Abraham Lincoln, Ulysses S. Grant, William McKinley, Theodore Roosevelt, Woodrow Wilson, Franklin D. Roosevelt, Dwight D. Eisenhower, Richard Nixon, Ronald Reagan, Bill Clinton, George W. Bush)에 불과하다. 그 가운데 프랭클린 루스벨트(Franklin D. Roosevelt) 대통령은 4번씩이나 연임한 진기록을 보유한다. 그의 임기 가운데 마지막 의회선거는 1946년에 열렸는데, 루스벨트 대통령이 1945년 사망한 뒤 같은 민주당 출신의 트루만(Harry S. Truman)이 승계했다. 이와 반대로 맥킨리(William McKinley) 대통령은 1896년 선거에서 승리한 뒤 재선했지만 두 번째 임기 중인 1901년에 암살당하여 같은 공화당의 테오도르 루스벨트(Theodore Roosevelt)가 대통령직을 승계했다.

따라서 연임한 대통령의 두 번째, 그리고 프랭클린 루스벨트의 경우에는 세 번째 임기의 중간선거까지 포함하면 총 10번의 연임기간 동안 중간선거가 있다. 그 가운데 대통령 소속정당이 승리한 선거는 두 번

4. 실제로 1858년에 공화당이 48.7%, 1862년에 공화당이 46.4%, 1878년에 민주당이 48.1%, 1916년에 공화당이 49.4%, 1996년에 민주당이 48.1%의 의석을 획득하면서 승리한 다섯 차례를 제외하고는 모두 한 정당이 과반수 의석을 확보하면서 선거가 끝났다.

으로 링컨(Abraham Lincoln) 대통령 시기의 1866년 중간선거와 프랭클린 루스벨트 대통령 시기의 1938년 중간선거에서만 발생했다. 그 외에 그랜트(Ulysses S. Grant) 대통령 시기의 1874년 중간선거, 윌슨(Woodrow Wilson) 대통령 시기의 1918년 중간선거, 프랭클린 루스벨트 대통령 시기의 1942년 중간선거, 아이젠하워(Dwight D. Eisenhower) 대통령 시기의 1958년 중간선거, 닉슨(Richard Nixon) 대통령 시기의 1974년 중간선거, 레이건(Ronald Reagan) 대통령 시기의 1986년 중간선거, 클린튼(Bill Clinton) 대통령의 1998년 중간선거, 부시(George W. Bush) 대통령의 2006년 중간선거 등 8번에서는 대통령 소속정당이 패배하여 분점정부가 출현했다.

이와 반대로 첫 번째 임기에 열린 중간선거는 모두 10번인데 그 가운데 단점정부는 1862년(Abraham Lincoln), 1870년(Ulysses S. Grant), 1898년(William McKinley), 1914년(Woodrow Wilson), 1934년(Franklin D. Roosevelt), 1994년(Bill Clinton), 2002년(George W. Bush)에 걸쳐 7번 발생했다. 첫 번째 임기 중간선거에서 패배한 경우는 단 세 차례로 1954년 아이젠하워 대통령, 1970년 닉슨 대통령, 1982년 레이건 대통령의 중간선거에 그친다.

2. 멕시코

멕시코는 연방제 국가로서 양원제를 채택하는 대통령제 국가이다. 이러한 측면은 멕시코와 국경을 맞대고 있는 미국과 매우 유사하다. 그러나 미국과 달리 멕시코의 대통령은 국민의 직접선거로 선출되고 임기가 6년이며 재출마할 수 없다. 또한 멕시코에는 부통령직이 없기 때문에 대통령 유고시에는 최소한 상하양원(Congress of the Union) 2/3 이상의 의원이 참여하는 선거인단(Electoral College)에서 절대다수(absolute majority)의 지지를 모아 임시 대통령을 선출한다.

상원은 128명으로 구성되는데 임기는 6년이다. 그 가운데 64명은 31개 주와 수도인 멕시코시티에서 단순다수제로 두 명씩 선출된다. 남은 64명 가운데 32명은 각 주와 멕시코시티에서 1인씩 차순위 정당에게 배정되고, 또 다른 32명은 전국을 하나의 권역으로 하는 개방형 명단(open list) 비례대표제에 의하여 선출된다.

하원은 500명으로 구성되고 3년마다 선거로 교체된다. 그 가운데 300명은 단순다수제로 선출되고 나머지 200명은 전국을 40명씩 5개의 권역으로 나눈 뒤 개방형 명단에서 비례적으로 뽑는다. 멕시코에서는 대통령과 마찬가지로 상·하 양원의 의원에게 재출마의 기회가 허락되지 않는다(http://en.wikipedia.org/wiki/Politics_of_Mexico. 검색일 : 2008년 2월 1일). 대통령의 임기가 6년인 데 반해 하원의원의 임기가 3년이기 때문에 멕시코는 대통령 임기의 정 가운데에 중간선거를 실시하고 6년마다 동시선거를 치르는 혼합형 선거주기를 이용한다.

멕시코는 그간 패권적 일당체제의 대표적인 사례로 분류되어 왔다. 1929년 창당된 제도혁명당(Institutional Revolutionary Party-Partido Revolucionario Institucional : PRI)이 2000년까지 무려 71년 동안 정권교체 없이 집권한 기록을 가지고 있기 때문이다. 따지고 보면 PRI는 1929년부터 1994년까지 모두 9명의 대통령을 배출했으며, 상·하 양원에서 과반수 의석을 확보하지 못한 적이 없었다. 그러나 1980년대 말부터 PRI의 지배적 지위가 흔들리고 경쟁적인 정당구도가 싹트기 시작했다. 1939년 창당된 뒤 1988년 대통령선거를 계기로 강력해진 전통 야당으로서 우파인 국민행동당(National Action Party : PAN)과 1989년 창당된 중도좌파의 민주혁

명당(Party of the Democratic Revolution : PRD)은 2000년대에 이르자 실질적인 정권획득의 가능성과 능력을 보이고 있다(강경희 2007).

2000년대에 들어서 두드러진 멕시코 정당체계의 특징은 매우 유동적인 정당 사이의 빈번한 선거연합과 합종연횡이다. 2000년 선거를 위해서는 PAN과 멕시코 녹색환경당(Partido Verde Ecologista de Mexico : PVEM)이 우파연합인 'Alliance for Change'(AC)를 결성했다. 이에 맞서 PRD는 노동당(Partido del Trabajo : PT) 등과 함께 좌파연합인 'Alliance for Mexico'(AM)를 구축했다. 이와 반대로 2006년에는 우파연합으로서 'Alliance for Mexico'(AM)가 PRI와 PVEM 사이에 형성되었고, 이에 대항하여 좌파연합인 'Coalition for the Good All'이 PRD와 PT 사이에 구축되었다. 6년 사이에 같은 이름의 선거연합(AM)이 서로 다른 이념적 성향의 정당끼리 각각 구성된 것이다.

〈표 2〉는 상대적으로 경쟁적인 선거가 치러지기 시작한 1994년부터 가장 최근의 2006년 사이에 개최된 멕시코의 대통령선거 결과를 보여준다. 1994년 3월에 차기 대통령으로 유력시되던 PRI의 후보(콜로시오)가 유세 도중 총을 맞고 사망한 사건이 일어난 뒤 8월에 같은 당의 제딜로(Ernesto Zedillo)가 대통령으로 당선되었다. 2000년에는 AC의 중추였던 PAN의 폭스(Vicente Fox)가 대통령으로 당선됨으로써 멕시코 역사상 처음으로 선거에 의한 정권교체가 이루어졌다. 그러나 1년이 지날 즈음 AC 연합의 파트너인 PVEM이 폭스에 대한 지지를 철회했고, 그 뒤부터 PVEM은 각종 선거에서 PRI와 연합을 형성해 왔다. 2006년에는 PAN의 칼데론(Felipe Calderón)이 PRD의 오브라도르(Obrador)와 간발의 차이로 선거에서 이겼다. 과거 71년간 정권을 유지했던 PRI는 2000년에 2위로, 또 2006년에는 3위로 내려앉았다.

〈표-2〉 멕시코 대통령선거

연도	후보자	소속정당	득표율(%)
1994*	Ernesto Zedillo Ponce de León	PRI	48.69
	Diego Fernandez de Cevallos	PAN	25.92
	Cuauhtemoc Cardenas Solozano	PRD	16.59
	기타		8.80
	합계		100
2000**	Vicente Fox Quesada	AC	42.52
	Francisco Labastida Ochoa	PRI	36.11
	Cuauhtemoc Cardenas Solorzano	AM	16.64
	기타		4.73
	합계		100
2006***	Felipe Calderón	PAN	35.89
	Andres Manuel Lopez Obrador	Coalition for the Good All	35.31
	Roberto Madrazo	AM	22.26
	기타		6.54
	합계		100

출처 : * http://en.wikipedia.org/wiki/Mexican_general_election,_1994(검색일 : 2008년 2월 10일)

** http://en.wikipedia.org/wiki/Mexican_general_election%2C_2000(검색일 : 2008년 2월 10일)

*** http://en.wikipedia.org/wiki/Mexican_general_election%2C_2006(검색일 : 2008년 2월 10일)

주 : 2000년 : Alliance for Change(AC) PAN and PVEM

2000년 : Alliance for Mexico(AM) PRD and PT and PAS and CD and PSN

2006년 : Alliance for Mexico(AM) PRI and PVEM

〈표 2〉의 대통령선거와 비교하기 위하여 〈표 3〉은 같은 시기 동안 치러진 하원 선거결과를 정리해 놓았다. 이 표에서는 멕시코의 대표적

〈표-3〉 멕시코 하원선거

연도	제1정당	제2정당	제3정당	기타	합계(석, %)
1994*	PRI	PAN	PRD		
	300(60.0)	119(23.8)	71(14.2)	10(2.0)	500(100)
1997**	PRI	PRD	PAN		
	239(47.8)	125(25.0)	121(24.2)	13(2.6)	500(100)
2000***	AC	PRI	AM		
	221(44.2)	211(42.2)	68(13.6)		500(100)
2003****	PRI	PAN	PRD		
	224(44.8)	149(29.8)	97(19.4)	30(6.0)	500(100)
2006*****	PAN	PRD	PRI		
	206(41.2)	127(25.4)	106(21.2)	60(12.0)	500(100)
2009******	PRI	PAN	PRD		
	241(48.2)	147(29.4)	72(14.4)	40(8.0)	500(100)

출처 : * http://en.wikipedia.org/wiki/Mexican_general_election%2C_1994(검색일 : 2008년 2월 10일)
** http://en.wikipedia.org/wiki/Mexican_legislative_election%2C_1997(검색일 : 2008년 2월 10일)
*** http://en.wikipedia.org/wiki/Mexican_general_election%2C_2000(검색일 : 2008년 2월 10일)
**** http://en.wikipedia.org/wiki/Mexican_legislative_election%2C_2003(검색일 : 2008년 2월 10일)
***** http://en.wikipedia.org/wiki/Mexican_general_election%2C_2006(검색일 : 2008년 2월 10일)
****** http://en.wikipedia.org/wiki/Mexican_legislative_election,_2009(검색일 : 2010년 6월 13일)

정당인 PRI, PAN, PRD 세 정당이 하원의 약 90% 가량을 나누어 갖는 것을 확인할 수 있다. 그러나 세 정당이 점유하는 의석의 비율이 해가 거듭할수록 점차 줄어드는 추세도 보인다.

〈표 2〉와 〈표 3〉을 종합해 보면 멕시코에서 동시선거는 세 차례(1994, 2000, 2006)가 있었다. 이 세 차례 선거에서 모두 대통령 소속정당이 하원선거에서도 제1정당의 지위를 확보했다. 그러나 PRI가 60%의 의석을 얻은 1994년 동시선거를 제외하면 단점정부라고 하기에는 어려움이 있다. 특히 2000년에는 우파연합(AC)이 형성되어 있었음에도 불구하고 의석의 과반수를 확보하지 못한 채 선거가 끝났다.

이와 반대로 멕시코의 비동시선거에서는 대통령 소속정당이 고전을 하는 경향이 있었다. 1994년 이래 멕시코에서는 세 차례(1997, 2003, 2009)의 비동시선거가 있었다. 하지만 1997년의 비동시선거에서는 대통령 소속정당인 PRI가 제1당의 지위만 유지한 반면 2003년과 2009년 비동시선거에서는 아예 대통령 소속정당이 야당에게 패배했다. 결론적으로 12년 동안의 선거결과를 바탕으로 멕시코에서는 대통령 소속정당이 의회선거에서 야당에게 패배한 경우는 2003년과 2009년 중간선거이고 단점정부가 탄생한 경우는 1994년 동시선거였던 것을 확인할 수 있다. 아직 사례가 많지 않지만 동시선거에서는 대통령 소속정당이 의회에서 선거이득을 누리고 있는 데 비하여 비동시선거에서는 그럴 가능성이 줄어드는 중이라고 보인다.

3. 아르헨티나

아르헨티나는 연방제 국가이고 대통령과 부통령이 런닝메이트(running mate)로서 국민에 의하여 직접 선출되는 4년 임기의 대통령제를 갖는다. 아르헨티나에서는 1957년부터 1994년 개헌으로 직선제가 도입되기 전까지 선거인단에 의하여 6년 단임의 대통령간선제가 운영되었다. 그리고 임기를 마친 대통령은 후임자가 빨리 일할 수 있도록 몇 달씩 일찍 퇴임하기도 했다. 이러한 일은 실제로 1980년대 말 심각한 경제위기에 시달리던 알폰신(Raúl Alfonsín) 대통령이 1989년 7월 당선자(Carlos Menem)에게 6개월이나 일찍, 그리고 2003년 듀할데(Eduardo Duhalde) 대통령이 키르츠네르(Néstor Kirchner) 대통령 당선자에게 수개월 일찍 정권을 넘겨줄 때 발생했다. 부통령은 대통령 유고시 승계할 뿐 아니라 상원의장으로서 행정적인 일보다 입법적인 역할을 하도록 만들어졌다.

아르헨티나는 많은 중남미 국가들이 그러하듯이 1912년부터 의무투표제를 채택하고 있다(http://en.wikipedia.org/wiki/Politics_of_Argentina. 검색일 : 2008년 2월 1일). 18세 이상 70세 이하의 유권자는 일정한 예외상황을 제외하고는 투표라는 시민적 책임을 완수해야 한다. 그리고 아르헨티나에서는 대통령선거에서 결선투표제도를 이용하는데 결선투표의 최소득표 기준은 50%가 아닌 것이 독특하다. 결선투표는 어느 후보도 45% 이상 득표하지 못하고 2위와의 표차를 10% 이상 벌리지 못할 때 이루어지도록 만들어졌다. 이러한 결선투표제는 진입장벽과 결합한 단순다수제 또는 자격요건 단순다수제(plurality with a minimum threshold 또는 qualified plurality system)라고도 한다(Negretto 2004).[5]

아르헨티나의 대통령은 현재 1994년 개헌으로 인하여 두 번까지 연임이 가능하다. 일반적으로 연방제 국가에서 그렇듯이 아르헨티나도 양원제 의회를 운영하는데, 상원은 72명으로 구성되고 하원은 257명으

5. 이 책의 제8장도 참고하시오.

〈표-4〉 아르헨티나 대통령선거

연도	후보자	소속정당	득표율(%)
1983*	Raúl Alfonsin Foulkes	UCR	52.0
	Italo Luder	MNJ	40.0
	Oscar Alende	PI	2.5
	기타		5.5
	합계		100
1989**	Carlos Saúl Menem	FreJuPo	47.36
	Eduardo Cesar Angeloz	UCR	32.48
	Alavaro Alsogaray	UCD	6.4
	기타		13.76
	합계		100
1995***	Carlos Sául Menem	PJ	49.8
	José Octavio Bordón	FrePaSo	29.2
	Horacio Massaccesi	UCR	17.1
	기타		3.9
	합계		100
1999****	Fernando de la Rúa	ATJE	48.50
	Eduardo Alberto Duhalde	PJ	38.09
	Domingo Cavallo		10.09
	기타		3.32
	합계		100
2003*****	Carlos Saul Menem	Front for Loyalty Alliance/UCD	24.34
	Nestor Kirchner	Front for Victory Alliance	21.99
	Ricardo Lopez Murphy	Federal Alliance Movement to Recreate Growth	16.35
	기타		37.32
	합계		100

2007******	Cristina Fernandez de Kirchner	Frente para la Victoria	44.90
	Elisa Carrio	Coalicion Civica	22.95
	Roberto Lavagna	Una Nacion Avanzada	16.89
	기타		15.26
	합계		100

출처 : * http://www.binghamton.edu/cdp/era/elections/arg83pres.html(검색일 : 2008년 2월 10일)
** http://www.binghamton.edu/cdp/era/elections/arg89pres.html(검색일 : 2008년 2월 10일)
*** http://www.binghamton.edu/cdp/era/elections/arg95pres.html(검색일 : 2008년 2월 10일)
**** http://www.binghamton.edu/cdp/era/elections/arg99pres.html(검색일 : 2008년 2월 10일)
***** http://www.binghamton.edu/cdp/era/elections/arg03pres.html(검색일 : 2008년 2월 10일)
****** Actualidad(2007년 10월 30일자 제8면)

주 : UCR–Radical Civic Union
MNJ–Justicialists National Movement
PI–Intransigent Party
FreJuPo–Justicialist Front of Popular Unity
UCD–Union of the Democratic Center
PJ–Justicialist Party
FrePaSo–Front for a Country in Solidarity(Frente Pais Soliadario)
ATJE–Alliance for Work, Justice and Education–UCR and FrePaSo
AR–Action for the Republic
Front for Loyalty Alliance/UCD(Union of the Democratic Center)
Frente para la Victoria–(F–Victory–Front for Victory Alliance)

로 이루어진다. 아르헨티나의 상원의원은 미국의 경우와 유사하게 6년 임기로 1/3씩 매 2년마다 충원된다. 다만 2001년에는 상원의원 72명이 모두 다시 선출되었다. 72명의 상원의원은 23개 주와 수도인 부에노스 아이레스에서 각각 세 명씩 뽑는데, 두 자리는 가장 큰 정당에게 할당되고 남은 한 자리는 둘째 정당에게 주어진다. 하원의원은 비례대표제에 의하여 1/2씩 매 2년마다 선출되고 4년 임기를 가진다. 바로 이러한 임기제로 인하여 동시선거와 비동시선거를 혼용하는 선거주기를 이용하게 되었다(http://en.wikipedia.org/wiki/Elections_in_Argentina. 검색일 : 2008년 2월 1일).

앞의 〈표 4〉는 1983년 민주화 이후 아르헨티나의 대통령선거 결과를 망라하고 있다. 아르헨티나의 양대 정당은 1940년대 페론주의에 기초한 정의당(Justicialist Party–Partido Justicialista : PJ)과 1890년에 창설된 급진당(Radical Civic Union–Unión Cívica Radical : UCR)이다. 전통적으로 PJ는 노동자 계층에 기초하는 반면 UCR은 도시 중산층에 지지기반을 두고 있지만 최근에 와서는 양당이 공통적으로 자신의 전통적인 지지기반에서 벗어나 지지계층을 더욱 넓히는 중이다.

1983년 아르헨티나의 군부독재가 포클랜드 전쟁에서 패배한 뒤 붕괴하자 곧바로 열린 대통령선거에서 UCR의 알폰신이 대통령으로 당선되었다. 그 때까지만 해도 대통령 임기는 6년인 반면 직선제는커녕 연임도 허용되지 않았다. 그러나 1989년 페론주의자인 메넴이 PJ를 중심으로 'FreJuPo' (Justicialist Front of Popular Unity)를 결성하여 대통령에 당선되면서 제도상의 변화가 일기 시작했다. 1994의 UCR의 알폰신과 PJ의 메넴은 대통령이 연임할 수 있도록 협약(Olivos Pact)을 맺은 것이다(http://en.wikipedia.org/wiki/Pacto_de_Olivos 검색일 : 2008년 2월 1일). 그 결과 1995년 대통령선거에서 메넴이 재선에 성공할 수 있었다.

1990년대에 과거 페론주의자와 좌파성향 정당의 연합인 'FrePaSo' (Front for a Country in Solidarity–Frente por un País Solidario)가 부에노스아이레스 지역에서 PJ에 대항할 수 있는 막강한 세력을 형성했고 1995년 대통령선거에서는 2등(José Octavio Bordón)을 차지했다. 1999년 대통령선거에서는 UCR과 FrePaSo가 'Alliance for Work, Justice and Education' (ATJE)라는 정당연합을 구축하여 정·부통령을 나누어 가졌다. 그러나 2000년에 FrePaSo 출신의 부통령(Carlos Álvarez)과 2001년 UCR 출신의 대통령(Fernando de la Rúa)이 각각 뇌물수수 스캔들과 경제실정에 대한 국민적 저항으로 인하여 사임하면서 좌파정당에 대한 불신을 키웠다.[6)]

2003년 대통령선거에서는 처음으로 PJ에서 복수후보가 출사표를 던졌다. 그리고 아르헨티나 사상 초유로 18명이라는 가장 많은 후보가 대통령선거에 참가했다(Segl 2006). 그 결과 이미 두 번씩이나 대통령으로 재임하는 동안 인기가 바닥까지 떨어진 메넴(24.34%)은 물론이고 2인의 후보(Néstor Kirchner−21.99%, Adolfo Rodríguez Saá−12.07%)가 서로 표를 나누게 되고 말았다. 그 결과 제1차 라운드에서 어느 누구도 최저득표 기준을 넘지 못하자 결선투표가 예정되었다. 그러나 메넴은 제2차 라운드를 포기하고 키르츠네르에게 대통령직을 양보했다. 여론조사에 따르면 키르츠네르가 메넴에 비하여 7 : 3이라는 압도적인 격차로 앞서고 있

6. 2000년 부통령이 사임한 뒤 부통령직은 공석으로 남겨졌고 2001년 10월의 중간 선거에서 대통령 소속정당인 UCR이 참패했다(Segl 2006). 2001년 대통령이 사임하자 헌법에 따라 상원의장(Ramón Puerta)과 하원의장(Eduardo Camaño)이 순서대로 승계하도록 되어 있지만 승계를 거부하거나 승계한 뒤 곧바로 사임하고 말았다. 이에 양원이 입법의회(Legislative Assembly)를 구성하여 12월 22일 좀 더 합법적인 임시정부(Adolfo Rodríguez Saá)를 구성했다. 그러나 경제위기에 대처하지 못하고 2001년 12월 30일 디폴트를 선언한 뒤 다시 사임해 버렸다. 다시 소집된 입법의회에서는 부에노스아이레스 상원의원(Eduardo Duhalde)에게 대통령직을 넘겨주었다(http://en.wikipedia.org/wiki/Argentine_economic_crisis_(1999-2002) 검색일 : 2007년 10월 1일).

었기 때문이다(http://en.wikipedia.org/wiki/Elections_in_Argentina,_2003 검색일 : 2006년 10월 31일).

〈표 5〉는 1983년 민주화 이후의 아르헨티나 의회선거 결과를 모두 정리하고 있다. 그러나 주의할 것은 이 장이 1995년 이후의 선거에 초점을 맞춘다는 사실이다. 1994년 개헌 이전에는 간선제로 대통령선거가 이루어졌는데, 이는 직선제에 비하여 국민의 선택을 왜곡할 가능성이 있기 때문이다. 1995년부터 의회선거에서는 여러 정당이 돌아가면서 다수당의 지위를 차지했다.

〈표-5〉 아르헨티나 의회선거

연도	제1정당	제2정당	제3정당	기타	합계 (석, %)
1983	UCR	FreJul	PI		
	129(50.8)	111(43.7)	3(1.2)	11(4.3)	254(100)
1985	UCR	MNJ	PI		
	130(50.6)	103(40.1)	6(2.3)	18(7.0)	257(100)
1987	UCR	MNJ	UCD		
	117(40.1)	105(41.3)	7(2.8)	25(9.8)	254(100)
1989	UCR	PJ	FreJul		
	112(44.1)	73(28.7)	17(2.4)	63(24.8)	254(100)
1991	PJ	UCR	UCD		
	119(46.9)	85(33.5)	10(3.9)	40(15.7)	254(100)
1993	PJ	UCR	UCD		
	126(48.6)	84(32.4)	9(3.5)	40(15.4)	259(100)
1995	PJ	UCR/MID	FrePaSo		
	136(52.9)	69(26.8)	26(10.1)	26(10.1)	257(100)

1997	PJ	ATJE	UCR		
	118(45.9)	110(42.8)	12(4.7)	17(6.6)	257(100)
1999*	ATJE	PJ	ARI		
	63(48.5)	51(39.2)	7(5.4)	9(6.9)	130(100)
2001	PJ	ATJE	ARI		
	116(45.1)	88(34.2)	31(12.1)	22(8.6)	257(100)
2003**	PJ	UCR	Alternative		
	58(45.0)	24(18.6)	7(5.4)	40(31.0)	129(100)
2005***	FVictory	UCR	PJ		
	50(39.4)	10(7.9)	9(7.8)	58(44.9)	127(100)
2007****	FVictory	CC	Tendra		
	148(57.6)	35(13.6)	28(10.9)	46(17.9)	257(100)
2009*****	Acuerdo Civico y Social	Propuesta Republicana	PJ		
	28(22.0)	20(15.7)	19(15.0)	60(47.2)	127(100)

출처 : http://www.binghamton.edu/cdp/era/countries/arg.html (검색일 : 2008년 2월 10일)

* http://en.wikipedia.org/wiki/Argentine_general_election,_1999 (검색일 : 2008년 2월 10일)

** http://psephos.adam-carr.net/countries/a/argentina/argentina20032.txt (검색일 : 2008년 9월 10일)

*** http://psephos.adam-carr.net/countries/a/argentina/argentina2005.txt (검색일 : 2008년 2월 10일)

**** Actualidad (2007년 10월 30일자 제8면)

***** http://psephos.adam-carr.net/countries/a/argentina/argentina2009 (검색일 : 2010년 5월 13일)

주 : FreJul–Justicialist Liberation Front
UCR/MID–Radical Civic Union/Movement of Integration and Development
ARI–Argentinians for a Republic of Equals (Accion por la Republica)
F-Victory–Front for Victory Alliance
RIA– Republican Initiative Alliance
Alternative–Alternative for a Republic of Equals
CC–Coalicion Civica

〈표 4〉와 〈표 5〉를 종합하면 1995년 이래 동시선거는 모두 네 차례(1995, 1999, 2003, 2007) 개최되었고 비동시선거도 네 차례(1997, 2001, 2005, 2009) 치러졌다. 아르헨티나는 미국식 양당제가 아님에도 불구하고 네 차례의 동시선거 가운데 1995년과 2007년 선거에서 단점정부가 형성되는 등 동시선거에서는 모두 대통령 소속정당이 의회에서 제1당의 지위를 확보한 바 있다. 이와 반대로 비동시선거인 1997년에는 대통령 소속정당이 제1정당의 지위를 점했으나 다른 두 차례(2001, 2005)에서는 대통령 소속정당이 제1정당의 지위를 빼앗겼다. 특히 2009년의 비동시선거에서는 대통령 소속정당(Frente para la Victoria)이 14석을 확보함으로써 4위로 쳐졌다. 결론적으로 아르헨티나의 동시선거에서는 대통령 소속정당이 승리할 가능성이 큰 반면 비동시선거에서는 그럴 가능성이 줄어들었던 것이다.

4. 필리핀

남·북미를 제외하고 혼합형 선거주기를 채택한 대통령제 국가는 아직까지 미국의 정치적 영향을 가장 많이 경험한 필리핀이 유일하다. 미국식 대통령제를 본뜨고는 있지만 필리핀은 대통령을 직선제로 선출하고 대통령의 임기는 6년인데 일반적으로 연임이 허용되지 않는다. 전임자가 사임하거나 탄핵 또는 사망에 의하여 대통령직을 수행하기 어려워지면 헌법에 따라 부통령이 승계한다. 부통령이 대통령직을 승계한 뒤에 4년 이상 대통령으로 일하지 않았을 경우에는 대통령선거에 다시 출마할 수 있다. 그리고 미국식 대통령제와 달리 필리핀에서 부통령은 런닝메이트로 뽑히지 않는다. 대통령 출마자 가운데 1등과 부통령 출마자 가운데 1등을 각각 선출하기 때문에 서로 다른 정당에서 정·부통령이 탄생할 수 있다. 1800년대 초까지 미국에서 이용했던 정·부통령 선출방식과 유사한 셈이다.

필리핀은 미국과 마찬가지로 양원제이다. 필리핀의 상원은 24명으로 구성되며 6년 임기제이다. 상원의원은 전국적인 득표율로 당선되기 때문에 특정 지역구를 대표하지 않는데, 재출마할 수 있으나 세 번 연속으로 선출될 수는 없다. 상원은 반씩 3년마다 선거를 통하여 구성된다. 하원은 최대 250명까지 구성할 수 있는데 3년 임기제이다. 하원의원은 네 번 연속으로 선출될 수는 없다. 하원의원의 대다수는 미국의 하원선거와 마찬가지로 소선거구제로 뽑힌다. 그 나머지 의석은 2-6%를 얻는 군소정당과 과소대표되는 정당들에 의하여 복잡한 정당명부제를 통하여 선출된다. 미국과 같이 필리핀에서는 대통령과 부통령을 선출하기 위한 선거에서 상·하 양원과 지방선거를 동시에 치른다. 그리고 대통령의 임기 한가운데에 하원의원 전체와 상원의원 반을 선출하기 위한 중간선거를 개최한다(http://en.wikipedia.org/wiki/Philippines#Politics_and_government 검색일 : 2008년 1월 30일).

1986년 2월 피플파워 혁명(People Power Revolution)으로 제3의 민주화 물결에 동참한 필리핀은 다당제 국가로 바뀌었다. 1972년 계엄령 이전에 비교적 안정적으로 유지되던 양당제(민족주의당과 자유당)가 1986년까지 마르코스 개인독재 일당우위체제로 바뀐 뒤에 민주주의 이행을 거치면서 그간 억눌렸던 시민의 정치적 욕구가 발산되어 군소정당이 난립하기 시작한 것이다(박기덕 2001). 이 때문에 선거 전에 과거세력과 민주세력으로 나뉘어 각각 2-5개씩 정당을 연합하여 선거에 임한다. 선거 뒤에도 정당의 이합집산이 다반사이며 정당소속감이 적기 때문에 임기

〈표-6〉 필리핀 대통령선거

연도	후보자	소속정당	득표율(%)
1992*	Fidel Ramos	Lakas-NUCD	23.58
	Miriam Defensor Santiago	People's Reform Party	19.72
	Eduardo Conjuangco Jr.	Nationalist People?s Coalition	18.17
	기타		38.53
	합계		100
1998**	Joseph Ejercito Estrada	LAMMP	39.60
	Jose de Venecia	Lakas NUCDUMDP	15.90
	Raul Roco	Aksyon Demokratiko	13.60
	기타		30.90
	합계		100
2004***	Gloria Macapagal Arroyo	Lakas CMD	39.99
	Fernando Poe Jr.	LDP	36.51
	Panfilo Lacson	Independent	10.88
	기타		12.62
	합계		100
2010****	Benigno Aquino III	Liberal	40.19
	Joseph Estrada	PMP	25.46
	Manuel Villar, Jr.	Nacionalista	14.22
	기타		20.13
	합계		100

출처 : * http://en.wikipedia.org/wiki/Philippine_general_election,_1992(검색일 : 2008년 2월 10일)

** http://en.wikipedia.org/wiki/Philippine_general_election%2C_1998(검색일 : 2008년 2월 10일)

*** http://en.wikipedia.org/wiki/Philippine_general_election%2C_2004(검색일 : 2008년 2월 10일)

**** http://en.wikipedia.org/wiki/Philippine_presidential_election,_2010(검색일 : 2010년 5월 13일)

주 : Lakas-NUCD-Lakas Tao?National Union of Christian Democrats(People Power-National Union of Christian Democrats)
LAMMP-Struggle of the Nationalist Filipino Masses(LDP and PDP-LABAN and NPC)
Lakas CMD-Lakas-Christian Muslim Democrats(K-4 : Koalisyon ng Katapatan at Karanasan sa Kinabukasan)

중에 의원들의 소속정당이 쉽게 바뀌곤 한다. 특히 당선된 뒤에 대통령 소속정당으로 당적을 바꾸는 일이 속출한다(정영국·이동윤 2004).

〈표 6〉은 1986년 민주주의 이행 뒤의 필리핀 대통령선거 결과를 요약하고 있다. 1992년부터 2010년 사이에 열린 네 차례의 대통령선거에서 거의 매번 다른 이름의 정당이 출현하여 매번 다른 이름의 정당이 집권했음을 알 수 있다. 그리고 네 번의 대통령선거에서 상위 세 후보의 득표율이 점차 증가한 반면 기타 후보의 득표율은 점차 감소하는 추세가 확인된다. 1992년 당선된 라모스(Fidel Ramos) 대통령은 1986년 민주화 혁명을 지지했던 장군 출신이다. 에스트라다(Joseph Estrada)는 Nationalist People's Coalition의 이름으로 부통령선거에 출마하여 당선되었고 1998년에는 다른 당의 이름으로 대통령에 선출되었다. 1998년 아로요(Gloria Macapagal Arroyo)는 Lakas NUCD-UMDP의 대표로 부통령선거에 출마하여 당선된 뒤 2001년 탄핵된 에스트라다로부터 대통령직을 승계했다. 아로요는 2004년에 또 다른 당의 이름으로 대통령선거에 출마하여 당선된 바 있다. 2010년 대통령선거에서는 1986년 민주화의 아버지 아키노의 아들(Benigno Aquino III)이 Liberal의 이름으로 당선되었다.

〈표 7〉은 1992년부터 2010년 사이에 치러진 필리핀 의회선거 결과를 담고 있다. 대통령선거와 마찬가지로 의회선거에서 각기 다른 정당이 번갈아 가면서 제1정당의 지위를 차지했다. 1995년 하원선거에서 Lakas-

NUCD가 83%를 넘는 의석을 점유했으며, 1998년에는 LAMMP가 의석의 과반수(52.9%)를 획득했다. 이 두 선거를 제외하면 제4정당을 포함한 군소정당의 의회 진출이 점차 증가하는 추세로 보인다.

〈표-7〉 필리핀 의회선거

연도	제1정당	제2정당	제3정당	기타	합계(석, %)
1992*	LDP	Lakas-NUCD	LP		
	87(41.82)	48(23.07)	15(7.21)	58(27.88)	208(100)
1995**	Lakas-NUCD	NPC			
	170(83.33)	31(15.19)		3(1.47)	204(100)
1998***	LAMMP	Lakas-NUCD	NPC		
	110(52.88)	50(24.03)	15(7.21)	43(2.67)	208(100)
2001****	Lakas-NUCD	NPC	LDP		
	85(40.66)	54(25.83)	22(10.52)	63(30.14)	209(100)
2004*****	Lakas CMD	NPC	LP		
	75(31.91)	53(22.55)	34(14.46)	73(31.06)	235(100)
2010******	Lakas CMD	Liberal	NPC		
	92(40.2)	33(14.4)	29(12.7)	75(32.8)	229(100)

출처 : * http://www.binghamton.edu/cdp/era/elections/phi92par.html (검색일 : 2008년 2월 10일)
** http://www.binghamton.edu/cdp/era/elections/phi95par.html (검색일 : 2008년 2월 10일)
*** http://www.binghamton.edu/cdp/era/elections/phi98par.html (검색일 : 2008년 2월 10일)
**** http://www.binghamton.edu/cdp/era/elections/phi01par.html (검색일 : 2008년 2월 10일)
***** http://en.wikipedia.org/wiki/Philippine_general_election,_2004 (검색일 : 2008년 2월 10일)
****** http://en.wikipedia.org/wiki/Philippine_House_of_Representatives_elections,_2010 (검색일 : 2010년 5월 12일)

주 : LDP-Laban ng Demokratikong Pilipino (Democratic Filipino Struggle)
LP-Liberal Party
NPC and PRP-Nationalist People's Coalition

NPC-Nationalist People's Coalition-Partido ng Masang Pilipino

〈표 6〉과 〈표 7〉을 종합해 보면 필리핀에서 동시선거는 네 번(1992, 1998, 2004, 2010) 열렸고 비동시선거는 두 번(1995, 2001) 있었다. 필리핀의 동시선거에서는 대통령 소속정당이 의회에서 과반수를 점한 1998년 선거와 과반수는 아니지만 제1당을 차지한 2004년 선거가 있다. 이에 비해서 동시선거임에도 불구하고 1992년(Lakas-NUCD)과 2010년(Liberal)에는 대통령 소속정당이 패배하여 제2당에 그쳤다.

필리핀의 비동시선거에서는 대통령 소속정당(Lakas-NUCD)이 압도적인 제1당으로 올라선 1995년 중간선거가 있었다. 그리고 2001년 중간선거에서는 에스트라다의 탄핵으로 인하여 야당(Lakas-NUCD)이 40.7%의 의석을 장악하게 되었다. 결론적으로 선거의 숫자가 많지 않기 때문에 좀더 지켜봐야 할 것이 분명하지만, 아직 필리핀에서는 선거주기와 대통령 소속정당의 선거이득 사이에 뚜렷한 상관관계가 없어 보인다.

V. 결론

이 장은 미국형 또는 혼합형 선거주기의 특징과 그 정치적 효과를 분석·비교해 보았다. 현재 전 세계적으로 미국형 선거주기를 채택한 사례가 미국, 멕시코, 아르헨티나, 필리핀이 있는데, 여기에서 민주적으로 실시된 각국의 대통령선거 가운데 동시선거와 중간선거의 선거결과를 모두 추적해 보았다. 그 결과 확인된 사실은 매우 간단하다. 미국, 멕시코, 아르헨티나의 동시선거에서는 대통령 소속정당의 선거이득이 컸으나 비동시선거에서는 그 선거이득이 줄어드는 경향을 비교적 뚜렷하게 발견했다. 이에 비하여 필리핀에서는 아직 민주적 선거의 사례도 적었고, 그 가운데에서도 확연한 패턴이 아직 보이지 않았다.

혼합형 선거주기의 풍부한 사례를 보유한 미국의 동시선거에서는 대통령 소속정당이 의회에서 과반수의 의석을 확보하는 단점정부가 탄생할 가능성이 컸다. 이와 반대로 미국의 중간선거에서는 분점정부가 탄생하는 경향이 있었다. 총 154년 동안 모두 78회의 선거가 있었는데 그의 절반인 39회의 동시선거 가운데 31회에 걸쳐 단점정부가 출현했다. 그러나 나머지 39회의 비동시선거에서는 21회씩이나 분점정부가 발생했다.

더 나아가 미국에서는 대통령연임제가 보장되는 데 첫 번째 임기의 중간선거보다 두 번째 임기의 중간선거에서 분점정부가 탄생할 가능성이 더 큰 것으로 확인되었다. 양당제가 정착된 1856년 이래 연임한 10명의 대통령 재임기간 동안 모두 10번씩의 중간선거가 있었다. 첫 번째 임기에 열린 10번의 중간선거 가운데 단점정부는 7번(1862, 1870, 1898, 1914, 1934, 1994, 2002)씩이나 발생했다. 이와 반대로 두 번째 임기 동안의 중간선거에서는 분점정부가 8번(1874, 1918, 1942, 1958, 1974, 1986, 1998, 2006)씩이나 출현했다.

1994년 이후 치러진 멕시코의 민주적 선거 가운데 세 차례의 동시선거(1994, 2000, 2006)에서는 모두 대통령 소속정당이 하원에서도 제1정당의 지위를 확보했다. 하지만 대통령 소속정당이 60%의 의석을 얻은 1994년에만이 단점정부라 할 수 있다. 이와 반대로 멕시코의 비동시선거에서는 대통령 소속정당의 승리가 쉽지 않았다. 1997년의 비동시선거에는 대통령 소속정당이 제1당의 지위를 유지한 반면 2003년과 2009년에는 대통령 소속정당이 제2당으로 전락했다.

직선제 개헌이 이루어진 1994년 이래 아르헨티나의 동시선거(1995, 1999, 2003, 2007) 가운데 단점정부가 형성된 것은 1995년과 2007년 선거이다. 네 차례의 동시선거에서는 모두 대통령 소속정당이 의회에서 제1당의 지위를 확보한 바 있다. 이와 반대로 네 차례의 비동시선거(1997, 2001, 2005, 2009) 가운데 1997년에는 대통령 소속정당이 제1정당의 지위를 점했으나 나머지 세 차례의 비동시선거에서는 대통령 소속정당이 제1정당의 지위를 빼앗겼다.

이에 비하여 필리핀의 사례는 아직 선거주기와 선거이득 사이의 뚜렷한 패턴이 없는 것으로 나타난다. 필리핀의 동시선거에서는 대통령 소속정당이 의회에서 과반수를 점한 1998년 선거와 과반수는 아니지만 제1당을 차지한 2004년 선거가 있었다. 동시선거임에도 불구하고 대통령 소속정당이 제2당으로 그친 1992년과 2010년 선거가 있는 동시에 비동시선거이면서도 대통령 소속정당이 압도적인 제1당으로 올라선 1995년 선거도 존재한다. 그러나 2001년 중간선거에서는 야당이 제1당이 되었다.

이 외에도 이 장에서는 선거제도의 채택이 경로의존성(path dependency)에 의하여 매우 영향을 받는다는 점도 확인했다. 미국식 대통령제가 미국과 인접한 중남미에 많이 퍼졌고 미군이 장기간 주둔했던 필리핀에서도 매우 흡사하게 자리 잡았다. 특히 중남미에서는 영국의 식민지배를 거친 국가들이 미국식 대통령제를 받아들이는 데 주저했고 영국식 의원내각제로 남게 되는 것도 경로의존성으로 잘 풀이된다. 다만 미국식 대통령제가 정의상 간선제이지만 다른 국가에서는 직선제로 변화를 거쳤다. 제3의 민주화 물결을 거치면서 신생민주주의 국가들이 간선제보다 직선제가 더욱 민주적인 제도라는 시대적 환경의 영향을 받은 것으로 볼 수 있다.

참고문헌

강경희. 2007. "멕시코의 정당과 최근 선거." 이정희 외. 『지구촌의 선거와 정당』. 한국외국어대학교출판부. 282-314.

박기덕. 2001. "필리핀 정당체계의 변화와 정당정치의 문제점." 『동남아시아연구』 제11집 가을호. 36-90.

오승용. 2004. "한국 분점정부의 입법과정분석." 『한국정치학회보』 제38집 제1호. 167-92.

정영국·이동윤. 2004. "필리핀의 정당정치와 민주주의 공고화." 『동남아시아연구』 제14집 제1호. 87-120.

최명·백창제. 2005. 『현대 미국정치의 이해』. 서울 : 서울대학교출판부.

Beck, Paul Allen. 1997. *Party Politics in America* New York : Longman.

Blais, André, Louis Massicottea, and Agnieszka Dobrzynska. 1997. "Direct Presidential Elections : A World Summary." *Electoral Studies* 16 : 441-455.

Campbell, James E. 1991. "The Presidential Surge and Its Midterm Decline in Congressional Elections, 1868-1988." *Journal of Politics* 53 : 477-487.

Gershtenson, Joseph. 2006. "Election Cycles and Partisanship in the U.S. House of Representatives, 1857-2000." *Politics and Policy* 34 : 690-705.

Golder, Matt. 2005. "Democratic Electoral Systems around the World, 1946-2000." *Electoral Studies* 24 : 103-121.

Jones, Mark. 1994. "Presidential Election Laws and Multipartism in Latin America." *Political Research Quarterly* 47 : 41-57.

Jones, Mark. 1995. *Electoral Laws and the Survival of Presidential Democracies* Notre Dame, IN : University of Notre Dame Press.

Mainwaring, Scott. 1993. "Presidentialism, Multipartism, and Democracy : The Difficult Combination." *Comparative Political Studies* 26 : 198-228.

Mainwaring, Scott, and Matthew S. Shugart. eds. 1997. *Presidentialism and Democracy in Latin America* New York : Cambridge University Press.

Mayhew, David R. 1991. *Divided We Govern : Party Control, Lawmaking, and Investigations, 1946–1990* New Haven : Yale University Press.

McCubbins, Mathew D. 1991. "Party Politics, Divided Government, and Budget Deficits." In *Parallel Politics*, ed., Samuel Kernell. Washington : Brookings Institution.

Mueller, John E. 1970. "Presidential Popularity from Truman to Johnson." *American Political Science Review* 64 : 18–34.

Mueller, John E. 1973. *War, Presidents, and Public Opinion*, NewYork : JohnWiley.

Negretto, Gabriel L. 2004. "Confronting Pluralism : Constitutional Reform in Mexico After Fox." Paper presented at the Conference "State Reform While Democratizing and Integrating : The Political Economy of Change In Mexico After Fox and NAFTA." Kellog Institute for International Studies, University of Notre Dame, November 18–19.

Negretto, Gabriel L. 2006. "Choosing How to Choose Presidents : Parties, Military Rulers, and Presidential Elections in Latin America." *Journal of Politics* 68 : 421–433.

Samuels, David. 2000. "Concurrent Elections, Discordant Results : Presidentialism, Federalism, and Governance in Brazil." *Comparative Politics* 33 : 1–20.

Segl, Horacio Vives. 2006. "The 2003 and 2005 Elections in Argentina : From Anomaly and Emergency to the Legitimization of a Government." *Taiwan Journal of Democracy* 2 : 107–122.

Shugart, Matthew S., and John M. Carey. 1992. *Presidents and Assemblies : Constitutional Design and Electoral Dynamics* New York : Cambridge University Press.

Shugart, Matthew Soberg. 1995. "The Electoral Cycle and Institutional Sources of Divided Presidential Government." *American Political Science Review* 89 : 327–343.

Stimson, James A. 1976. "Public Support for American Presidents." *Public Opinion Quarterly* 40 : 1–21.

Chapter 2

중간선거주기 : 도미니카 공화국

I. 서론

이 장은 지구상에서 매우 희귀한 중간선거주기를 도입해 실시하는 도미니카 공화국의 선거결과를 분석하여 중간선거주기의 정치적 효과를 규명하는 것을 목적으로 삼는다. 즉 여기에서는 도미니카 공화국의 사례를 통하여 대통령선거 중간마다 실시하는 의회선거에서 나타나는 대통령 소속정당의 선거이득을 추적하는 것이다. 중간선거주기란 대통령선거의 정 가운데 되는 시점에 의회선거를 규칙적으로 실시하는 선거주기를 의미한다. 대통령선거를 실시하는 지구상의 약 100개에 이르는 국가들 가운데 도미니카 공화국이 중간선거주기를 실시하는 유일한 국가이다. 도미니카 공화국은 1821년 스페인으로부터 독립했고 현재 국경을 맞대고 있는 아이티로부터 1844년 다시 독립했다. 도미니카 공화국은 1930년부터 1961년 사이 31년간 장기독재(Rafael Trujillo)를 경험했고,

그 뒤 빈번한 군사 쿠데타에 시달렸다. 도미니카 공화국은 1978년에 이르러 드디어 민주적 선거를 실시하기 시작했다.

전 세계적으로 대통령선거를 실시하는 사례를 살펴보면 대통령선거와 의회선거를 동시에 실시하는 국가보다 비동시선거를 치르는 국가가 훨씬 더 많다. 그 가운데 동시선거(concurrent election)와 비동시선거(nonconcurrent election)의 일종인 중간선거(midterm election)를 번갈아 실시하는 미국형(또는 혼합형) 선거주기는 전 세계적으로 미국, 아르헨티나, 멕시코, 필리핀에서 이용되고 있다. 그 다음으로 밀월 효과(honeymoon effect)가 아직 지배적인 대통령 임기 1년 안에 주기적으로 의회선거를 실시하는 신혼선거(honeymoon election)주기 국가는 타지크스탄, 우즈베키스탄, 감비아, 콩고 등이 있고, 2000년대에 들어서 프랑스가 새로이 합류했다. 이러한 신혼선거주기와 정반대되는 개념인 황혼선거(counterhoneymoon election)주기를 채택한 국가는 러시아와 콜롬비아가 있는데 역시 2000년대에 대만이 이 대열에 동참했다. 하지만 중간선거주기를 채택한 국가는 도미니카 공화국밖에 없다. 이 외의 지구상에 존재하는 비동시선거 국가들은 한국과 비슷하게 매우 불규칙하게 대통령선거와 의회선거를 엇갈리게 치른다.

도미니카 공화국이 중간선거주기를 실시하게 된 배경에는 매우 우연적인 요소가 개입되어 있다. 도미니카 공화국은 1994년까지만 해도 수십 년 동안 동시선거를 주기적으로 실시해 왔다. 그러나 1994년 대통령선거가 끝나자 국제선거감시단이 선거인단 명부에서 많은 부정사례를 지적했고, 야당(Dominician Revolutionary Party–PRD)이 중앙선거관리기관(Central Electoral Board)과 대통령 소속정당(Social Christian Reform Party–PRSC)을 부정선거로 고발했다. 이에 대하여 중앙선거관리기관의 조사위원회는 선거인단 명부에서 누락된 유권자의 숫자가 1994년 대통령선거의 결과를 바꿀 정도가 안 된다는 조사결과를 발표했다. 그러나 이러한 발표는 선거 후 정국의 혼란을 더욱 가중시켰다.

하지만 자칫 파국으로 치달을 수 있는 선거정국은 8월에 도미니카 공화국의 주요 3대 정당들이 '민주주의를 위한 협약' (Pact for Democracy)을 체결함으로써 타결되었다(Sagás 1997). 과거 부정선거와 정치위기가 만연하고 대통령의 권력이 매우 강한 도미니카 공화국으로서는 민주주의 발전에 매우 큰 전기가 마련된 것이다. 이로부터 20년 전인 1974년 대통령선거까지만 해도 군부가 야당의 선거참여를 가로막은 역사가 있었던 것을 감안하면 도미니카 공화국의 선거정치에 있어서 큰 변화가 아닐 수 없다(Rosario and Hartlyn 1999).

1994년 대통령선거 이후 맺어진 협약의 핵심은 PRSC 소속 대통령 당선자(Joaquín Balaguer)의 임기를 4년에서 2년으로 줄여 조기선거를 실시하고 헌법을 고친다는 것이었다.[1] 이에 따라 도미니카 공화국은 과거와 달리 1996년부터 중간선거주기를 실시하게 되었다. 1994년 8월에 공포된 새로운 헌법은 당시 86세로 시력이 없는 대통령 당선자(Joaquín Balaguer)를 포함하여 현직 대통령의 즉각적 재출마를 제한했고, 단순다수제를 결선투표제로 선출방식을 대체했다. 이에 따라 도미니카 공화국에

1. 이 때 도미니카 공화국에 매우 독특한 투표제도가 도입되었다. 여성은 오전에 투표를 하고 남성은 오후에 투표를 하도록 규정한 것이다. 이는 유권자가 이중 삼중으로 투표하는 부정을 막기 위하여 고안되었다. 실제로 이 제도로 인하여 유권자가 마음대로 여러 곳에서 투표할 시간이 없어지게 되었다(Sagás 1999).

서 대통령의 재선은 다른 많은 중남미 국가와 비슷하게 한 임기를 쉰 다음에야 가능해졌다. 1996년 대통령선거부터는 과거의 도미니카 공화국 선거에 비하여 상대적으로 더 투명하고 공정해진 것으로 평가된다.

그러므로 여기에서는 도미니카 공화국에서 1996년 대통령선거 이후부터 변경된 중간선거주기의 정치적 효과를 규명한다. 이러한 목적을 달성하기 위하여 이 장은 먼저 선거주기에 따른 선거결과 사이의 관계에 대한 일반적인 선행연구 결과를 정리한다. 그 다음으로 이 장은 도미니카 공화국에서 1996년 대통령선거부터 2010년까지 4차례 치러진 대통령선거와 그 중간에 규칙적으로 실시된 의회선거의 선거결과를 구체적으로 추적한다. 마지막으로 이 장은 연구결과를 요약하고 이론적 함의를 정리한다.

II. 선거주기와 선거결과

이미 언급했듯이 선거주기와 관련된 연구는 대통령선거와 의회선거 사이의 주기에 따라 다양한 선거유형으로 구분해 왔다(Shugart and Carey 1992). 그러나 다양한 선거주기와 그 선거결과 사이의 핵심적인 이론은 매우 간단하다. 다른 조건이 고정되어 있다고 가정할 때 대통령선거에서 가까운 시일 안에 의회선거가 실시될수록 대통령 소속정당이 의회선거에서 승리할 가능성이 커진다는 것이다. 이와 비슷한 논리적 연장선상에서 대통령선거로부터 의회선거가 멀어질수록 대통령 소속정당이 의회선거에서 패배하는 경향이 있다(Jones 1994 ; Meirowitz and Tucker 2007 ; Negretto 2006 ; Shugart 1995 ; Shugart and Carey 1992).

이 장에서 다루는 선거주기의 첫째 유형은 대통령선거와 의회선거를 한날 한시에 치르는 동시선거이다. 일반적으로 동시선거에서는 언론에 많이 노출되는 유력한 대통령 후보의 인기에 힘입어 그가 속한 정당이 의회선거에서 승리하는 경향이 있다. 물론 현역 대통령이 재선을 시도할 경우에는 그에 영향을 입어 여당의 의회선거 승리 가능성이 커진다. 이에 따라 미국식 양당제에서는 대통령 소속정당이 과반수 의석을 장악하여 행정부와 입법부를 모두 한 정당이 보유하는 단점정부(unified government)의 출현으로 이어질 가능성이 생긴다.

둘째는 대통령선거와 의회선거가 다른 날에 거행되는 비동시선거의 일종으로 신혼선거가 있다. 신혼선거는 대통령의 임기 전반부, 특히 1년 안에 열리는 의회선거를 가리킨다. 신혼선거에서는 새로 취임한 대통령의 소속정당이 의회에서 이길 가능성이 크다. 아직 대통령의 인기도 높고 언론이나 유권자는 대통령이 정치를 좀더 쉽게 할 수 있는 환경을 조성해 주는 경향이 있는 것이다. 이러한 우호적인 분위기를 밀월 효과라고 부른다.

셋째는 비동시선거의 일종으로 중간선거가 있다. 중간선거는 대통령 임기의 정 가운데 의회선거를 실시하는 것이다. 중간선거에서는 대통령 소속정당이 패배하는 경향이 있다. 이미 앞의 제1장에서 살펴보았듯이 중간선거를 4년마다 실시하는 미국식 양당제에서는 대통령 소속정당이 입법부의 과반수 지위를 잃어 행정부와 입법부를 서로 다른 정당이 나누어 보유하는 분점정부(divided government)가 탄생하곤 한다.

마지막으로 비동시선거의 일종으로서 황혼선거가 있다. 황혼선거는 신혼선거와 정반대로 대통령의 임기 후반부, 특히 임기를 1년도 안 남긴 상태에 열리는 의회선거를 일컫는다. 황혼선거에서는 퇴임할 대통령의 소속정당이 의회에서 좋은 성적을 올리지 못하는 경향이 있다. 임기 말에는 대통령의 인기가 떨어지고 이에 따라 유권자는 야당에게 표를 주는 가능성이 있는 것이다.

III. 도미니카 공화국 중간선거주기와 선거결과

1. 1996년 선거주기

도미니카 공화국의 선거는 비교적 오래 전부터 매우 정기적으로 실시되어 왔다. 이미 1966년부터 대통령선거나 의회선거가 매 4년마다 개최되어 온 것이다. 게다가 1978년부터는 각종 선거가 5월 16일 같은 날 실시되기 시작했다. 도미니카 공화국의 선거는 1978년 민주화에도 불구하고 각종 부정선거가 난무했고 신가부장제적(neo-patrimonial) 대통령에 의하여 조작되기도 했다(Conaghan and Espinal 1990 ; Hartlyn 1994).

급기야 1994년 대통령선거는 부정선거 시비에 휘말렸고, 이로 인하여 1996년에 대통령선거가 조기에 실시되면서 동시선거주기가 중간선거주기로 바뀌었다. 다만 선거가 실시되는 날짜에는 전혀 변동은 없다. 그리고 1996년 대통령선거부터는 50%가 진입장벽(threshold)인 전형적인 결선투표제가 실시되었다. 5월 16일 선거에서 과반수를 확보하는 후보가 없을 경우 45일 후인 6월 30일에 최다득표자 2인을 대상으로 2라운드를 벌인다. 도미니카 공화국은 많은 중남미 국가와 비슷하게 헌법에 의무투표제를 명시하고 있지만 기권에 대한 제재가 거의 없다(Hartlyn and Espinal 2009).

〈표-1〉 1996년 대통령선거 결과

후보	정당	1라운드 득표율	2라운드 득표율
Leonel Fernández	Dominican Liberation Party	38.9%	51.2%
Josè Francisco Peña Gómez	Dominician Revolutionary Party	41.1	48.8
Jacinto Peynado	Social Christian Reform Party	15.0	–
합계		95.0*	100

출처 : http://pdba.georgetown.edu/Elecdata/DomRep/domrep.html(검색일 : 2010년 3월 20일)
주 : * 나머지 5.0%의 표는 다른 10개 정당이 나누어 가졌다.

도미니카 공화국의 의회는 양원제인데 상원은 32명으로 구성되고 4년 임기이며 소선거구제로 선출된다. 하원은 178명으로 구성되고 4년 임기이며 비례대표제에 의하여 선출된다. 도미니카 공화국은 대통령제를 실시하면서 비례대표제로 하원을 선출하는 중남미의 다른 국가와 달리 양당제적인 정당체계를 보유한다(Blais, Massicottea, and Dobrzynska 1997 ; Golder 2005). 도미니카 공화국의 주요 정당은 좌파성향의 Dominican Revolution Party(PRD)와 중도성향의 Dominican Liberation Party(PLD), 그리고 우파성향의 Social Christian Reform Party(PRSC) 등 세 개이다. 이 세 정당은 매 선거마다 서로 다른 군소정당을 이끌고 서로 다른 선거연합을 구축하면서 정권을 교체해 오고 있다(Sagás 2001). 여기에서는 한국의 국회와 비슷한 하원의 선거결과에 초점을 둔다.

도미니카 공화국의 1996년 선거주기는 같은 해 실시된 대통령선거로 시작되었다. 이 선거에서는 역시 유력한 세 정당의 후보가 95.0%의 표를 나눠 가졌고 다른 정당 10개가 나머지 5%의 표를 차지했다(〈표 1〉

참조). 하지만 어느 정당의 후보도 과반수를 득표하지 못했기 때문에 상위득표자 2인(Leonel Fernández, José Francisco Peña Gómez)을 대상으로 결선투표를 벌이게 되었다. 45일 뒤에 치러진 2라운드에서는 1라운드의 선거결과에서 역전이 이루어졌다.

이러한 선거결과는 2라운드를 앞둔 선거연합의 결성에 영향을 입었다. 1994년 개정된 헌법에 의하여 채택된 즉각적 재선금지 규정에 따라 부통령에게 대통령 후보 자리를 내준 PRSC 출신 현직 대통령(Joaquín Balaguer)이 2라운드를 앞두고 PLD와 함께 선거연합을 구축했기 때문이다. 그는 자신의 정적이기도 하고 과거 식민지 시기 도미니카 공화국을 지배했던 아이티 계열 후손으로 알려진 PRD 후보(José Francisco Peña Gómez)가 대통령으로 당선되지 못하도록 대항하는 선거연합을 만들었다(Sagás 1997). 이에 따라 40대 중반으로 정치신인인 대통령(Leonel Fernández Reyna)이 탄생했다. 2라운드의 선거결과는 1.4% 포인트 차이로 갈렸으나 정치행위자 사이에 문제 없이 받아들여졌다.

1996년 치러진 대통령선거 뒤 꼭 2년 만에 개최된 하원선거 결과는 〈표 2〉에 정리되어 있다. 이 표에 따르면 1996년 대통령선거 1라운드에서는 1위를 차지했지만 2라운드에서 1.4% 포인트 차이로 낙선한 후보(José Francisco Peña Gómez)가 이끄는 PRD가 과반수(55.7%) 의석을 차지했다. 그러나 그는 이 선거를 1주일 앞두고 암으로 사망했다(Sagás 1999). 이에 비하여 대통령이 속한 PLD는 32.9%의 의석을 획득하는 데 그쳤다. 2년 전 2라운드에서 결선을 앞두고 PLD와 선거연합을 이루었던 PRSC는 11.4%의 의석을 확보하는 데 머물렀다. 이 선거에서 대통령 소속정당(PLD)과 PRSC를 같은 선거연합으로 간주해도 과반수를 넘지 못하는 결과가 나타났다. 이에 따라 다른 조건이 동일하다면 중간선거라

〈표-2〉 1998년 의회선거 결과

정당	득표율	의석점유율
Dominican Revolutionary Party	51.3%	55.7%(83석)
Dominican Liberation Party	30.4	32.9(49)
Social Christian Reform Party	16.8	11.4(17)
합계	98.5*	100(149)

출처 : http://pdba.georgetown.edu/Elecdata/DomRep/leg98.html(검색일 : 2010년 3월 20일)
주 : * 하원선거에 참여한 나머지 정당이 1.5%의 표를 차지했지만 의석으로 반영되지는 않았다.

는 선거의 시점에 따른 효과가 확인된다고 볼 수 있다. 그 결과 1996년에 당선된 대통령이 연임을 재포함시키는 개헌을 추진하려는 노력이 무산되었다(Sagás 1999).

2. 2000년 선거주기

2000년 선거주기도 같은 해 대통령선거로 시작되었는데 그 선거 결과는 〈표 3〉에 담겨 있다. 이 선거주기는 1990년대 말 이후 도미니카 공화국의 경제적 번영과 정치적 안정이 이루어진 황금기(golden years)로 평가된다(Espinal, Hartlyn, and Kelly 2006). 이 표에 따르면 PRD 소속의 후보(Hipólito Mejía)가 49.9%를 획득했고 PLD 소속의 후보(Danilo Medina)가 24.9%로 2위를 차지했다. 도미니카 공화국의 헌법에 따라 후보 가운데 아무도 과반수를 넘지 못한 이러한 선거결과는 결선투표에 가야 한다. 하지만 2위의 후보가 자신에게 불리한 선거결과를 3일 만에 순순히 받아들여 2000년에는 결선투표 없이 49.9%를 획득한 후보가 대통령으

〈표-3〉 2000년 5·16 대통령선거 결과

후보	정당	득표율
Hipólito Mejía	Dominician Revolutionary Party	49.9%
Danilo Medina	Dominican Liberation Party	24.9
Joaquín Balaguer	Social Christian Reformist Party	24.6
합계		99.4*

출처 : http://psephos.adamcarr.net/countries/d/dominicanrepublic/dominicanrepublic1.txt(검색일 : 2010년 3월 20일)
주 : * 나머지 0.6%의 표는 다른 군소정당 후보에게 나누어졌다.

로 당선되었다. 그러나 이러한 선거결과는 오히려 1994년 개헌으로 채택된 결선투표제에 대하여 도미니카 공화국에서 심각한 회의와 의문을 제기하게 만들기도 했다(Sagás 2001).

2000년 대통령선거에서 2위를 기록한 후보가 결선을 고집하지 않은 이유에는 먼저 과거 대통령선거에서 30만 표 이상의 격차가 벌어진 적이 없지만 2000년에는 80만 표 이상의 차이가 발생했기 때문이다. 이에 따라 결선투표에 간다는 것이 PLD의 정치적 비용만 더 크게 지출하고 사회적 혼란만 가중시킬 것으로 예상했던 것이다. 그 다음으로는 도미니카 공화국의 정치를 장기간 쥐락펴락해 오고 1996년 대통령선거의 결선에서도 선거연합의 구축에 결정적인 영향을 미친 전임 대통령(Joaquín Balaguer)의 행보 때문이다. 2000년 선거에서 1위를 차지한 PRD 후보가 그와 선거 캠페인 내내 협력체제를 구축해 왔고 선거가 끝난 뒤 3위에 그친 그가 바로 PRD의 승리를 인정했다. 이에 따라 2위와 3위 사이의 선거연합 구축 가능성이 사라진 것이다. 또한 2위인 PLD 후보(Danilo Medina)가 확보한 24.9%에는 기타 정당의 선거연합에 의한 표가 섞여

〈표-4〉 2002년 의회선거 결과

정당	득표율	의석점유율
Dominican Revolutionary Party	41.9%	48.7% (73석)
Dominican Liberation Party	29.1	27.3 (41)
Social Christian Reformist Party	24.3	24.0 (36)
합계	95.3*	100 (150)

출처 : http://en.wikipedia.org/wiki/Dominican_Republic_parliamentary_election,_2002 (검색일 : 2010년 3월 20일)
주 : * 나머지 4.7%의 표는 다른 군소정당 후보에게 나누어졌다.

있어 사실상 전임 대통령(Joaquín Balaguer)보다 적은 표를 획득한 셈이었다(Sagás 2001).

2000년 선거에서 당선되자마자 대통령(Hipólito Mejía)은 1994년 개헌을 통하여 다시 도입된 대통령의 즉각적인 재선금지 조항을 바꾸려고 시도했다. 도미니카 공화국의 대통령들은 이러한 시도에 매우 익숙했는데, 2000년 선거에 3위를 차지한 전임 대통령(Joaquín Balaguer)도 1960년부터 1962년 사이에 대통령을 역임한 뒤 1966년 다시 대통령에 취임하자마자 즉각적 재선금지 조항을 바꿔가면서 1966년부터 1978년 사이 장기간 대통령직을 수행했으며, 1986년부터 1996년까지 또 다시 대통령직을 맡은 바 있다(Hartlyn 1994). 또한 그는 도미니카 공화국의 독재자(Rafael Trujillo) 후신으로 매우 장기간 동안 도미니카 공화국의 정치에 영향력을 행사해 왔다(Ribando 2005).

2000년 선거주기의 중간선거는 2002년 의회선거인데 그 선거결과는 〈표 4〉에 정리되어 있다. 이 표는 대통령 소속정당인 PRD가 150석의 의석 가운데 73석을 차지해 48.7%를 점유하는 데 그치는 것을 보여준다.

이에 비하여 야당인 PLD는 27.3%의 의석을, PRSC는 24.0%의 의석을 각각 나누어 가졌다. 총 23개 정당이 출마했지만 현실적으로 의회에 진출하는 정당은 매우 한정된 것이다(Sagás 2003). 이러한 선거결과는 과거의 의회선거와 달리 아무도 과반수를 점하지 못하는 상황(no majority situation)임을 알려준다. 따라서 2002년 의회선거에서 대통령 소속정당이 1위의 자리를 차지하기는 했지만 다른 조건이 같다고 가정하면 중간선거라는 선거의 시점이 대통령 소속정당으로 하여금 과반수를 확보하지 못하게 만든 것으로 해석할 수 있다. 이 장은 선거주기에 따른 대통령 소속정당의 의회선거 결과를 규명하는 것이기 때문에 선거연합보다는 정당을 분석의 기본단위로 취급한다.

2002년 의회선거가 끝난 뒤 대통령이 소속한 PRD가 의회에서 다수를 점하자 정치적 영향력이 막강한 전직 대통령(Joaquín Balaguer)의 협력을 통하여 PRSC와 함께 개헌을 추진했다. 2002년 7월의 개헌은 주로 두 가지 중요한 변화를 꾀했다. 첫째는 오전에 여성, 오후에는 남성이 투표하게 하는 제도를 없앴다. 이는 부정선거를 막기 위하여 고안된 것이었지만 선거일에 긴 줄을 형성하여 투표율을 낮추는 데 기여했다. 둘째는 1994년 개헌을 통해 단임제로 바뀌었지만 이제 다시 대통령 연임을 허용하는 것으로 고쳤다. 그러나 2002년 헌법은 대통령이 한 번에 한하여 연임할 수 있도록 바꾸었다. 하지만 재선에 성공한 뒤에는 영원히 대통령이나 부통령 후보로 다시 출마하지 못하게 되었다. 또한 재선에 출마하지 않은 현 대통령도 나중에 다시 대통령선거에 출마하지 못하게 규정되었다. 이에 비하여 결선투표의 진입장벽을 50%에서 45% 또는 40%로 낮추려는 시도는 무산되었다. 이러한 결과는 전직 대통령(Joaquín Balaguer)이 협상과정에서 고령으로 사망하는 데 영향을 받은 것이었다.

〈표-5〉 2004년 대통령선거 결과

후보	정당	득표율
Leonel Fernández Reyna	Dominican Liberation Party	57.1%
Hipólito Mejía	Dominican Revolutionary Party	33.7
Eduardo Estrella	Social Christian Reformist Party	8.7
기타		0.6
합계		100

출처 : http://en.wikipedia.org/wiki/Politics_of_the_Dominican_Republic(검색일 : 2010년 3월 20일)

그가 진입장벽의 완화를 반대했고 그가 사망한 뒤 그가 속한 PRSC가 반대를 고수했기 때문이다(Sagás 2003).

3. 2004년 선거주기

2004년 선거주기는 같은 해 5월 16일 실시된 대통령선거로 시작되었다. 이 선거의 결과는 〈표 5〉에 요약되어 있다. 이 선거에서는 2000년에 당선된 현역 대통령(Rafael Hipólito Mejía Domínguez)이 재선을 시도했지만 1996년에 당선된 전임 대통령(Leonel Fernández Reyna)에게 패배하고 말았다. 1996년 DLP 소속 대통령(Leonel Fernández Reyna)은 결선투표 전 PRSC의 도움으로 선거연합을 구축한 뒤 대통령으로 당선되었지만 2004년에는 57.1%를 획득했기 때문에 결선투표 없이 스스로 대통령으로 선출되었다. 다만 이러한 선거결과는 선거연합의 지원결과가 반영된 것이다. 즉 당선자는 49.0%를 득표했지만 다른 6개 정당의 도움으로 8.0%가 보태진 것이다(Sagás 2005). 물론 다른 후보의 표도 여타 선거연합 정당

〈표-6〉 2006년 의회선거 결과

정당	득표율	의석점유율
Dominican Liberation Party	46.4%	53.9%(96석)
Dominican Revolutionary Party	31.1	33.7(60)
Social Christian Reformist Party	10.9	12.4(22)
합계	88.4	100(178)

출처 : http://en.wikipedia.org/wiki/Politics_of_the_Dominican_Republic(검색일 : 2010년 3월 20일)

의 표가 합해졌다.

2004년 대통령선거가 끝난 뒤 정확하게 2년 뒤에 개최된 2006년 의회선거의 성적은 〈표 6〉에 요약되어 있다. 이 선거에는 모두 24개의 정당이 득표전을 벌였는데 모두 3개의 선거연합이 구성되었다. 대통령 소속정당인 PLD가 Progressive Bloc을 구성해 6개 정당을 이끌고 53.9%(96석)의 의석을 석권했다. 이에 비하여 PRD가 Grand National Alliance를 구축해 9개 정당을 주도했지만 33.7%(60석)의 의석을 차지하는 데 그쳤다. 또 다른 야당인 PRSC는 Grand National Alliance를 형성하여 9개 정당을 이끌었지만 12.4%(22석)의 의석만 확보하고 말았다. 여기에서 주의할 점은 명색이 선거연합이었지만 선거연합을 이끈 3대 정당 외에는 의석을 단 한 석도 확보하지 못했다는 사실이다. 따라서 이러한 선거 결과는 대체로 선거의 기계적인 시점과 선거결과 사이만 주목했을 때 중간선거의 효과가 나타나지 않는다고 할 수 있다.

4. 2008년 선거주기

2008년 5월의 대통령선거는 또 다른 선거주기를 열어놓았다. 이 선거결과는 〈표 7〉에 제시되어 있다. 이 표에 따르면 이 선거에서 PLD 소속 현직 대통령(Leonel Fernández Reyna)이 재선에 성공했다. 이 선거에서 현직 대통령은 53.8%를 득표했기 때문에 결선투표를 거치지 않고 당선된 것이다. 실제로 그는 44.9%를 득표했지만 선거연합을 이룬 다른 11개 정당이 8.9%를 더해주었다(Hartyn and Espinal 2009). 이로써 대통령 당선자는 총 12년 동안 대통령직에 재임하게 되었다.

〈표-7〉 2008년 대통령선거 결과

후보	정당	득표율
Leonel Fernández Reyna	Dominican Liberation Party	53.8%
Miguel Vargas	Dominican Revolutionary Party	40.5
Amable Aristy Castro	Social Christian Reformist Party	4.6
기타 4인		1.1
합계		100

출처 : http://www.jce.do/jce2/TOTALNACIONAL/tabid/57/Default.aspx(검색일 : 2010년 3월 20일)

2008년 대통령선거가 끝난 뒤 2년 만에 열린 2010년 의회선거는 중간선거임에도 불구하고 대통령(Leonel Fernández Reyna) 소속정당인 PLD가 과반수인 105석(57.38%)을 장악하는 결과를 낳았다. 이러한 선거결과는 4년 전 의회선거와 매우 비슷하다. 〈표 8〉에 따르면 총 11개 정

〈표-8〉 2010년 의회선거 결과

정당	득표율	의석점유율
Dominican Liberation Party	54.62%	57.38%(105석)
Dominican Revolutionary Party	41.89	40.98(75)
Social Christian Reformist Party	1.46	1.64(3)
기타 8개 정당	2.03	0(0)
합계	100	100(183)

출처 : http://en.wikipedia.org/wiki/Dominican_Republic_parliamentary_election,_2010(검색일 : 2010년 5월 23일)

당이 의회선거에 참가하여 PLD에 이어 PRD가 75석(40.98%)을 확보했고 또 PRSC가 3석(1.64%)을 얻었을 뿐이다. 나머지 8개 정당은 의석을 하나도 차지하지 못했다.

IV. 결론

이 장에서는 지구상에서 유일하게 중간선거주기를 채택한 도미니카 공화국의 사례를 통하여 선거주기에 따른 대통령 소속정당의 선거이득에 대하여 고찰했다. 도미니카 공화국에서는 1978년부터 동시선거주기를 이용했으나 1994년 부정선거 시비를 해결하기 위한 노력의 일환으로 조기 대통령선거를 실시하면서 1996년 대통령선거부터 중간선거주기로 바뀌었다. 이에 따라 이 장은 1996년 이후 현재까지 네 차례씩 개최된 대통령선거와 의회선거의 결과를 추적해 보았다. 이 장은 연구방법론상 다른 조건이 비슷하다고 간주한 상태에서 선거의 시점과 대통령 소속정당의 선거이득 사이의 관계에서 일정한 경향이 보이는지 살펴보았다.

그 결과 도미니카 공화국에서 1996년 대통령선거부터 2010년까지 네 차례씩 치러진 대통령선거와 그 중간에 규칙적으로 실시된 의회선거의 선거결과를 보면 선거의 시점에 따른 효과가 아직 뚜렷하게 형성되지 않은 것으로 보인다. 현재까지 두 번의 중간선거에서는 중간선거적인 결과가 나타났으나 나머지 두 번의 중간선거에서는 대통령 소속정당이 과반수 의석을 장악했기 때문이다.

다시 말해 도미니카 공화국에서 중간선거라는 기계적인 시점이 일반적으로 예상되는 선거결과를 실제로 보여준 의회선거는 1998년과 2002년에 나타났다. 1998년 의회선거에서는 당시 야당인 PRD가 과반수 의석을 차지했고, 2002년 의회선거에서는 대통령 소속정당인 PRD가 이른바 여소야대로 48.7%의 의석만 확보하고 말았다. 이에 비하여 도미니카 공화국에서 중간선거의 효과가 전혀 확인되지 않은 의회선거는 2006년과 2010년에 등장했다. 2006년 의회선거에서 중간선거임에도 불구하고 대통령 소속정당인 PLD가 53.9%(96석)의 의석을 석권했고, 2010년 의회선거에서는 대통령 소속정당인 PLD가 57.38%(105석)을 장악했다.

도미니카 공화국에서 현재와 같은 중간선거주기가 도입된 1994년 개헌은 일차적으로 1994년 부정선거를 치유하기 위한 목적을 가진다. 하지만 이 외에 신가부장제적이고 유사 권위주의적인 대통령(Joaquín Balaguer)이 1966년부터 1996년 사이에 모두 6번씩이나 취임하고 임기를 마치는 것을 경험하면서 이를 제한하기 위한 목적도 가지고 있었다. 그러나 도미니카 공화국의 중간선거주기는 간단치 않은 부작용을 낳았다. 중간선거에서는 유권자의 무관심이 커지고 이에 따라 기권이 증가했으며(Sagás 2003), 1998년 의회선거를 지나면서 중간선거를 폐지하자는 여론이 형성되기도 했다(Sagás 1999 : 289). 불과 개헌 4년 만에 1994년 개헌의 골자에 대한 의심이 확산된 것이다.

실제로 1996년 이후 실시된 중간선거의 유권자 기권율은 매우 컸다. 1998년 의회선거에서 기권율은 48%(Sagás 1999), 2002년 의회선거에서는 49%(Sagás 2003), 2006년 의회선거에서 43.5%(http://en.wikipedia.org/wiki/Politics_of_the_Dominican_Republic 검색일 : 2010년 3월 20일), 2010년에는 42%(http://en.wikipedia.org/wiki/Dominican_Republic_parliamentary_election_2010 검색일 : 2010년 5월 23일)에 이른 것이다. 이는 대통령선거에 비하면 매우 심각한 것이라 하겠다. 1996년 대통령선거에서 유권자의 기권율은 21.4%(Sagás 1997), 2000년 대통령선거에서는 24%(Sagás 2001), 2004년 대통령선거에서는 27%(Sagás 2005), 2008년 대통령선거에서는 28.6%(Hartyn and Espinal 2009)에 불과했다.

그뿐 아니라 중간선거의 실시로 인하여 선거의 횟수가 크게 증가하고 만약 중간선거주기가 도입된 초기와 비슷하게 중간선거에서 야당이 승리하는 경향이 강해진다면 도미니카 공화국과 같이 신생민주주의 국가의 민주주의 공고화에 역행하는 효과를 낳을 것으로 보인다(Hartyn and Espinal 2009). 1996년 대통령선거 이후 도미니카 공화국에서는 대통령이 당선된 뒤 최대 2년 정도 그나마 안정적인 정치를 하고 그 나머지 2년은 새로운 대통령선거를 준비하는 식으로 변화했다(Sagás 1999 : 290). 선거정치가 일상화된 것이다. 실제로 2008년 대통령선거를 앞두고 2004년 대통령선거에서 패배하여 대통령 후보가 없어진 PRD는 2007년 1월에 대통령 후보를 선출하는 예비선거를 마쳤다. 무려 16개월 전부터 2008년 대통령선거를 준비하는 작업을 시작한 것이다. 그리고 PLD도 현대통령(Leonel Fernández)을 임기의 반이 조금 지난 시점인 2007년 5월 예비선거를 통하여 다음 대통령선거의 후보로 결정하였다.

이에 따라 2008년 대통령선거에 승리한 뒤 PLD 소속 대통령(Leonel Fernández)은 취임하자마자 새로운 개헌안을 발표했다. 여기에는 대통령 연임의 횟수를 2번에서 그 이상으로 늘리는 방안과 대통령선거와 의회선거를 다시 동시화시키는 방안이 포함되어 있다. 물론 이러한 개헌안은 자신의 재선 가능성을 더욱 극대화시키려는 개인적인 정치적 야망이 반영된 것이다. 그럼에도 불구하고 대통령선거와 의회선거를 동시화하려는 계획은 도미니카 공화국에서 크게 공감을 얻는 중이다(Hartyn and Espinal 2009). 이뿐 아니라 이러한 개헌안은 미국에서 과거 2년마다 실시하는 하원의원선거가 여러 가지 문제를 파생시키자 하원의 임기를 4년으로 늘리려고 시도했던 것과 일맥상통한다고 하겠다. 중간선거를 통한 이른바 중간평가의 부작용이 적지 않은 것이다.

도미니카 공화국의 중간선거주기에 따른 선거결과를 규명한 이러한 연구결과는 한국의 정치와 개헌에 시사하는 바가 자못 크다. 첫째, 도미니카 공화국에서 1996년부터 선거주기를 중간선거주기로 변화시킨 다음부터 선거정치가 상시화되었다는 점이다. 대통령선거가 끝난 뒤 2년 만에 의회선거를 치르기 위한 선거준비로 바빠졌고, 의회선거가 끝나면 그 다음 새로운 대통령선거를 준비하기 위한 후보선출 과정이 바로 시작되었다. 중간선거가 대통령의 중간평가로 작용하는 측면도 있지만 대통령의 공약을 수행하기 위한 안정적인 환경을 보장하지 못하고 선거정치가 일상화되도록 만들었다. 그래서 현재 도미니카 공화국은 다시 선거를 동시에 실시하는 방향을 모색하고 있는 것이다.

둘째, 도미니카 공화국에서 1996년부터 대통령의 즉각적인 연임금지 개헌으로 인하여 대통령선거를 위한 후보선출 과정이 더욱 어려워지고 과열되었다. 도미니카 공화국은 물론 중남미에서 대통령의 즉각적인 연임금지라는 헌법규정은 장기독재의 예방이라는 차원에서 확산된 의미가 있다. 그러나 한국에서 2000년대 이후 3김의 퇴장과 마찬가지로 최근 도미니카 공화국에서도 80-90살이 넘은 정치적 거물들(José Francisco Peñs Gómez, Joaquín Balaguer)이 사망하면서 대통령 후보에 대한 인물난을 겪고 있으면서 후보선출을 위한 준비과정이 더욱 조기화되기 시작했다. 이에 따라 도미니카 공화국에서는 다시 연임금지 조항을 삭제하는 노력을 펴고 있다.

셋째, 도미니카 공화국에서는 1996년부터 결선투표제를 새로이 도입했으나 50% 진입장벽에 대한 완화를 시도했다. 그만큼 도미니카 공화국에서 새로운 제도의 부작용이 짧은 시간 안에 드러난 것으로 해석할 수 있다. 실제로 도미니카 공화국의 1996년 선거주기에서는 결선투표제의 위험성이 복합적으로 나타났다. 1996년 대통령선거에서 1위를 했지만 과반수를 넘지 못해 결선에 진출한 후보(José Francisco Peñs Gómez)가 네거티브 선거연합에 의하여 패배했다. 그가 도미니카 공화국을 상당기간 지배했던 아이티의 후손이라는 네거티브 캠페인이 극성을 발휘했던 것이다. 그리고 그 다음 대통령선거에서도 1위(Hipólito Mejía)가 49.9%를 기록하자 선거관리기관은 상당기간 결선투표 여부를 결정하지 못한 상태에서 2위 후보(Danilo Medina)가 결선을 포기하는 식으로 선거가 끝났다. 2위 후보가 결선투표에서 승부를 뒤집기 위한 선거연합을 구성할 수 없는 상황이었기 때문이었다. 결과를 떠나서 49.9%라는 득표율은 결선투표제의 제도적 절차를 다 밟은 것이 아니기 때문에 당선자의 정통성에 하자를 제공할 수 있는 것이다. 한국에서는 이러한 도미니카 공화국의 정치적 실험을 타산지석 삼아 개헌에 신중할 필요가 있다.

참고문헌

Blais, André, Louis Massicottea, and Agnieszka Dobrzynska. 1997. "Direct Presidential Elections : A World Summary." *Electoral Studies* 16 : 441–455.

Conaghan, Catherine, and Rosario Espinal. 1990. "Unlikely Transitions to Uncertain Regimes? Democracy without Compromise in the Dominican Republic and Ecuador." *Journal of Latin American Studies* 22 : 553–574.

Espinal, Rosario, Jonathan Hartlyn, and Jana Morgan Kelly. 2006. "Performance Still Matters : Explaining Trust in Government in the Dominican Republic." *Comparative Political Studies* 39 : 200–223.

Espinal, Rosario, and Jonathan Hartlyn. 1999. "Dominican Republic : The Long and Difficult Struggle for Democracy." In Larry Diamond, Jonathan Hartlyn, Juan Linz, and Seymour Lipset, Eds., *Democracy in Developing Countries : Latin America* Boulder, CO : Lynne Rienner.

Gershtenson, Joseph. 2006. "Election Cycles and Partisanship in the U.S. House of Representatives, 1857–2000." *Politics and Policy* 34 : 690–705.

Golder, Matt. 2005. "Democratic Electoral Systems around the World, 1946–2000." *Electoral Studies* 24 : 103–121.

Hartlyn, Jonathan. 1994. "Crisis–Ridden Elections (Again) in the Dominican Republic : Neopatrimonialism, Presidentialism, and Weak Electoral Oversight." *Journal of Interamerican Studies and World Affairs* 36 : 91–144.

Hartlyn, Jonathan, and Rosario Espinal. 2009. "The Presidential Election in the Dominican Republic, May 2008." *Electoral Studies* 28 : 333–336.

Jones, Mark. 1994. "Presidential Election Laws and Multipartism in Latin America." *Political Research Quarterly* 47 : 41–57.

Mayhew, David R. 1991. *Divided We Govern : Party Control, Lawmaking, and Investigations, 1946–1990* New Haven : Yale University Press.

McCubbins, Mathew D. 1991. "Party Politics, Divided Government, and Budget Deficits." In *Parallel Politics*, ed., Samuel Kernell. Washington : Brookings Institution.

Negretto, Gabriel L. 2006. "Choosing How to Choose Presidents : Parties, Military Rulers, and Presidential Elections in Latin America." *Journal of Politics* 68 : 421–433.

Ribando, Clare M. 2005. "Dominican Republic : Political and Economic Conditions and Relations with the United States." *CRS Report for Congress* Order Code RS21718.

Sagás, Ernesto. 2005. "The 2004 Presidential Election in the Dominican Republic." *Electoral Studies* 24 : 156–160.

Sagás, Ernesto. 2003. "Elections in the Dominican Republic, May 2002." *Electoral Studies* 22 : 792–798.

Sagás, Ernesto. 2001. "The 2002 Presidential Election in the Dominican Republic." *Electoral Studies* 20 : 495–501.

Sagás, Ernesto. 1999. "The 1998 Congressional and Municipal Elections in the Dominican Republic." *Electoral Studies* 18 : 271–300.

Sagás, Ernesto. 1997. "The 1996 Presidential Elections in the Dominican Republic." *Electoral Studies* 16 : 103–107.

Shugart, Matthew S., and John M. Carey. 1992. *Presidents and Assemblies : Constitutional Design and Electoral Dynamics* New York : Cambridge University Press.

Shugart, Matthew Soberg. 1995. "The Electoral Cycle and Institutional Sources of Divided Presidential Government." *American Political Science Review* 89 : 327–343.

Chapter 3

신혼선거주기(프랑스)와 황혼선거주기(대만)의 도입 : 불규칙한 선거주기의 탈피

I. 서론

전 세계적으로 신혼선거주기를 택한 사례를 찾기는 쉽지 않다. 이는 황혼선거주기에도 똑같이 적용되는 사실이다. 그 이유로는 1년 안에 대통령선거와 의회선거를 별개로 나누어 실시한다는 것이 선거비용의 막대한 증가는 물론이고 정치적으로도 큰 비용의 추가로 이어지기 때문에 구태여 짧은 시간 안에 두 선거를 구분해서 치르지 않도록 만들었을 것이라고 생각한다. 그럼에도 불구하고 지구상에서 대통령선거를 실시하는 근 100개에 이르는 국가 가운데 신혼선거주기를 제도적으로 채택한 국가들은 타지크스탄, 우즈베키스탄, 감비아, 콩고 등이 존재한다. 그러나 이들 국가들은 대부분 민주적인 선거의 실시라는 관점에서 부정할 수 없는 의심을 살 수 있기 때문에 아직 신혼선거의 결과들을 토대로 의미 있는 추론을 도출하기 어려운 실정이다.

이에 비하여 프랑스는 최근 신혼선거주기를 새로이 도입했다. 프랑스가 2000년 개헌을 통하여 대통령의 임기를 7년에서 5년으로 줄이는 동시에 의회선거와 대통령선거를 동시화시킨 것이다. 다른 한편 프랑스와 비슷하게 불규칙한 선거주기를 도입했던 대만에서도 2005년 개헌을 거쳐 선거주기의 동시화를 추구했다. 하지만 여기에서 주의할 것은 대통령선거와 의회선거의 동시화가 양대 선거의 동시실시가 아니라는 점이다. 프랑스는 대통령선거를 실시하고 1달 뒤에 의회선거를 개최하는 방식으로 바꾸었고, 대만은 의회선거를 실시하고 2달 뒤에 대통령선거를 개최하는 방식으로 변경했기 때문이다. 2000년대 개헌 전 양국의 선거주기는 한국의 선거주기만큼이나 대단히 비정기적이고 복잡한 선거일정을 과시해 왔다. 그 결과 한국에서 목격되는 불규칙한 선거주기에 따른 정치적 폐단을 프랑스와 대만도 고스란히 경험했고, 이를 극복하고자 2000년대에 개헌을 성사시켰던 것이다.

하지만 똑같은 질병에 양국의 처방은 서로 달랐다. 최근 한국에서 선거주기의 동시화 등 개헌을 추진하는 시점에 프랑스와 대만은 적어도 다음과 같은 두 가지 측면에서 흥미로운 비교 연구의 대상이 된다. 그 가운데 첫 번째는 여러 가지로 서로 다른 정치적 · 경제적 · 문화적 · 사회적 환경을 보유하는 프랑스와 대만이지만 서로 비슷한 정치제도를 채택했기 때문에 양국의 사례를 통하여 선거의 시점에 따른 대통령 소속정당의 선거이득과 관련하여 발전된 일반적인 이론을 검증할 수 있다는 점이다. 한국과 마찬가지로 프랑스와 대만의 의회선거는 대통령 임기 중 서로 다른 다양한 시점에서 매우 불규칙적으로 거행해 왔다. 이로 인해 프랑스와 대만의 사례는 선거주기에 따른 대통령 소속정당의 선거이득상 효과를 측정할 수 있는 풍부한 사례를 제공한다.

일반적으로 선거결과에 영향을 미치는 다른 요인들이 같다고 가정했을 때 대통령선거와 의회선거의 시간적 거리가 가까울수록 대통령 소속정당이 의회선거에서 승리할 가능성이 커지는 것으로 알려졌다(Jones 1994 ; Meirowitz and Tucker 2007 ; Negretto 2006 ; Shugart 1995 ; Shugart and Carey 1992). 이와 반대로 대통령선거에서 멀리 떨어진 의회선거일수록 대통령 소속정당의 손해가 증가하는 경향이 있다. 프랑스와 대만의 선거주기가 이러한 일반적인 패턴에서 얼마나 일치하는지 한국의 선거주기를 염두에 둘 때 비교할 좋은 사례가 된다.

프랑스와 대만의 선거주기가 학술적으로 매우 의미 있는 비교 연구의 대상이 되는 둘째 이유는 서로 다른 정치문화 속에서 두 국가가 불규칙하고 복잡한 선거주기로 인하여 겪어왔던 정치적 문제를 완화시키고자 서로 비슷한 시점에 선거주기를 바꾸어 선거의 주기를 고정화 또는 안정화시키려는 노력을 펼쳤다는 사실에 있다. 물론 프랑스와 대만의 선택은 각각 신혼선거주기와 황혼선거주기의 채택으로 갈렸다. 이에 따라 이미 2000년대 초반에 각각 선거주기를 바꾸게 된 배경과 동학은 물론 새로운 선거주기의 효과를 비교하는 것은 매우 흥미로운 연구과제이다. 또한 이 연구결과는 한국이 향후 어떠한 선거주기를 고려해야 하는지 시사하는 바가 적지 않을 것이다.

정치적 환경이 서로 판이하지만 한국과 마찬가지로 프랑스와 대만의 정치제도는 이원집정제적인 요소가 강하거나 대표적인 이원집정제 국가로 분류된다(Elgie 2005). 프랑스는 대표적인 이원집정제 사례이고 한국과 대만은 헌법적으로 총리의 권한이 비교적 강하게 보장되고 있기 때문에 사실상 이원집정제 국가로 분류된다.[1] 실제로 한국의 유신헌법도 마찬가지이지만 대만의 현행 헌법의 근간인 1997년 헌법은 다름 아닌 프랑스 제5공화국의 드골식 헌법체제인 이원집정제적 모델을 따르고 있다(Wu NT 2005 ; Wu YS 2005). 이러한 조건은 프랑스와 대만을 서로 비교하기에 모자람이 없게 하고, 나아가 한국에게 이론적이고 현실적인 함의를 추출하는 데 충분하게 만든다.

이 장에는 동시선거(concurrent election) 외에 비동시선거(nonconcurrent election)의 여러 가지 사례가 등장한다. 과거 대통령과 의회의 임기가 서로 달랐던 프랑스와 대만에서는 대통령선거와 의회선거가 같은 날 거행되는 동시선거는 하나도 없고 두 가지 선거가 서로 다른 날 열리는 비동시선거만 개최되었다. 이는 2000년대 개헌을 통해 선거의 동시화가 추진된 뒤에도 마찬가지이다. 비동시선거는 다시 대표적으로 세 가지 유형을 갖는다(Shugart and Carey 1992). 그 중 신혼선거(honeymoon election)는 대통령선거가 끝난 지 1년 안에 열리는 의회선거이다. 그 다음으로 중간선거(midterm election)는 대통령선거 정 가운데 의회선거가 열리는 경우를 말한다. 마지막으로 황혼선거(counterhoneymoon election)는 현 대통령의 임기 말 1년 안에 열리는 의회선거를 의미한다. 그러나 프랑스와 대만의 경우에는 엄격한 의미에서 중간선거의 사례도 전혀 없다. 다만 두 국가에는 신혼선거 및 황혼선거를 포함하여 대통령 임기 시작 후와 종료 전 1년에서 벗어난 임기 전반부 선거와 후반부 선거가 등장한다.

요컨대 이 장의 목적은 불규칙한 선거주기를 채택한 프랑스와 대만의 다양한 선거시점과 이에 따른 대통령 소속정당의 선거이득을 경험

1. 대만에서는 대통령이라고 하기보다는 총통이라고 부르지만 이 장에서는 통일성을 위하여 총통 대신 대통령이라고 부르겠다.

적으로 분석하는 것이다. 그리고 이 장은 두 국가에서 최근 개헌을 통하여 선거주기를 바꾸는 과정과 새로운 선거주기의 효과에 대하여 살펴보려고 한다. 따라서 이 장은 먼저 잘 알려져 있지 않은 프랑스와 대만의 최근 헌법 개정과 관련된 목적과 그 과정에 대하여 고찰한다. 또한 프랑스와 대만의 선거주기와 대통령 소속정당의 선거이득 사이의 관계에 대하여 구체적으로 하나씩 살펴본다. 이 과정에서 최근 개헌결과 각각 신혼선거주기와 황혼선거주기를 새로 채택한 프랑스와 대만의 선거결과도 규명할 것이다. 마지막으로 이 장은 연구결과를 요약하고 중요한 이론적인 발견과 한국 정치에 시사하는 현실적인 함의를 결론에서 정리할 것이다.

II. 개헌과 선거주기

선거의 시점이나 방법을 포함하여 의회규모 등 선거제도를 바꾸는 개헌작업은 자신의 선거승리 가능성을 극대화하고 상대의 선거승리 가능성을 최소화하는 전략적인 선택의 결과로 이루어진다(Easter 1997 ; Euchner and Maltese 1992 ; Kim 1997 ; Lijphart and Waisman 1996 ; Reynolds 2002). 특히 프랑스에서는 선거에 관련된 규칙이 매우 정략적으로 빈번하게 고쳐졌다. 이에 따라 프랑스에서는 심지어 선거법이 국가와 사회를 통제할 권력을 쟁취하기 위한 서로 다른 정치세력들 사이에 투쟁을 위한 무기로 간주되곤 했다(Jérôme, Jérôme-Speziari, and Lewis-Beck 2003). 특히 대통령이나 의원의 임기나 선거의 시점은 정치 엘리트 사이에 서로의 정치적 이익을 위하여 언제든지 조작되어 왔다. 대표적으로 프랑스의 대통령은 대통령 소속정당이 우위를 차지하는 의회를 구성하기 위하여, 또는 자신에게 우호적인 분위기를 만들기 위하여 헌법적으로 보장된 의회해산권을 무려 다섯 차례(1962, 1968, 1981, 1988, 1997)나 행사하면서 조기선거를 실시했다(Knapp and Wright 2006).

먼저 1962년에는 드골(Charles de Gaulle) 대통령이 암살기도로부터 벗어난 뒤 대통령직선제를 채택하기 위한 국민투표를 실시했다. 불리한 여론 속에도 불구하고 국민투표에서 승리한 뒤 드골 대통령은 의회를 해산시켜 조기선거를 실시했다. 1968년 6월 의회선거는 1968년 5월 혁명의 여파로 드골 대통령이 정국을 쇄신한다며 의회를 해산한 결과 임기 1년 만에 다시 실시된 것이다. 1981년 프랑스 역사상 처음으로 좌파 대통령으로 당선된 미테랑(François Mitterrand)은 임기 3년차인 우파 우위의 의회를 곧바로 해산시켰다. 1988년 재선에 성공하자 좌파의 미테랑 대통령은 다시 동거정부(cohabitation)를 해소하고자 임기 2년차인 의회를 해산시켰다. 1995년에도 대통령으로 당선된 시라크(Jacques Chirac)가 우파에 우호적인 여론조사에 힘입어 1997년 의회를 해산하고 선거를 치르기도 했다.

프랑스에서는 엇갈리는 선거주기로 인하여 동거정부가 발생하여 정국을 자주 마비시키자 이를 해소하기 위하여 1995년 대통령선거에서는 조스팽(Lionel Jospin)이 선거공약으로 대통령 임기를 줄이도록 개헌하겠다고 주장했다. 하지만 그는 드골파인 시라크의 강한 반발에 부딪혔다(Ysmal 2001). 1995년 선거에서 시라크 대통령이 당선되자 개헌론이 잠복했으나 1999년에 개헌론이 다시 한 번 이슈화되자 시라크 대통령은 대통령 임기문제는 대통령이 결정할 일이라며 재차 강한 반대의사를 표했다. 그러나 같은 우파의 데스탕(Valéry Giscard d'Estaing)마저 대통령 임기문제를 의회에서 시급하게 해결할 것을 촉구하면서 개헌론이 다시 탄력을 받자 좌파인 조스팽 총리가 시라크 대통령에게 2002년 대통령선거 전까지 개헌할 것을 주장했다.

이러한 개헌 공방의 이면에는 당시 동거정부를 이끌던 시라크 대통령과 조스팽 총리 사이의 전략적인 계산과 합리적인 선택이 놓여 있었다. 조스팽 측에서는 대통령의 임기를 7년에서 5년으로 줄여 기존의 선거순서를 바꿔 대통령선거를 먼저 거행하면 정부의 수반으로서 총리인 조스팽이 대통령선거에서 승리할 것이라고 보았다. 나아가 조스팽은 여세를 몰아 의회선거에서도 다시 압승할 것이라고 계산했다. 이와 반대로 시라크 측에서는 기존의 선거순서를 고수하면 우파가 곧 있을 의회선거에서 승리하게 될 것이고, 그 결과 시라크 대통령이 그 다음 순서인 대통령선거에서 재선하기 쉬울 것이라고 보았다. 이러한 공방이 벌어질 당시 프랑스의 경제적인 상황도 좋았고 서로 라이벌 사이인 시라크와 조스팽의 지지율도 팽팽했기 때문에 서로 유리하게 상황을 계산할 수 있었다(Jérôme, Jérôme-Speziari, and Lewis-Beck 2003).

2000년 후반 프랑스에서 개헌을 둘러싼 논쟁이 진행될 당시 여론은 무려 7년에 임기 무제한인 대통령 임기의 축소방안에 크게 호응했다. 그러나 우파가 압도적인 상원에서는 이러한 헌법안의 통과를 지연시켰다. 하지만 결국 새로운 선거주기를 채택하는 헌법은 2000년 하원에서 최종적으로 통과되었다. 결국 시라크는 7년 임기가 근대 민주주의의 입장에서는 다소 길고 5년 임기가 서구 민주주의의 규범에 근접한다고 인정하기에 이른 것이다(Ysmal 2001).

대만에서도 1990년대 중반부터 대여섯 차례씩이나 개헌이 이루어졌다. 그 때마다 프랑스와 마찬가지로 대폭적인 개헌이나 전반적인 수정

대신 몇 가지 특정한 이슈들만 개헌의 대상이 되었다. 특히 1997년 개헌은 프랑스 제5공화국의 드골 헌법을 따랐는데, 이는 이원집정제적인 정치제도에서 대통령의 권한을 강화한 측면이 많다(Wu NT 2005 ; Wu YS 2005). 다시 말하자면 대만의 1997년 헌법은 대통령에게 총리(행정원장)를 임명할 때 의회의 동의과정을 거치지 않도록 만들었다. 그 대신 1997년 헌법은 대통령에게 의회가 관련된 선행조치가 없는 한 의회해산권을 주도적으로 행사하지 못하도록 제약을 가했다. 일반적으로 대만 의회에서 다수당 출신이 아닌 총리가 임명되었을 때 야당이 정부불신임안을 효과적이고 실질적으로 추진할 능력을 갖추지 못했다. 그 결과 대만의 대통령은 의회구성과 무관하게 대통령의 선호대로 총리를 임명할 수 있다.

1997년 이전 대만의 대통령은 총리를 임명할 때 의회의 동의를 전제로 했기 때문에 큰 변화가 이루어진 셈이다. 하지만 과거에도 국민당(Kuomintang : KMT)이 정권교체 없이 장기간 권위주의적 지배를 유지했고 의회의 다수당도 KMT가 차지했기 때문에 실질적으로 이러한 헌법 조항은 크게 중요하지 않았다. 하지만 서로 비슷한 정치제도를 채택한 대만과 프랑스 사이에 크게 차이나는 대목이 있다. 프랑스의 대통령은 헌법상 의회의 동의를 전제로 하지 않음에도 불구하고 의회의 다수당을 존중하여 대통령 소속정당이 아니더라도 다수당인 야당의 대표를 총리로 임명하는 관행을 지킨다는 점이다. 또한 프랑스의 대통령은 의회선거가 1년 이상이 지났다면 대통령의 의지대로 아무 때나 의회를 해산시킬 수 있다는 점도 차이가 있다.

현재의 한국과 유사하게 최근 대만은 프랑스식 이원집정제의 도입에 따른 동거정부(또는 분점정부)의 출현과 정국의 고착이라는 문제를 완화시키고자 순수한 형태의 대통령제를 도입할 것을 추진하기도 했다(추윤한 2007). 하지만 2005년의 개헌은 무엇보다도 이원집정제적 틀 안에서 행정적 효율성 및 정치적 안정성을 높이는 데 초점을 맞추었다. 그래서 2005년의 개헌은 주권이나 통일문제 대신, 그리고 대통령제의 강화 대신 주로 대만 선거제도의 변화를 꾀했다. 가장 중요한 내용은 먼저 의회의 규모를 과거 225명에서 113명으로 줄였다는 사실이다. 대만은 이번 개헌을 통하여 선거제도까지 한국과 유사한 1인 2표제로 바꾸어 과거 대만 선거정치에 만연한 비리와 금권선거를 줄일 것을 시도했다.

대만의 2005년 개헌은 또한 선거주기의 동시화를 추진했다. 4년인 대통령의 임기에 맞춰 3년 임기의 의회를 4년 임기로 늘렸던 것이다. 대만이 이렇게 의회 임기의 일대 변화를 도모한 것은 무엇보다도 선거의 횟수를 줄여서 정치적 소비를 최소화하려는 데 있었다. 여기에서 정치적 소비는 선거비용뿐만 아니라 동거정부의 출현 등으로 인한 제반 정치적 비용까지 의미한다. 2000년대 초 대만은 선거의 동시화를 추구했음에도 불구하고 완전한 동시선거제도의 채택으로 이어지지 않고 황혼선거주기로 그쳤으며, 프랑스는 신혼선거주기로 바꾸고 끝났다.

대만에서는 프랑스와 달리 대통령선거보다 먼저 치른 의회선거에서 대통령 소속정당이 소수당이 되었다고 해서 의회를 해산하고 조기선거를 실시하려고 시도하는 것이 쉽지 않다. 이미 지적했듯이 대만의 대통령이 이원집정제임에도 불구하고 헌법상 그럴 만한 권한을 보장받지 않았다. 또한 이러한 조기선거에서 대통령 소속정당이 승리하도록 유권자가 표를 던질 가능성도 크지 않기 때문에 2005년 개헌은 황혼선거주기로 귀결되었던 것이다(Wu NT 2005).

III. 프랑스의 선거주기와 대통령 소속정당의 선거이득

1. 프랑스의 선거주기

주지하듯이 프랑스는 대표적인 이원집정부제 국가이다. 일반적으로 프랑스에서는 국민이 직접선거를 통하여 대통령을 선출하고 의회의 다수당 대표가 총리를 맡는다. 그러나 프랑스 역사상 제5공화국의 첫 대통령선거인 1958년 선거에서는 예외적으로 의회와 80,000명 이상의 시장 등이 모인 선거인단에서 간선제로 드골을 대통령으로 선출한 바 있다. 그 뒤 1962년 국민투표에서 대통령간선제가 직선제로 바뀐 뒤 1965년 대통령선거부터 새로운 선출방식이 적용되기 시작했다. 대통령은 국가의 수반으로서 외치를 담당하고 총리는 정부의 수반으로서 내치를 맡는 등 거의 대등한 권력을 나눠 갖는다(오일환 2005 ; 임도빈 2002 ; 장훈 2004).

1958년 제5공화국의 탄생 이래 프랑스의 대통령은 결선투표제를 통하여 선출되고 7년 임기에 연임의 제한이 없었다(Blais and Indridason 2007). 그러나 이미 살펴보았듯이 프랑스에서 대통령의 7년 선거주기가 하원의 5년 선거주기와 고르지 않아 좌우의 동거정부가 출현하는 등 정국이 불안정해지자 이를 최소화하기 위하여 선거주기를 동시화시키려는 개헌 논의가 일찌감치 제기되었다. 하지만 2001년에 이르러서야 비로소 대통령의 임기를 5년으로 조정하는 개헌이 이루어졌고 새로운 임기제도는 2002년 대통령선거부터 적용되었다. 하지만 여기에서 대통령의 임기와 의회의 임기가 5년으로 조정되었음에도 불구하고 한날 한시에 선거가 치러지는 동시선거제가 아니라 약 한 달 간격의 신혼선거주기로 바뀌었다는 사실에 유의해야 한다(Knapp and Wright 2006). 2008년 개헌에서는 마침내 대통령의 임기가 연임제로 제한되었다.

프랑스는 양원제로서 이 장의 분석대상인 하원은 현재 577명 규모로 소선거구제에 의하여 구성된다. 프랑스의 의회선거는 매우 독특하게도 결선투표제를 적용하고 있다. 하지만 의회선거의 결선투표제는 대통령선거와 달리 50% 득표율 기준 대신 12.5%(1/8)를 기준으로 삼는다.

프랑스의 정당체제는 불안정한 양당제적 성격을 가졌는데, 그 의미는 무엇보다도 현실적으로 의회수준에서 정권획득의 가능성을 가진 정당의 수가 둘을 넘지 않는다는 것이다. 이와 동시에 프랑스에는 이념에 기초한 대표적인 정당 두 개 주위로 현실적인 정권획득 능력이 없는 정당이 연합하여 포진하고 있다. 그리고 프랑스의 정당은 정당의 명칭이나 대통령의 후보가 상대적으로 빈번하게 바뀌고 심지어 정당끼리 이합집산도 속출했다. 최근에는 좌파의 Socialist Party(PS)와 우파의 Union for a Popular Movement(UMP)가 각각 주축이 되어 정당연합을 형성하여 정권을 주거니 받거니 교체하는 추세이다(Benoit and Laver 2005 ; Knapp 2004).

이미 지적했듯이 프랑스의 선거주기는 엄연히 대통령의 임기(과거 7년, 현재 5년)와 의회의 임기(5년)가 헌법에 보장되어 있지만 정치적인 상황에 따라 수시로 불규칙적으로 바뀌었다(Knapp and Wright 2006). 여기에는 대통령의 의회해산권 행사 외에도 다른 요인이 있었다. 가령 대통령선거가 예정보다 빨리 치러진 사례도 있는데, 먼저 퐁피두(Georges Pompidou) 대통령의 사망으로 인해 발생했다. 1974년 임기 중에 대통령이 갑작스럽게 사망하자 2년이나 일찍 새로운 대통령선거를 실시하게 되었다.

그 다음으로 대통령의 임기가 줄어든 사례는 드골 대통령의 국민투표로 인하여 발생했다. 드골은 자신의 권력을 강화하기 위하여 재임기간 동안 무려 다섯 차례나 국민투표를 실시했다. 드골은 처음 네 번에서는 모두 승리했지만 마지막으로 이른바 1968년 혁명 직후 실시한 1969년 4월의 국민투표에서는 재신임을 얻지 못해 물러나게 되었다. 그 결과 임기 중간에 새로운 대통령선거를 실시할 수밖에 없었다.

2. 프랑스의 1958년 선거주기

프랑스의 제5공화국 기간 50여 년 동안 대통령선거는 모두 9회 거행되었다. 다음의 〈표 1〉은 1958년 대통령선거부터 2007년 대통령선거까지 모든 선거결과를 요약한 것이다. 간접선거였던 1958년 대통령선거에서 드골이 제1차 라운드에서 78.5%를 득표했기 때문에 결선투표 없이 대통령으로 당선되었다. 그 외의 모든 대통령선거는 결선투표까지 치렀기 때문에 이 표는 상위득표자 2인의 제2차 라운드 결과를 정리해 놓았다.

1958년 대통령선거는 12월에 치러졌고 다음의 대통령선거는 1965년 12월이었기 때문에 1958년 선거주기에 있었던 의회선거를 추려보면 먼저 1962년의 선거를 찾을 수 있다. 그 전에 치러진 1958년 11월 의회선거는 1958년 12월 대통령선거의 황혼선거이지만 무엇보다도 1958년 대통령선거가 간접선거라는 점에서 1962년 의회선거부터 분석하는 것이 더 설득력 있다. 프랑스 제5공화국 50여 년 동안 치러진 의회선거에 대한 결과는 〈표 2〉에 요약되어 있는데 의회선거는 모두 12차례가 있었

〈표-1〉 프랑스 대통령선거 결과 : 1958-2007

	제1등	제2등	제3등
1958년 12월	Charles de Gaulle (UNR) 78.5%	Georges Marrane (PCF) 13.0	Albert Châtelet (UFD) 8.4
1965년 12월	Charles de Gaulle (UNR) 55.1	François Mitterrand (FGDS) 44.8	–
1969년 6월	Georges Pompidou (UDR) 58.2	Alain Poher (PDM) 41.8	–
1974년 5월	Valéry Giscard d'Estaing (RI) 50.8	François Mitterrand (PS) 49.2	–
1981년 5월	François Mitterrand (PS) 51.8	Valéry Giscard d'Estaing (UDF) 48.2	–
1988년 5월	François Mitterrand (PS) 54.0	Jacques Chirac (RPR) 46.0	–
1995년 5월	Jacques Chirac (RPR) 52.6	Lionel Jospin (PS) 47.4	–
2002년 5월	Jacques Chirac (RPR) 82.2	Jean-Marie Le Pen (National Front) 17.8	–
2007년 5월	Nicolas Sarkozy (UMP) 53.1	Ségolène Royal (PS) 46.9	–

출처 : http://en.wikipedia.org/wiki/Elections_in_France (검색일 : 2008년 7월 29일)

주 : UNR-Union for the New Republic, PCF-French Communist Party, UFD-Union of the Democratic Forces, FGDS-Federation of the Democratic and Socialist Left, UDR-Union of Democrats for the Republic, PDM-Progress and Modern Democracy, RI-Independent Republicans, PS-Socialist Party, UDF-Union for French Democracy, RPR-Rally for the Republic, UMP-Union for a Popular Movement.

다. 〈표 2〉도 모두 결선투표제의 최종 결과를 정리한 것이다.

〈표 1〉과 〈표 2〉를 종합하면 1962년 의회선거는 드골 대통령의 임

〈표-2〉 의회선거 결과 : 1958-2007

	제1당	제2당	제3당
1958년 11월	UNR 189석(34.6%)	CNIP 132석(24.2%)	MRP 57석(10.4%)
1962년 11월	UNR/UDT 229(49.2)	SFIO 65(14.0)	PR 44(9.5)
1967년 5월	UD5 200(41.2)	FGDS 116(23.9)	PCF 73(15.0)
1968년 6월	UDR 294(60.6)	RI 64(13.2)	FGDS 57(11.7)
1973년 3월	UDR 184(37.7)	PS 89(18.2)	PCF 73(15.0)
1978년 3월	RPR 148(30.1)	UDF 137(27.9)	PS 103(21.0)
1981년 6월	PS/MRG 283(57.6)	RPR 85(17.3)	UDF 62(12.6)
1986년 3월	PS 206(36.0)	RPR/UDF 147(25.7)	RPR 76(13.3)
1988년 6월	PS 260(45.2)	UDF 129(22.4)	RPR 126(21.9)
1993년 3월	RPR 242(41.9)	UDF 207(35.9)	PS 53(9.2)
1997년 6월	PS 255(44.2)	RPR 139(24.1)	UDF 112(19.4)
2002년 6월	UMP 357(61.9)	PS 140(24.3)	UDF 29(5.0)
2007년 6월	UMP 313(54.2)	PS 186(32.2)	NC 22(3.8)

출처 : http://en.wikipedia.org/wiki/Elections_in_France(검색일 : 2008년 7월 29일)
주 : CNIP-National Center of Independents and Peasants, MRP-Popular Republican Movement, UNR-Union for the New Republic, UDT-Democratic Union of Labour, SFIO-French Section of the Workers International, PR-Radical Party, UD5-Union of Democrats for the Fifth Republic, MGR-the Movement of Left Radicals, UDF-Union for French Democracy, NC-New Centre.

기 중간 이후에 치러진 선거이다. 선거의 시점상 중간선거 이후에 치러진 이러한 선거에서는 일반적으로 대통령 소속정당의 승리를 기대하기 쉽지 않다. 실제 선거결과는 드골 대통령의 Union for the New Republic(UNR)과 Democratic Union of Labour(UDT)가 연합하여 총 465석 가운데 229석(49.2%)을 확보하면서 제1당의 지위를 유지했다. 이 선거에서 드골은 UDT 외에 Popular Republican Movement(MRP) 및 National Center of Independents and Peasants(CNIP)와 함께 313석(67.3%) 규모의 다수파 연합을 형성했다. 그러나 엄밀하게 말해 선거연합 대신 대통령 소속정당이 분석의 대상이라고 해도 1962년 의회선거에서는 다른 조건들이 모두 같다고 가정할 때 선거의 시점과 선거결과 사이에 일반적인 패턴이 확인된다고 할 수 있다.

3. 프랑스의 1965년 선거주기

1965년 12월 실시된 직선제 대통령선거 결과는 〈표 1〉에 요약되어 있다. 이 표에서와 같이 UNR의 드골 대통령이 결선투표에서 55.1%를 차지함으로써 재선에 성공했다. 이 선거에서 좌파(Federation of the Democratic and Socialist Left : FGDS)의 미테랑은 44.8%를 득표하면서 패배했다.

1965년 선거주기에는 두 번의 의회선거가 실시되었다. 그 가운데 1967년 5월 의회선거는 1965년 12월 당선된 드골 대통령의 두 번째 임기 초반에 실시된 것으로서 대통령의 인기가 상대적으로 유지될 때의 선거이다. 이러한 선거에서는 대통령 소속정당이 승리하는 경향이 있다. 그러나 1967년 의회선거에서는 그 당시 드골 대통령의 반대파였던 중도우파 세력까지 드골의 UNR과 결합하여 Union of Democrats for the Fifth Republic(UD5)을 창당했고, 총 486석 가운데 200석(41.2%)을 차지하는 데 그쳤다(〈표 2〉 참조). 선거의 시점이 드골 대통령 소속정당의 압승에 기여하지 못한 것이다.

그 다음의 1968년 6월 의회선거는 드골 대통령이 1968년 혁명을 수습하고자 1년밖에 안 지난 의회를 해산한 뒤 다시 실시한 것이다. 이 선거는 선거의 시점만을 보았을 때 1967년 선거와 마찬가지로 대통령 임기의 전반부 선거라고 할 수 있다. 그리고 드골 대통령은 1967년 선거와 비슷하게 정당(Union for the Defense of the Republic : UDR)을 새로 만들어 선거에서 승리했다. 드골 대통령의 UDR은 총 485석 가운데 무려 294석(60.6%)을 차지했다(〈표 2〉 참조). 다른 요인들을 모두 고정시키고 선거의 시점과 집권당의 선거이득만을 고려한다면 1965년 선거주기의 의회선거는 일반적인 패턴이 적용된 선거결과를 보여준다고 하겠다.

4. 프랑스의 1969년 선거주기

1965년 대통령선거 다음의 대통령선거는 1972년 12월로 예정되었다. 하지만 1968년 혁명 뒤 실시된 1969년 4월 국민투표에 패배한 다음 날 드골 대통령이 사임하자 그 자리를 채우기 위하여 1969년 6월에 새로운 대통령선거가 계획되었다. 이 선거에는 1962년부터 1968년 사이에 총리를 역임한 퐁피두가 드골의 뒤를 이어 UDR의 후보로 출마했다. 퐁피두는 1968년 의회선거에서 드골의 UDR이 승리하도록 기여한 바 있었기 때문에 후계자로서 적합했다. 〈표 1〉에서 나타나듯이 1969년 대통령선거에서 퐁피두는 데스탕(Valéry Giscard d'Estaing)의 지지를 얻고 제2차 라운드에서 58.2%의 표를 확보하여 승리했다.

프랑스의 1969년 선거주기에서는 1973년 3월의 의회선거가 있었다. 1973년 의회선거는 퐁피두 대통령의 임기 중간을 넘어선 선거라고 할 수 있다. 이러한 선거에서는 집권당의 압승을 기대하기는 쉽지 않다. 실제로 1973년 선거에서는 퐁피두 대통령의 UDR은 총 488석 가운데 184석(37.7%)을 차지하여 제1당의 지위를 유지하는 데 그쳤다(〈표 2〉 참조). 선거의 시점이 선거결과에 예상과 비슷한 영향을 준 것이다.

5. 프랑스의 1974년 선거주기

1976년으로 예정된 다음 대통령선거는 퐁피두 대통령이 1974년 임기 중에 갑작스럽게 사망하면서 앞당겨졌다. 〈표 1〉에서와 같이 1974년 5월 대통령선거에서는 5년 전 퐁피두의 지지세력이었던 Independent Republicans(RI)의 데스탕(50.8%)이 49.2%를 얻은 Socialist Party(PS)의 미테랑을 제2차 라운드에서 1.6% 포인트 차이로 이겼다. 프랑스에서는 1958년 대통령선거부터 1974년 대통령선거까지 선거주기가 뒤죽박죽되는 와중에 정당의 명칭이 조금씩 바뀌었지만 드골 대통령의 우파 성향의 정당에서 배출한 대통령 후보가 모두 이겨왔다.

프랑스의 1974년 선거주기에서는 1978년 3월에 의회선거가 치러졌다. 1978년의 의회선거는 데스탕 대통령의 임기 거의 중간에 실시되었다. 이러한 선거에서는 일반적으로 대통령 소속정당의 패배 가능성이 커진다. 실제로 이 선거에서는 RI에서 바뀐 데스탕 대통령의 Union for French Democracy(UDF)가 총 491석 가운데 137석(27.9%)을 획득하여 제2당으로 내려앉았다(〈표 2〉 참조). 이와 반대로 시라크(Jacques Chirac)의 Rally for the Republic(RPR)이 148석(30.1%)을 차지했다. 결국 데스탕 대통령의 우파연합은 제2당의 UDF는 물론 제1당의 RPR까지 포함하여 291석(59.3%)에 이른 셈이다. 그러나 여기에서는 무엇보다도 선거의 시점에 따른 대통령 소속정당의 선거이득을 측정하는 것이기 때문에 1978년 의회선거는 중간선거적인 효과가 반영된 것이라고 볼 수 있다.

6. 프랑스의 1981년 선거주기

1981년 5월에 치러진 대통령선거는 프랑스 제5공화국에서 처음으로 우파에서 좌파로 정권이 교체된 선거로 기록된다. 〈표 1〉에서와 같이 1981년 대통령선거에서 PS의 미테랑(51.8%)은 UDF의 데스탕(48.2%)에게 3.6% 포인트 차이로 승리했다. 그 뒤 미테랑 대통령은 7년 임기를 전부 채울 수 있었다. 7년 동안의 1981년 선거주기에는 두 번의 의회선거가 있었다.

먼저 1981년 의회선거는 6월에 거행되어 대통령선거가 끝난 지 1개월 만에 열린 신혼선거이다. 이전의 1978년 의회선거에서 좌파가 패배했고 다음 선거는 1983년에 예정되어 있었지만 미테랑 대통령이 조기선거를 통해 좌파 우위의 의회를 창출하고자 계획했던 것이다. 이러한 신혼선거에서는 대통령의 허니문 효과로 인해 대통령 소속정당이 승리할 가능성이 매우 크다. 실제로 이 선거에서는 미테랑 대통령의 PS와 Movement of Left Radicals(MRG)가 총 491석 가운데 283석(57.6%)을 차지하는 압승을 거두었다(〈표 2〉 참조). 여기에 44석의 French Communist Party(PCF) 등까지 가세한 좌파 정당연합을 계산하면 333석(67.8%)을 장악한 것이다.

그 다음으로 1986년 3월에 치러진 의회선거는 미테랑 대통령의 임기 후반부 선거이다. 일반적으로 이러한 선거에서는 대통령에 대한 환상이 허물어지고 견제심리가 강해져서 대통령 소속정당이 이기기 어렵다. 실제로 이 선거에서도 미테랑 대통령의 PS는 5년 전에 비하여 상당히 줄어들어 총 573석 가운데 206석(30.6%)을 차지하고 말았다(〈표 2〉 참조).

또한 이 선거에서 시라크의 RPR은 147석(25.7%)을 확보했으며 UDF 등 우파연합을 이끌어 290석을 모았다. 이와 반대로 미테랑 대통령의 PS는 35석의 PCF 등과 함께 248석의 좌파연합 구축에 그쳤다. 이러한 측면에서 1986년 의회선거는 미테랑 대통령의 PS가 명실상부하게 패배한 것으로 간주된다. 그 결과 제5공화국에서 처음으로 좌우 동거정부가 출현했다. 좌파인 미테랑 대통령은 의회의 다수파인 우파의 RPR 대표인 시라크를 총리로 임명했다.

7. 프랑스의 1988년 선거주기

1988년 5월 결선투표까지 마친 대통령선거에서는 PS의 미테랑 대통령이 재선되었다. 이 선거에서 현직 대통령인 미테랑은 54.0%를 득표했고 현직 총리인 RPR의 시라크는 46.0%를 확보했다(〈표 1〉 참조). 1988년에는 드골 이후에 재선을 이룬 두 번째 대통령이 탄생했다. 하지만 선거에서 패배한 시라크는 총리직에서 사임했다. 이에 따라 미테랑 대통령은 우파연합 가운데 UDF의 데스탕 등을 총리로 지명하라는 여론에도 아랑곳하지 않고 1986년에 탄생한 의회를 아예 해산시켜 버렸다. 이에 따라 프랑스의 1988년 선거주기에서도 두 번의 의회선거가 거행되었다.

먼저 1988년 6월의 의회선거는 대통령선거가 끝난 지 1달 만에 치러진 전형적인 신혼선거이다. 일반적으로 신혼선거에서는 대통령 소속정당이 크게 승리할 가능성이 매우 높다. 실제로 이 선거에서는 대통령 소속정당인 PS가 총 575석 가운데 260석(45.2%)을 차지하여 129석(22.4%)을 확보한 UDF를 약 두 배 차이로 이겼다. 그러나 대통령 소속정당은 신혼선거임에도 과반수 확보에 실패했다(〈표 2〉 참조).

이와 반대로 1993년 3월에 치러진 의회선거는 임기 후반부의 선거에 해당한다. 이러한 임기 후반부의 선거에서는 대통령 소속정당의 선거이득이 크게 감소하는 경향이 있다. 실제로 1993년 의회선거에서는 시라크의 RPR이 선전하여 총 577석 가운데 242석(41.9%)을 장악했다(〈표 2〉 참조). 제2당은 UDF로서 207석(35.9%)을 확보했다. 이에 비하여 미테랑 대통령의 PS는 53석(9.2%)밖에 차지하지 못해 제3당에 그쳤다. 1993년 의회선거에서 보인 PS의 성적은 제5공화국에서 보여준 좌파정당의 성적 가운데 최악이었다. 이에 따라 RPR의 시라크는 미테랑 대통령의 사임을 요구하는 동시에 새로운 동거정부의 총리직을 거부했다. 그러나 미테랑은 사임 요구에 응하지 않았고 1995년으로 예정된 대통령선거에 불출마를 약속한 RPR의 발라뒤르(Edouard Balladur)가 시라크 대신 총리가 되었다(Eatwell 1993). 두 번째 좌우 동거정부가 출현한 것이다.

8. 프랑스의 1995년 선거주기

1995년 대통령선거에서는 5월에 결선투표까지 마쳤는데 RPR의 시라크가 대통령으로 당선되었다. 〈표 1〉에서 확인되듯이 1995년에는 시라크가 52.6%를 득표했고 PS의 조스팽(Lionel Jospin)은 47.4%에 그쳤다. 이에 따라 프랑스에는 좌파와 우파 사이의 평화로운 정권교체가 다시 한 번 이루어졌다. 이에 영향을 받아 1995년 선거주기에는 의회선거가 재차 부정기적으로 치러졌다(Cole 1995).

1997년의 의회선거는 원래 1998년으로 예정된 선거보다 1년 먼저 거행된 것이다. 시라크 대통령이 우파에 우호적인 여론조사에 힘입어 의회를 해산하고 선거를 앞당겼다. 이렇게 실시된 1997년 6월의 의회선거는 시라크 대통령 임기 전반부의 선거이다. 이러한 선거는 신혼선거보다는 대통령 소속정당의 선거이득이 크지는 않겠지만 여전히 집권당의 이점이 큰 선거이다. 그러나 실제 선거결과는 시라크 대통령의 의도와 반대로 야당인 PS가 총 577석 가운데 255석(44.2%)을 확보하는 데로 이어졌다(〈표 2〉 참조). 이에 비하여 시라크 대통령의 RPR은 139석(24.1%)의 제2당으로 전락했다. 선거의 시점과 관련하여 1997년의 의회선거는 일반적인 패턴과 부합되지 않는 선거결과를 보인 셈이다.

1997년 의회선거는 1877년 이래 프랑스 대통령이 의회를 해산한 뒤 실시한 선거에서 패배한 최초의 사례이다(Shields 1997). 우파의 시라크 대통령이 조기선거를 실시했지만 좌파연합이 35석의 PCF 등을 포함하여 모두 320석을 장악해 버린 것이다. 이에 따라 PS의 조스팽 총리와 동거정부가 탄생하게 되었다.

9. 프랑스의 2002년 선거주기

2002년 대통령선거는 5월에 결선투표까지 마쳤는데, RPR의 시라크 대통령이 82.2%를 확보한 반면 극우파의 르펭(Jean-Marie Le Pen)이 17.8%에 그쳐 재선에 성공했다(〈표 1〉 참조). 제5공화국에서 세 번째로 재선한 대통령이 탄생한 것이다. 2002년의 대통령선거에는 프랑스 정치사에서 의미 있는 변화가 이루어졌다. 이미 지적했듯이 대통령의 임기가 7년에서 5년으로 줄었고 선거주기가 신혼선거로 고정되는 중이다.

과거에도 프랑스에 신혼선거가 없는 것은 아니었다. 1981년과 1988년에 대통령선거가 거행되고 난 뒤 1달 간격으로 의회선거가 치러진 사례가 있다. 그러나 그 다음의 의회선거는 각각 7년이라는 긴 대통령의 임기 후반부에 치러졌다. 이와 반대로 앞으로는 대통령의 의회해산권이 헌법적으로 보장되어 있어 여전히 불안하지만 대통령의 유고가 아니라면 프랑스에는 예측가능한 선거주기가 정착되기 시작한 것으로 보인다.

2002년 6월의 의회선거는 이제 프랑스의 선거주기로 정착되어 가는 신혼선거 주기의 대표적인 사례이다(Laver, Benoit, and Sauger 2006). 신혼선거에서는 대통령 소속정당의 선거이득이 기대된다. 실제로 2002년 의회선거에서 시라크 대통령의 Union for a Popular Movement(UMP)는 총 577석 가운데 357석(61.9%)을 장악했다(〈표 2〉 참조). 이와 반대로 PS는 140석(24.3%)에 그쳤다. 시라크 대통령의 우파연합은 29석의 UDF 등까지 포함하여 399석(69.2%)에 이른다. 신혼선거의 효과가 확연했던 것으로 해석할 수 있다.

10. 프랑스의 2007년 선거주기

2007년 5월에 벌어진 대통령선거 제2차 라운드에서 UMP의 사르코지(Nicolas Sarkozy)는 53.1%를 득표하면서 우파연합의 정권 재창출에 성공했다(〈표 1〉 참조). 이와 반대로 PS의 루아얄(Ségolène Royal)은 46.9%에 그쳐 좌파로 정권교체하는 데 실패했다. 대통령의 임기와 의회의 임기가 5년으로 맞춰짐으로써 2007년 선거주기에서도 의회선거가 한 번밖에 없다.

2007년 의회선거는 대통령선거가 끝난 뒤 1달 만에 거행되었다. 2002년 의회선거와 마찬가지로 신혼선거인 2007년 의회선거에서는 역시 비슷한 선거이득이 확인된다. 다시 말하자면 2007년 의회선거에서는 사르코지 대통령의 UMP가 313석(54.2%)을 차지했다(〈표 2〉 참조). 이와 반대로 PS는 186석(32.2%)에 그쳤다. 우파 사르코지 대통령의 UMP가 이끄는 의회는 22석의 New Centre(NC) 등을 포함하여 345석에 이른다.

IV. 대만의 선거주기와 대통령 소속정당의 선거이득

1. 대만의 선거주기

대만은 대통령제적인 성격이 강한 이원집정제 국가로 분류된다(Hsieh 2003 ; Huang 1997 ; Wu NT 2005 ; Wu YS 2005). 대통령은 국가의 수반이고 행정원(Executive Yuan)의 의장인 총리(행정원장)는 정부의 수반이 된다. 대만의 대통령은 비로소 1994년 개헌을 통하여 정·부통령 직선제를 도입했고, 1996년 3월부터 처음으로 이 제도가 적용되었다. 대만의 대통령은 4년 연임제로서 결선투표제를 통한 절대다수제의 프랑스와 달리 단순다수제를 통하여 선출된다. 과거의 대통령과 부통령은 1947년 헌법에 의하여 국민회의(National Assembly)에서 간선제로 선출되어 왔다. 1997년 헌법은 대통령이 의회의 동의절차 없이 총리를 임명할 수 있게 만들었다.

한국의 국회에 해당하는 입법원(Legislative Yuan)은 1947년 처음 773석 규모로 선출되었는데, 1991년까지 재선거 없이 종신직으로 의원들은 거의 거수기 역할만 수행했다. 1992년부터 3년 임기로 선출된 의회는 1995년부터 164명 규모로 조정된 뒤 1998년부터는 225명으로 재조정되었다. 따라서 대만의 선거주기는 1996년을 기점으로 4년 임기의 대

〈표-3〉 대통령선거 결과 : 1996-2008

	제1등	제2등	제3등
1996년 3월	Lee Teng-hui (KMT) (54.0%)	Peng Ming-min (DPP) (21.1%)	Lin Yang-kang (무소속) (14.9%)
2000년 3월	Chen Shui-bian (DPP) (39.3)	James Soong (무소속) (36.8)	Lien Chan (KMT) (23.1)
2004년 3월	Chen Shui-bian (DPP) (50.1)	Lien Chan (KMT/PFP) (49.9)	N/A
2008년 3월	Ma Ying-jeou (KMT) (58.5)	Frank Hsieh (DPP) (41.6)	N/A

출처 : http://en.wikipedia.org/wiki/Republic_of_China_presidential_election (검색일 : 2008년 7월 30일)

주 : DPP-Democratic Progressive Party, KMT-Kuomintang, PFP-People First Party

통령선거와 1992년을 기점으로 3년 임기의 의회선거라는 특징을 갖는다.

대만의 정당은 양당제적 정당체제이다. 1987년 7월 40여 년 동안 지속되어 온 계엄령이 폐지될 때까지 대만에서는 중국 본토에서 건너온 보수적이고 통일지향적인 KMT만이 정당활동을 할 수 있었다. 과거 KMT의 위성정당 대신 1980년대 이래 민주화가 진행되면서 상대적으로 진보적이고 독립지향적인 민진당(Democratic Progressive Party : DPP)의 정치활동이 허용되었다. 이에 따라 2000년대에 이르러서는 양당이 평화적으로 정권교체를 이루면서 경쟁하고 있다.

대만의 양당제적 속성은 2000년대 대통령선거에서 경쟁하는 정당의 숫자가 현격하게 줄었다는 점에서 확인된다. 그리고 의회의 수준에서도 현실적으로 정권을 획득할 수 있는 정당이 KMT와 DPP에 불과하다. 그러나 1996년과 2000년 대통령선거에서는 보수적인 KMT가 분열되었고, 1990년대 의회선거부터는 Chinese New Party(CNP)와 People First Party(PFP)가 KMT에서 분리되어 표를 분산시키기도 했다. 이 세 정당은 중국과 통일을 추구한다는 이념을 공유한다는 점에서 KMT의 깃발색인 파란색 연합(Pan Blue coalition)을 형성한다. 이와 반대로 Taiwan Solidarity Union(TSU)은 리덩훼이(Lee Teng-hui)와 그의 추종자들이 KMT에서 갈라선 뒤 대만의 독립을 추구하는 정당조직으로서 DPP와 함께 DPP의 깃발색인 녹색 연합(Pan Green coalition)을 구축했다.

2. 대만의 1996년 선거주기

대만에서는 첫 직선제인 1996년 대통령선거부터 2008년 대통령선거까지 민주적인 대통령선거가 모두 네 차례 거행되었다. 〈표 3〉은 네 차례의 대통령선거 결과를 요약하고 있는데, 대만의 대통령 후보의 수가 매우 적은 것을 알 수 있다. 특히 2004년과 2008년의 대통령선거에서는 KMT와 DPP 양당에서만 대통령 후보를 출마시켰다. 〈표 3〉에서 보이듯이 1996년 대통령선거에서는 KMT의 리덩훼이가 54.0%를 득표하여 대통령으로 당선되었다. DPP의 펑밍민(Peng Ming-min)은 21.1%만 득표했고 무소속의 린양캉(Lin Yang-kang)은 14.9%를 차지했다.

대만의 1996년 선거주기에는 1998년 의회선거가 거행되었다. 1996년부터 2008년까지 실시된 모든 의회선거 결과는 〈표 4〉에 요약되어 있다. 1998년 12월 의회선거는 중간선거 시점보다 늦고 임기 말 1년보다는 중간선거에 가까운 시점에 거행되었다. 일반적으로 이러한 선거에서는 대통령 소속정당이 승리할 가능성이 높지 않다. 그러나 실제 선거에서는 대통령 소속정당인 KMT가 총 225석 가운데 123석(54.7%)을

〈표-4〉 의회선거 결과 : 1995-2008

	제1당	제2당	제3당
1995년 12월	KMT 83석(49.4%)	DPP 54석(32.1%)	CNP 21석(12.5%)
1998년 12월	KMT 123석(54.7)	DPP 70석(31.1)	CNP 11석(4.9)
2001년 12월	DPP 87석(38.7)	KMT 68석(30.2)	PFP 46석(20.4)
2004년 12월	DPP 89석(39.6)	KMT 79석(35.1)	PFP 34석(15.1)
2008년 1월	KMT 81석(71.7)	DPP 27석(23.9)	NPSU 3석(2.7)

출처 : Schafferer(2003) ; Tan and Yu(2000) ; http://en.wikipedia.org/wiki/Republic_of_China_legislative_election%2C_2001 (검색일 : 2008년 7월 30일)
주 : CNP-Chinese New Party, NPSU-Non-Partisan Solidarity Union

차지하여 야당인 DPP에 오히려 압승했다(Schafferer 2003). 선거의 시점에 따른 효과가 확인되지 않는 것으로 해석할 수 있다.

3. 대만의 2000년 선거주기

대만의 2000년 선거주기는 3월의 대통령선거로 시작되었다. 〈표 3〉과 같이 2000년 대통령선거에서는 DPP의 첸슈이벤(Chen Shui-bian)이 39.3%를 득표하여 무소속인 제임스 숭(James Soong, 36.8%)과 KMT의 린챈(Lien Chan, 23.1%)을 제치고 대통령에 당선되었다. 이로써 대만에서 50년 KMT 지배에 일대 변화가 일었고 역사상 처음으로 평화적인 정권교체가 이루어졌다.

2000년 선거주기의 의회선거는 2001년 12월에 거행되었다. 이 선거는 대통령선거가 끝난 지 1년이 넘었기 때문에 신혼선거라고 하기 어렵지만 선거의 시점상 첸슈이벤 대통령 임기 초반부에 치러진 것은 분명하다(Gomez and Wilson 2006). 이러한 선거에서는 상대적으로 대통령 소속정당이 선거이득을 보기 쉽다. 실제 선거결과는 DPP가 총 225석 가운데 87석(38.7%)을 확보하면서 제1당의 지위를 차지했다(〈표 4〉 참조). 이 선거에서 KMT는 68석(30.2%)을 차지하면서 역사상 처음으로 제2당의 지위로 내려앉았다. 그러나 2001년 의회선거에서는 집권당이 과반수 의석을 확보하지 못했기 때문에 대통령 임기 전반부라는 이점을 누리지 못한 것으로 풀이된다.

하지만 이 선거는 프랑스의 1986년 의회선거와 매우 유사한 결과를 낳았다. 1986년 의회선거에서는 당시 미테랑 대통령의 PS가 제1당을 유지했지만 시라크의 RPR과 UDF 등 우파연합(290석)이 PS와 PCF 등의 좌파연합(248석)을 이겼다. 이와 마찬가지로 2001년 대만의 의회선거에서는 첸슈이벤 대통령의 DPP가 제1당이 되었지만 파란색 연합(KMT, PFP, NP)이 115석(1%)을 확보하여 100석(44%)에 그친 녹색 연합(DPP, TSU)을 이겼던 것이다. 프랑스에서 1986년 의회선거 결과 처음으로 좌우 동거정부가 출현했듯이 대만에서는 2001년 의회선거 결과 이와 유사한 동거정부가 처음으로 구축되었다.

4. 대만의 2004년 선거주기

2004년 3월의 대통령선거에서는 DPP의 첸슈이벤 대통령이 50.1%를 확보하여 재선에 성공했다(〈표 3〉 참조). 이 선거에서는 KMT의 당대표인 린챈이 대통령 후보로 PFP의 당대표인 제임스 슝 부통령 후보로 연합하여 DPP에 대항했지만 0.22% 차이로 패배했다. 선거에서 패배한 KMT와 PFP는 선거결과에 불복했으나 첸슈이벤은 대통령직을 많은 우여곡절 속에 마쳤다(Tan and Wu 2005).

2004년 선거주기에는 두 번의 의회선거가 거행되었다. 그 가운데 2004년 12월의 의회선거는 대통령 임기 시작 뒤 1년 안에 거행되었기 때문에 신혼선거의 하나라고 분류된다. 그러나 〈표 4〉에서 확인되듯이 2004년 의회선거의 결과는 대통령 소속정당인 DPP가 총 225석 가운데 89석(39.6%)을 확보하는 데 그쳤다. 이와 반대로 KMT는 79석(35.1%)을, PFP는 34석(15.1%)을 각각 획득했을 뿐이다. 이러한 선거결과는 신혼선거의 효과가 반영되지 않은 것으로 풀이된다. 그러나 이 선거에서도 파란색 연합이 114석(50.7%)을 차지하여 101석(44.9%)을 확보한 녹색 연합을 이겼다(Chan 2006).

그리고 2008년 1월에 치러진 의회선거는 같은 해 3월의 대통령선거를 불과 2달 정도 남겨놓고 거행된 황혼선거이다. 이 선거에서 KMT는 총 113석 가운데 81석(71.7%)을 획득하여 제1당의 지위를 재탈환했다(〈표 4〉 참조). 이와 반대로 첸슈이벤 대통령의 DPP는 27석(23.9%)에 그쳐 제2당으로 내려앉았다. 이러한 선거결과는 선거시점만을 고려했을 때 황혼선거의 효과가 그대로 반영된 것으로 보인다. 2008년 3월의 대통령선거는 새로운 선거주기의 시작이지만 의회선거는 마잉주(Ma Ying-jeou) 대통령의 임기 말에 치러질 예정이다.

V. 결론

프랑스의 제5공화국에서는 1958년의 간선제 대통령선거를 제외하고 모두 여덟 차례의 직선제 대통령선거가 거행되었고 총 열두 차례의 의회선거가 시행되었다. 이 장의 분석결과 이들 선거 가운데 세 차례(1967, 1988, 1997)의 의회선거를 제외하고 나머지 선거에서는 모두 선거주기와 대통령 소속정당의 선거이득 사이에 일반적인 효과가 확인되었다. 대만에서는 1996년 3월 직선제가 실시된 이후 총 네 차례의 의회선거가 거행되었다. 그러한 가운데 2008년 의회선거를 제외하고 모두는 선거주기와 집권당의 선거이득 사이에 일반적인 효과가 확인되지 않았다.

이상의 연구결과를 종합하면 몇 가지 중요한 사실을 추려낼 수 있다. 첫째, 의회선거의 시점이 집권당의 승패를 설명하는 데 적지 않게 설득력을 보여준다는 점이다. 프랑스에서 실시된 12번의 의회선거 가운데 9번(75.0%)의 선거결과를 제대로 예측할 수 있었고, 대만에서 거행된 4번의 의회선거 가운데 1번(25.0%)의 선거결과를 설명할 수 있었다. 이러한 설명력은 선거결과에 영향을 주는 해당선거의 독특한 정치적 환경, 경제적 상황, 선거제도의 변화 등을 각각의 분석틀로 또는 종합적으로 함께 분석한 연구결과에도 결코 뒤지지 않을 만한 수준으로 평가된다.

둘째, 프랑스와 대만에서는 중간선거에 가장 근사한 선거에서 선거시점에 따른 효과가 비교적 확연하게 반영된 것으로 나타난다. 프랑스와 대만의 선거주기는 매우 불규칙했기 때문에 엄밀한 의미에서 중간선거를 찾기는 쉽지 않다. 일반적으로 중간선거에서는 미국에서와 마찬가지로 집권당이 패배하여 분점정부가 탄생할 가능성이 높다. 프랑스와 대만에서 대통령 임기 거의 중간에 실시된 선거는 프랑스의 1978년 의회선거를 예로 들 수 있다. 이 선거에서는 일반적인 중간선거의 결과와 유사하게 집권당이 패배하고 야당이 제1당으로 올라섰다.

셋째, 한국에서도 개헌을 통하여 선거주기의 동시화 등을 추구하고 있는 시점에 프랑스와 대만의 개헌을 통한 선거주기의 변화가 시사하는 바는 의미심장하다. 프랑스의 개헌역사와 마찬가지로 과거 한국의 개헌도 정치 엘리트의 선거승리 가능성을 극대화하는 것이 주된 목적이었다. 앞으로 한국에서 개헌을 추진함에 있어서 정치 엘리트의 정략적인 계산을 완전히 배제하기는 어렵지만, 대만과 같이 정치의 안정과 효율성을 높이는 차원에서 선거주기의 동시화를 추진한 사례는 타산지석으로 삼아야 할 과제이다. 한국과 마찬가지로 불규칙한 선거주기가 파생시킨 정치적 불안정성을 줄이기 위하여 프랑스와 대만에서는 공통적으로 대통령과 의회의 임기를 거의 일치시키는 개헌을 성사시킨 사실을 음미해야 할 것이다.

다만 프랑스는 한 달 간격의 신혼선거주기를 취했고 대만은 두 달 간격의 황혼선거주기를 택했다는 점이 한국에서 동시선거주기가 대안으로 인정되고 있다는 사실과 큰 차이가 아닐 수 없다. 그리고 대만에서 선거의 횟수를 줄여서 정치비용을 줄이기 위한 차원에서 대통령과 의회의 임기를 4년으로 통일시킨 것이라면 가급적으로 황혼선거주기보다 동시선거의 채택이 그 목적에 더욱 부합했을 것으로 보인다. 한국도 프랑스 및 대만과 유사하게 불규칙한 선거주기로 인하여 정치적 비효율성과 불안정성을 경험하고 있다면 이를 극복하기 위해서는 프랑스나 대만과 같이 대통령과 의회의 임기를 통일시키고 선거주기를 바꾸는 것이 대안이 될 것이다.

참고문헌

오일환. 2005. "프랑스 이원집정부제 권력구조의 특징 분석 : 한국정치에 주는 시사점." 『세계지역연구논총』 제23집 제2호. 85-105.

임도빈. 2002. 『프랑스의 정치행정체제』. 서울 : 법문사.

장훈. 2004. "프랑스의 정치제도와 정치과정." 유럽정치연구회 편. 『유럽정치』. 서울 : 백산서당. 143-166.

추윤한. 2007. "대만의 힘겨운 민주주의." 민주화운동기념사업회의 동아시아 민주주의 국제심포지엄 발표문.

Benoit, Kenneth, and Michael Laver. 2005. *Party Policy in Modern Democracies* London : Routledge.

Blais, André, and Indridi H. Indridason. 2007. "Making Candidates Count : The Logic of Electoral Alliances in Two-Round Legislative Elections." *Journal of Politics* 69 : 193-205.

Chan, Steve. 2006. "Taiwan in 2005 : Strategic Interaction in Two-Level Games." *Asian Survey* 46 : 63-68.

Cole, Alistair. 1995. "France pour tous? : The French Presidential Elections of 23 April and 7 May 1995." *Government and Opposition* 30 : 327-346.

Easter, Gerald M. 1997. "Preference For Presidentialism : Postcommunist Regime Change in Russia and the NIS." *World Politics* 49 : 184-211.

Eatwell, Roger. 1993. "The March 1993 French Legislative Elections." *Political Quarterly* 64 : 462-465.

Elgie, Robert. 2005. "A Fresh Look at Semipresidentialism : Variations on a Theme." *Journal of Democracy* 16 : 98-112.

Euchner, Charles C., and John Anthony Maltese. 1997. *Selecting the President : from 1789 to 1996* Washington, D.C. : Congressional Quarterly.

Gomez, Brad T., and J. Matthew Wilson. 2006. "Cognitive Heterogeneity and Economic Voting : A Comparative Analysis of Four Democratic Electorates." *American Journal of Political Science* 50 : 127–145.

Hsieh, John Fuh–sheng. 2003. "The Logic of (a Special Type of) Semi–Presidentialism : Loopholes, History, and Political Conflicts." Paper presented at Academia Sinica Conference on Semi–Presidentialism and Nascent Democracies, Taipei, Taiwan.

Huang, Teh–fu. 1997. "Party Systems in Taiwan and South Korea." In *Consolidating the Third Wave Democracies*, eds. Larry Diamond, Marc F. Plattner, Yun–han Chu, and Hung–mao Tien. Maryland : The Johns Hopkins University Press.

Jérôme, Bruno, Veronique Jérôme–Speziari, and Michael S. Lewis–Beck. 2003. "Reordering the French Election Calendar : Forecasting the Consequences for 2002." *European Journal of Political Science* 42 : 425–440.

Jones, Mark. 1994. "Presidential Election Laws and Multipartism in Latin America." *Political Research Quarterly* 47 : 41–57.

Kernell, Samuel. 1977. "Presidential Popularity and Negative Voting : An Alternative Explanation of the Midterm Congressional Decline of the President's Party." *American Political Science Review* 71 : 44–66.

Kim, Hee Min. 1997. "Rational Choice Theory and Third World Politics : The 1990 Party Merger in Korea." *Comparative Politics* 30 : 83–100.

Lijphart, Arend, and Carlos H. Waisman. eds. 1996. *Institutional Design in New Democracies : Eastern Europe and Latin America* Boulder, CO : Westview Press.

Knapp, Andrew. 2004. *Parties and the Party System in France : A Disconnected Democracy?* Basingstoke : Palgrave Macmillan.

Knapp, Andrew, and Vincent Wright. 2006. *The Government and Politics of France* London : Routledge.

Laver, Michael, Kenneth Benoit, and Nicolas Sauger. 2006. "Policy Competition in the 2002 French Legislative and Presidential Elections." *European Journal of Political Research* 45 : 667–697.

Meirowitz, Adam, and Joshua A. Tucker. 2007. "Run Boris Run : Strategic Voting in Sequential Elections." *Journal of Politics* 69 : 88–99.

Negretto, Gabriel L. 2006. "Choosing How to Choose Presidents : Parties, Military Rulers, and Presidential Elections in Latin America." *Journal of Politics* 68 : 421–433.

Lijphart, Arend, and Carlos H. Waisman. eds. 1996. *Institutional Design in New Democracies : Eastern Europe and Latin America* Boulder, CO : Westview Press.

Schafferer, Christian. 2003. "The Legislative Yuan Election, Taiwan 2001." *Electoral Stud-*

ies 22 : 532–537.

Shields, James G. 1997. "Europe's Other Landslide : The French National Assembly Elections of May–June 1997." *Political Quarterly* 68 : 412–424.

Shugart, Matthew Soberg. 1995. "The Electoral Cycle and Institutional Sources of Divided Presidential Government." *American Political Science Review* 89 : 327–343.

Shugart, Matthew S., and John M. Carey. 1992. *Presidents and Assemblies : Constitutional Design and Electoral Dynamics* New York : Cambridge University Press.

Tan, Alexander C., and Tsung–chi Yu. 2000. "The December 1998 Elections in Taiwan." *Electoral Studies* 19 : 621–628.

Tan, Alexander C., and Jun–deh Wu. 2005. "The Presidential Election in Taiwan, March 2004." *Electoral Studies* 24 : 519–524.

Wu, Naiteh. 2005. "Transition Without Justice or Justice Without History : Transitional Justice in Taiwan." *Taiwan Journal of Democracy* 1 : 77–102.

Wu, Yu–Shan. 2005. "Appointing the Prime Minister under Incongruence : Taiwan in Comparison with France and Russia." *Taiwan Journal of Democracy* 1 : 103–132.

Ysmal, Colette. 2001. "France." *European Journal of Political Research* 40 : 300–306.

Chapter 4

황혼선거주기 :
러시아와 콜롬비아

I. 서론

지구상에서 황혼선거주기를 채택한 국가는 흔하지 않다. 제2장에서 확인했듯이 2005년 개헌 이후 대만에서 새로이 황혼선거주기를 채택한 이외에 러시아와 콜롬비아가 황혼선거주기를 이용해 왔을 뿐이다(Meirowitz and Tucker 2007).[1)] 이와 달리 한국이나 프랑스 또는 다른 많은 불규칙 선거주기 국가에서 때때로 치러지는 황혼선거의 사례는 다소 예

1. 이 장이 참고한 국가별 선거주기와 관련된 자료는 Meirowitz and Tucker(2007)에 나와 있다. 이들의 연구에 따르면 2003년까지 83개의 대통령제 국가 가운데 27개 국가에서 황혼선거를 치른 바 있다. 그러나 대부분의 국가들은 러시아나 콜롬비아와 달리 엇갈리는 선거일정 속에서 비정기적으로 황혼선거를 치를 뿐이다.

외적인 선거결과를 보일 수 있다. 이에 비하여 규칙적으로 황혼선거만 치르는 러시아와 콜롬비아는 황혼선거주기의 선거결과에 미치는 영향을 더욱 체계적으로 분석하게 해준다. 따라서 이 장에서는 러시아와 콜롬비아의 사례를 통하여 황혼선거주기에서 대통령 소속정당의 의회선거 성적을 추적함으로써 선거의 시점과 선거결과에 대한 평가를 종합적으로 내리는 데 기여하도록 한다.

일반적으로 선거주기는 대개 동시선거(concurrent election)와 비동시선거(nonconcurrent election)로 구분된다. 동시선거는 대통령제 국가에서 대통령선거와 의회선거가 같은 날 열리는 것을 가리키는 반면 비동시선거는 두 가지 선거가 서로 다른 날 열리는 경우를 일컫는다. 비동시선거는 다시 세 가지 대표적인 유형으로 구분된다. 먼저 신혼선거(honeymoon election)는 대통령선거가 끝난 지 1년 안에 열리는 의회선거이다. 그 다음으로 중간선거(midterm election)는 대통령선거의 정 가운데 의회선거가 열리는 경우를 말한다. 마지막으로 황혼선거(counterhoneymoon election)는 현 대통령의 임기 말 1년 안에 열리는 의회선거를 의미한다(Shugart and Carey 1992).

이 장은 그 가운데 황혼선거주기에서 대통령 소속정당의 선거결과가 어떠한지를 분석하는 데 유용한 두 가지 이론을 제시한다. 첫 번째로 선거주기이론에 따르면 다른 조건이 고정되었다고 가정한 상태일 때 대통령선거로부터 의회선거가 멀어질수록 대통령 소속정당이 의회선거에서 패배하는 경향이 있다고 한다. 이와 비슷한 논리적 연장선상에서 대통령선거에서 가까운 시일 안에 의회선거가 실시될수록 대통령 소속정당이 의회선거에서 승리할 가능성이 커진다(Shugart 1995). 다시 말해 동시선거나 신혼선거일수록 대통령 소속정당이 의회선거에서 승리하고 중간선거나 황혼선거일수록 집권당의 이점이 줄어드는 것이다.

두 번째로 유권자의 전략적 선택이론에 의하면 황혼선거에서는 유권자가 전략적 선택을 취하기 때문에 집권당이 패배할 가능성이 커진다고 한다. 즉 대통령선거를 목전에 앞두고 실시하는 의회선거에서 유권자는 자신이 선호하는 대통령 후보에게 따끔한 경고나 선택적 지지의 신호로서 그 후보가 속한 정당에게 패배를 안긴다는 것이다. 이러한 경고의 메시지를 받고 유력한 대통령 후보가 심기일전하여 결국 대통령선거에서 승리한다.

앞의 두 가지 이론은 모두 대통령의 임기 종료 직전에 실시되는 의회선거에서 대통령 소속정당의 패배경향을 잘 설명해 준다. 여기에서는 이 두 가지 이론을 가설 삼아 어떤 이론이 더 설득력이 있는지 전 세계적으로 희귀한 황혼선거주기 국가(러시아와 콜롬비아)의 사례분석을 통하여 검증해 볼 것이다. 이러한 목적을 달성하기 위하여 이 장에서는 먼저 황혼선거주기와 관련된 이론적인 검토를 간략하게 수행한다. 그 다음으로 러시아와 콜롬비아의 황혼선거와 대통령 소속정당의 선거이득 사이의 관계를 구체적으로 추적한다. 러시아와 콜롬비아는 민주주의 수준과 자유로운 선거라는 측면에서 다소 의심스러운 부분이 없지 않다. 그리고 양국 사이에는 정치적 · 경제적 · 문화적 · 사회적 환경이 매우 다르다. 이러한 현격한 차이에도 불구하고 황혼선거주기라는 선거제도가 어떠한 결과를 낳는지, 상이점이 더 많은지 아니면 유사점이 더 많은지 비교 · 평가하게 될 것이다. 이 장은 사례분석의 결과를 정리하고 그 함의를 이론적인 측면에서 평가하면서 결론을 맺는다.

II. 이론적 검토

이 장은 황혼선거에서 대통령 소속정당의 선거결과를 분석하는 유용한 두 가지 이론을 제시한다. 첫 번째로 선거주기이론에 따르면 일반적으로 선거주기와 선거이득 사이의 관계에 있어 대통령선거로부터 의회선거가 가까울수록 대통령 소속정당이 승리하고 멀리 떨어질수록 대통령 소속정당이 의회선거에서 부진을 면치 못하는 경향이 있다(Shugart and Carey 1992). 이러한 주제와 관련된 가장 대표적인 연구는 미국의 중간선거에 대한 것이다. 이들 연구에 따르면 동시선거보다 중간선거에서 대통령 소속정당이 더 자주 패배하고 분점정부가 더 빈번하게 출현하는 경향이 있다고 알려졌다(Conley and Borrelli 2004 ; Gershtenson 2006 ; Rose 2001). 또한 이미 제1장 미국식 선거주기에서 확인했듯이 중간선거를 도입하고 있는 국가(멕시코, 아르헨티나, 필리핀)에서도 대통령선거와 의회선거가 동시에 열리는 경우보다 중간선거에서 대통령 소속정당의 의석점유율이 낮아지는 경향을 확인한 바 있다.

대통령선거와 의회선거가 한날 한시에 열리는 동시선거에서는 대통령 소속정당이 의회에서 인기 있는 대통령 후보의 후광에 힘을 입어(coattail effect) 많은 의석을 얻을 가능성이 커진다. 대통령선거가 끝난 지 1년 안에 열리는 신혼선거에서는 대통령이 당선된 뒤 정당 사이에 밀월관계가 유지되고 아직 대통령의 인기가 높기 때문에 대통령 소속정당이 선전할 수 있다. 그러나 대통령선거 정 가운데에 열리는 중간선거에서는 대통령의 실제 능력이나 업적을 평가받으면서 점차 유권자가 대통령에 대한 기대와 환상을 접는 반면 실망을 느끼게 된다. 이에 따라 중간선거에서는 대통령 소속정당이 야당에게 지고 분점정부가 탄생하는 경향이 있다. 새로운 대통령선거를 1년 안에 남기고 열리는 황혼선거에서는 대통령 소속정당의 인기가 가장 낮아지고 레임덕에 처한 환경이기 때문에 야당이 의회의 다수당을 차지할 가능성이 가장 높아진다.

이와 같이 선거연구에서 선거주기와 선거이득 사이의 관계는 선거의 기계적인 시점에 따른 대통령 인기의 증가(surge)와 감소(decline)라는 관점에서 해석되어 왔다. 그러나 전통적인 선거연구에 따르면 사회경제적 변수, 정치적 이슈, 사회적 환경, 정당소속감, 인물, 경제 이슈 등이 선거결과에 영향을 주는 것으로 알려졌다. 하지만 선거주기와 선거이득 사이의 관계를 규명하기 위해서는 다른 여러 가지 변수들이 고정되어 있다고 가정하고 같은 상황이라면 선거의 시점이 집권당의 이점을 좌우한다고 본다.

두 번째로 유권자의 전략적 선택이론에 의하면 황혼선거에서는 유권자의 전략적 선택에 의하여 집권당이 패배할 가능성이 커진다. 사실 따지고 보면 비단 황혼선거가 아니더라도 대통령 소속정당이 의회선거에서 집권당의 이점을 못 누릴 수 있다. 다시 말하자면 중간선거나 황혼선거가 아니라 동시선거나 신혼선거에서도 대통령 소속정당이 의회에서 제1당의 지위를 내주거나 분점정부의 탄생을 맞이하는 경우가 발생한다는 것이다. 이러한 현상은 무엇보다도 유권자의 전략적 선택 때문에 발생한다. 동시선거에서건 비동시선거에서건 유권자가 자신의 전략적 계산에 기초하여 대통령직과 의회를 서로 다른 정당에게 나누어 줄 수 있다.

유권자의 전략적 투표는 크게 두 가지 맥락에서 설명되어 왔다. 먼저 하나의 선거라는 맥락에서 관찰되는 유권자의 전략적 선택이 있다

(Cox 1997). 유권자가 자신의 표를 사표로 만들지 않기 위하여 한 선거에서 전략적인 선택을 한다. 자신이 가장 선호하지만 당선될 가능성이 없는 후보나 정당 대신 당선될 가능성이 높은 차선의 후보나 정당을 선택하는 것이다. 이러한 유권자의 결정은 사표가 되더라도 자신의 심리적인 만족감을 극대화시킨다는 차원에서 당선 가능성이 없지만 자신이 가장 선호하는 후보나 정당에게 표를 던지는 행위와 마찬가지로 합리적인 계산에 근거한 것으로 평가할 수 있다.

그러나 대통령 소속정당의 선거이득과 관련된 전략적 선택은 하나의 선거가 아니라 두 개의 선거라는 맥락에서 발생한다(Alesina and Rosenthal 1995). 동시선거나 비동시선거에서 유권자가 서로 다른 정당의 후보에게 투표하는 것이다. 이러한 분리투표(split voting)는 유권자가 같은 정당의 대통령과 의원 후보에게 모두 표를 몰아주는 일괄투표(straight voting)와 반대되는 개념이다. 하지만 분리투표나 일괄투표는 모두 유권자의 합리적인 선택으로 알려졌다(Burden and Kimball 1998, 2002 ; Morrow 1994 ; Niemi and Weisberg 1993).

지금까지 분리투표는 다양한 이유로 발생한다. 먼저 정책균형이론(balancing policy theory)이 있다(Alesina and Rosenthal 1996 ; Fiorina 1992). 이에 따르면 이념적으로 중도적인 유권자들이 정책을 더욱 중도적으로 끌어오기 위해서 서로 다른 당에게 표를 나눠준다는 것이다. 그 다음으로 대통령과 의회의 균형을 맞추기 위해서 유권자들이 표를 다른 당으로 나누어 준다는 연구도 있다(Jacobsen 1990). 또한 지방차원의 선거나 정당에서 경쟁이 빈약해지면서 유권자가 표를 나눠준다는 연구가 등장했다(Burden and Kimball 2004). 그리고 유권자가 분리투표를 하는 배경에는 선거나 정책에 대한 불확실성이 자리한다고 한다(Alvarez 1997). 다시 말해 유권자는 후보나 후보의 공약에 대하여 불확실성이 덜한 상대를 선택하게 되고, 이에 따라 표가 나뉠 수 있다는 것이다. 한 정당이 오랫동안 정권을 보유한 바 있는 신생민주주의 국가에서는 유권자가 정권교체와 새로운 정당의 집권능력에 대한 불확실성이 크기 때문에 분리투표를 통해 점진적으로 대통령과 의회 권력을 바꿔 나간다는 연구도 등장했다(Helmke 2009).

동시선거나 비동시선거에서 유권자가 같은 정당 소속의 후보를 선택한다는 것은 그만큼 정당이나 인기 있는 대통령(후보)을 기준(cue)으로 투표결정에 따르는 비용을 줄인다는 측면에서 합리적인 행위이다. 이와 반대로 유권자가 서로 다른 정당 소속의 후보를 선택한다는 것은 대통령과 의회에 대하여 서로 각기 다른 역할을 부여하고 그것에 합당한 기대를 가지면서 견제와 균형을 추구하는 합리성에 기초한 것이다(Shugart 1995). 이에 따라 유권자의 전략적 선택에 기초한 분리투표에 의하여 선거의 시점에 상관 없이 집권당이 손해를 볼 수 있다.

나아가 최근에는 황혼선거에서 집권당이 패배하는 현상을 시계열적 전략투표라는 관점에서 분석하는 연구가 등장했다(Meirowitz and Tucker 2007). 대통령제 국가에서는 대통령선거가 의회선거보다 중요하다. 두 선거는 모두 국민의 대표를 선출하는 것이지만 대통령이 의회보다 더 중요한 국가기관이기 때문이다. 유권자는 먼저 열리는 의회선거에서 나중에 열리지만 보다 더 중요한 선거인 대통령선거와 다르게 투표할 수 있다. 의회선거에서는 곧 열릴 대통령선거에서 자신이 가장 선호하는 후보가 속한 정당과 다른 정당에게 표를 줄 수 있다. 이러한 유권자의 투표행위는 최종적으로 대통령선거에서 자신이 가장 선호하는 정당의 후보가 선출되도록 견제하는 메시지를 던지는 것이다. 물론 대통령선거에 출마한 후보가 이러한 메시지에 반응할 수 있는 선거를 전제로 한다.

이러한 시계열적 전략투표의 예로는 1995년과 1996년에 열린 러시아의 의회선거와 대통령선거를 들 수 있다(Meirowitz and Tucker 2007). 1995년 12월에 열린 러시아의 의회선거에서는 옐친 대통령의 총리(Viktor Chernomyrdin)가 자신의 상관인 옐친의 1996년 재선을 위해 만든 당(Our Home is Russia)이 총 450개 의석 가운데 55석(12.2%)만 얻어 참패했다. 같은 선거에서 공산당(Communist Party of the Russian Federation)이 157석(34.9%)을 획득하여 제1당이 되었다. 1995년 말 제2당으로 끝난 저조한 의회선거 성적은 6개월 뒤 대통령선거에서 재선을 시도하는 옐친의 선거전망을 매우 어둡게 만들었다. 그러자 옐친은 공산당을 금지시키고 의회를 해산시키는 긴급조치 카드를 고려했다. 하지만 옐친은 그 카드를 버리고 술도 자제하며 건강을 회복하여 유권자와 호흡하는 등 적극적인 캠페인을 펼쳤다. 그 결과 1996년 6월 대통령선거에서 옐친이 승리하여 대통령으로 선출되었다. 1995년 12월의 의회선거에서 유권자는 옐친의 자세와 운명에 대하여 심각한 메시지를 던졌고, 옐친은 이에 능동적이고 적극적으로 반응하여 6개월 뒤 대통령선거에서 승리한 것이다.

이러한 선행연구에 기초하여 이 장에서 이용할 첫 번째 가설은 황혼선거라는 선거의 시점이 집권당의 패배 가능성을 높인다는 것이다. 두 번째 가설은 황혼선거에서 유권자들이 분리투표로 또는 시계열적으로 전략적인 선택을 취하기 때문에 집권당이 패배할 가능성이 커진다는 것이다. 이어서 황혼선거를 주기적으로 실시하는 러시아와 콜롬비아의 선거결과를 통하여 두 가지 가설의 타당성을 검증해 본다.

III. 러시아의 황혼선거와 선거이득

1. 러시아의 초기 선거

러시아 선거사에서 처음으로 부분적인 변화가 일기 시작한 것은 구소련 말기부터이다. 예전과 달리 1987년 지방선거의 소수 몇 개 지역구에서는 의석보다 더 많은 수의 후보들이 출마했다. 그 뒤 1988년 12월에는 제한적이나마 선거에서 민주주의가 더욱 확산되기 시작했다. 과거와 같이 선거가 더 이상 공산당에서 출마한 단수의 후보에 대한 공개적인 신임절차에 그치지 않았다. 대신 같은 공산당이지만 복수의 후보가 출마하여 투표소에서 표를 더 많이 획득한 후보가 당선되도록 규정한 새로운 선거법이 채택되었다. 아직 일당제 사회라서 유권자가 당을 선택할 수는 없지만 후보를 고르는 것이 가능해진 1990년 3월의 러시아 의회(the Congress of People's Deputies) 선거는 이렇게 부분적으로나마 좀더 경쟁적인 선거 분위기에서 거행되었다. 평균적으로 두 명 이상의 후보가 출마한 1990년 선거의 결과로 5월에 구성된 의회는 옐친을 당의 최고위 인사로 선출하였다(White, Wyman, and Oates 1999).

1991년 러시아 의회는 대통령직을 새로이 만들었고 같은 해 6월에 러시아 역사상 처음으로 대통령선거를 거행했다. 〈표 1〉은 1991년 대통령선거의 결과를 담고 있는데, 옐친이 57.3%를 득표하여 대통령으로 당선된 것을 보여준다. 옐친을 지지하는 정당(Democratic Russia)은 1990년에 구소련의 공산당에 대항하기 위하여 탄생했다.[2)] 첫 대통령선거에서 2위를 차지한 후보(Nikolai Ryzhkov)의 공산당(Communist Party of the Russian Federation)은 구소련의 공산당과 볼셰비키 정당의 후신으로 알려진 반면 3위를 차지한 후보(Vladimir Zhirinovsky)의 민주자유당(Liberal Democratic Party of Russia)은 극우정당으로 간주된다.

1991년 구소련이 해체되고 현재의 러시아로 이행한 뒤 새로운 러시아는 다른 신생민주주의 국가가 경험했던 의회와 대통령 사이의 지위와 역할에 대한 갈등을 피할 수 없었다. 두 개의 권력기관은 국민으로부터 선출된 국민의 대표기관으로 이른바 이중정통성(dual legitimacy)의 문제를 겪은 것이다. 특히 1990년 선거 뒤 러시아 의회에는 여전히 공산주의자가 압도적으로 많았다. 이와 정반대로 1991년 선거 뒤 대통령으로 당선된 옐친은 1990년에 구소련 공산당에서 탈퇴한 바 있고, 1991년 8월의 쿠데타 뒤에는 공산당을 금지시키면서 구소련을 해체했다.

이러한 상황에서 의회는 대통령을 탄핵시키려 시도했으나 이에 필요한 표를 모으지 못해 무위로 끝났다. 그 뒤 의회는 옐친 대통령과 그의 개혁에 대한 신임 및 조기 대통령선거와 의회선거에 대한 국민투표를 회부했다. 하지만 1991년 4월의 국민투표에서 과반수의 유권자가 옐친의 개혁정책과 조기 의회선거를 찬성하고 있음이 확인되었다. 역학관계가 의회보다는 옐친 대통령에게 유리하게 형성된 것이다. 결국 의회와 대통령 사이의 첨예한 긴장은 1993년 9월 옐친 대통령이 무력을 통하여

2. 민주당(Democratic Russia)은 초기에 영향력이 컸으나 점차 옐친과 공산주의자 모두에게 비판적이고 독립적으로 변했다. 그 뒤 1994년부터는 소멸하기 시작했다(http://www.exile.ru/articles/detail.php?ARTICLE_ID=8606&IBLOCK_ID=35. 검색일 : 2007년 11월 20일).

〈표-1〉 1991년 러시아 대통령선거(%)

후보	정당	득표율
Boris Yeltsin	Democratic Russia	57.3
Nikolai Ryzhkov	Communist Party of the Russian Federation	16.9
Vladimir Zhirinovsky	Liberal Democratic Party of Russia	7.8
기타		18.0
합계		100

출처 : http://en.wikipedia.org/wiki/Russian_presidential_election,_1991 (검색일 : 2007년 11월 20일)

의회를 해산시키고 10월에 무력으로 의회를 진압함으로써 종결되었다 (White 2000).

1993년의 쿠데타 뒤 바뀐 새로운 헌법에 따르면 러시아는 이원집정제적 모습을 갖추고 있다. 대통령은 국가의 수반이고 총리는 정부의 수반이다. 대통령은 4년 임기로 국민에 의한 직선제로 선출되며 두 번에 한해 연임이 가능하다. 그러나 실질적으로는 대통령의 권한이 매우 막강한 반면 총리의 역할이 대통령에 비하여 매우 제한적이기 때문에 러시아를 이른바 "슈퍼 대통령제"라고 분류하기도 한다(Daly 2003 ; Shevotsova 2000). 또한 총리는 대통령에 의하여 임명된다. 의회는 양원제이고 하원은 450명으로 구성되며 상원은 176명으로 채워진다.

1993년에 의회가 해산된 뒤 12월에 열린 의회선거는 자유롭고 공정한 분위기에서 이루어졌다고 하기 어렵다. 옐친의 중요한 정적인 부통령(Rutskoi)과 의회의장(Ruslan Khasbulatov)이 감금된 상태였고, 몇몇 정당들의 선거참여는 거부되었다. 프라우다 같은 저명한 신문들의 이름과 편집장도 강제적으로 바뀌었다. 나아가 1993년 의회는 과도기적인 성격이 짙었다. 1993년 의회는 2년이라는 제한적인 임기를 전제로 구성되었고, 이를 구성하기 위한 선거는 개헌을 위한 국민투표와 함께 치러진 것이다. 이와 반대로 1995년 의회부터는 4년 임기로 정상화될 예정이었다 (White, Wyman, and Oates 1999).

다음의 〈표 2〉는 1993년 12월 의회선거 결과를 요약하고 있다. 이 선거에서 1위를 차지한 선거연합(Russia's Choice)은 1992년 6월부터 6개월 동안 옐친의 임시 총리를 지냈고 1993년 선거 당시에는 제1 부총리를 역임했던 인물(Egor Gaidar)에 의하여 구성되었다. 이번 선거에서는 1991년 대통령선거에서 2등과 3등을 한 정당이 각각 3등과 2등의 위치로 바뀌었다. 결국 옐친 대통령에 대한 신임투표의 성격이 짙은 1993년 의회선거에서는 옐친의 정당(Russia's Choice)이 과반수에 한참 못 미쳤지만 1위를 확보한 셈이다.

〈표-2〉 1993년 러시아 의회선거

정당	의석	점유율(%)
Russia's Choice	70	15.6
Liberal Democratic Party of Russia	64	14.2
Communist Party of the Russian Federation	48	10.7
기타	268	59.6
합계	450	100

출처 : http://en.wikipedia.org/wiki/Russian_legislative_election%2C_1993 (검색일 : 2007년 11월 20일)

의회선거에서 유권자 1인은 2표를 갖는다. 450명의 의원 가운데 절반은 정당명부제 비례대표제로 선출되고 나머지 절반은 소선거구제로 선출된다. 비례대표는 정당 또는 정당과 비슷한 선거조직에게 투표하거나 출마한 모든 정당에 반대하는 표(against all of them)를 던지도록 되어 있다. 대신 선거구에 출마하는 후보는 무소속으로도 가능하다(http://en.wikipedia.org/wiki/Russia 검색일 : 2007년 11월 20일). 〈표 2〉를 볼 때 선거구에서 당선된 무소속 의원이 146명에 이른다는 사실을 감안해야 한다. 그러나 이러한 의회선거제도는 2005년 푸틴에 의하여 변화를 겪는다. 그 뒤 첫 의회선거인 2007년에는 7%라는 높은 봉쇄조항을 적용하는 정당명부 비례대표제로 실시되었고 모든 정당에 반대하는 칸도 투표용지에서 삭제했다.

〈표-3〉 1995년 러시아 의회선거

정당	의석	점유율(%)
Communist Party of the Russian Federation	157	34.9
Our Home is Russia	55	12.2
Liberal Democratic Party of Russia	51	11.3
기타	187	41.6
합계	450	100

출처 : Meirowitz and Tucker(2007).

2. 러시아의 1995년 황혼선거

1993년 12월에 2년 임기의 임시 의회선거가 있은 다음 치러진 1995년 12월 의회선거는 1996년 6월에 열릴 대통령선거를 불과 반년 남긴 황혼선거이다. 〈표 3〉은 1995년 의회선거 결과를 담고 있는데, 1991

년 대통령선거와 비교하면 선거의 시점에 따른 대통령 소속정당의 선거 손해가 확연하게 관찰된다. 대통령 임기 말의 황혼선거에서 옐친 대통령의 선거연합(Our Home is Russia)이 크게 패배했다. 그 대신 1991년 대통령선거에서 2위를 차지하고 1993년 의회선거에서 3위로 전락한 정당(Communist Party of the Russian Federation)이 1위로 올라섰다.

3. 러시아의 1996년 선거주기

러시아의 두 번째 대통령선거인 1996년 선거에서는 옐친이 재선에 성공했다. 이 때에도 1991년과 마찬가지로 옐친은 독자적인 자신의 정당 없이 선거에 출마했는데 고전을 면치 못했다. 〈표 4〉는 결선투표제를 도입하고 있는 러시아에서 제2차 라운드까지 간 첫 번째 선거결과를 요약하고 있다. 옐친은 6월의 제1차 라운드에서 35.3%를 득표한 뒤 7월의 결선에서 53.8%를 확보했다. 1996년 대통령선거에서는 1위와 2위 사이에 순위가 바뀌는 일이 발생하지는 않았다.

〈표-4〉 1996년 러시아 대통령선거(%)

후보	정당	제1차 라운드	제2차 라운드
Boris Yeltsin		35.3	53.8
Gennadii Zyuganov	Communist Party of the Russia Federation	32.0	40.3
Aleksandr Lebed		14.5	
기타		18.2	5.9
합계		100	100

출처 : Meirowitz and Tucker(2007).

〈표-5〉 1999년 러시아 의회선거

정당	의석	점유율(%)
Communist Party of the Russian Federation	90	20.0
Unity	82	17.8
People's Deputies Faction	57	12.7
기타	221	49.1
합계	450	100

출처 : http://en.wikipedia.org/wiki/Russian_legislative_election,_1999 (검색일 : 2007년 11월 20일)

1999년 12월에 열린 의회선거는 2000년 3월에 열릴 새로운 대통령선거를 불과 3개월 앞두고 개최된 황혼선거이다. 〈표 5〉는 1999년 의회선거 결과를 보여주고 있는데, 4년 전에 열린 의회선거와 비슷한 결과를 알려준다. 〈표 4〉의 1996년 대통령선거 결과와 〈표 5〉의 1999년 의회선거 결과를 종합해 보면 선거의 시점에 따른 대통령 지지정당의 고전이 확인된다. 야당(Communist Party of the Russian Federation)이 1위를 차지하고 옐친을 지지하는 선거연합(Unity)은 2위에 그쳤다.

민주주의의 경험이 풍부하지 않고 정당정치의 역사도 짧은 러시아에서는 매 선거마다 새로운 정당이 출현하고 적지 않은 지지를 획득했다. 대부분의 지역 정치지도자들이 유행과 같이 각 시기에 강력하게 보이는 정당을 지지하는 경향이 있었다. 게다가 결선투표제마저 채택했기 때문에 정당의 이합집산이 빈번한 채 정당의 숫자도 증가하는 현상을 피할 수 없었다(Foweraker 1998). 1993년에는 '러시아의 선택' (Russia's Choice), 1995년에는 '우리 집은 러시아' (Our Home is Russia), 1999년에는 '단결' (Unity), 그리고 2003년에는 '통합 러시아' (United Russia)가 각

선거에 명멸했던 선거연합체들이다. 이들은 서로 이름이 다르지만 본질상 큰 차이가 없다. 이 선거연합체들은 공식적으로 정당에 직접적으로 소속되어 이끄는 전통이 적은 현 대통령을 옹호하고 친정부적인 정치인들을 의회로 보내는 역할을 톡톡히 했다(http://www.rferl.org/specials/russianelection/bio/aushev.asp 검색일 : 2007년 11월 20일).

4. 러시아의 2000년 선거주기

그 다음의 대통령선거는 2000년 3월에 개최되었다. 1999년 12월 31일 옐친은 만성적 건강문제와 침체한 국가경제에 영향을 받아 대통령직에서 사임하고 당시 총리인 푸틴에게 대통령직을 승계시켰다. 옐친이 사임하자 90일 안에 새로이 대통령선거를 열게 되면서 4년마다 6월에 열리던 대통령선거가 3월로 앞당겨졌다. 다음의 〈표 6〉은 2000년 대통령선거의 결과를 보여주고 있는데, 이 표에 의하면 임시 대통령인 푸틴이 과반수(52.9%)를 확보하여 대통령으로 당선되었다. 푸틴은 자신의 선행자인 옐친과 비슷하게 특정 정당에 소속되지는 않았지만 선거연합(United Russia)의 지지를 업고 있었다.

옐친 대통령 시기의 황혼선거와 푸틴 대통령 시기의 황혼선거는 서로 정반대의 선거결과를 보여준다. 푸틴 대통령의 첫 번째 임기 말 의회선거는 2003년 12월에 열렸는데, 옐친 대통령과 달리 푸틴 대통령의 선거연합(United Russia)이 의회에서 압도적인 지지를 확보했다. 다음 〈표 7〉은 2003년 의회선거 결과를 요약하고 있는데, 푸틴의 선거연합(United Russia)이 거의 과반수(49.3%)의 의석을 획득했다는 사실을 알려준다. 황혼선거라는 효과가 2003년의 의회선거에서 거의 확인되지 않은

〈표-6〉 2000년 러시아 대통령선거(%)

후보	정당	득표율
Vladimir Putin		52.9
Gennady Zyuganov	Communist Party of the Russian Federation	29.2
Grigory Yavlinsky	Yabloko*	5.8
기타		12.1
합계		100

출처 : http://en.wikipedia.org/wiki/Russian_presidential_election,_2000(검색일 : 2007년 11월 20일)

주 : * Yabloko-Yavlinsky Bloc

〈표-7〉 2003년 러시아 의회선거

정당	의석	점유율(%)
United Russia	222	49.3
Communist Party of the Russian Federation	53	11.8
Liberal Democratic Party of Russia	38	8.4
기타	138	30.7
합계	450	100

출처 : https://www.cia.gov/library/publications/the-world-factbook/geos/rs.html#Govt(검색일 : 2007년 11월 20일)

것이다. 2위 정당(Communist Party of the Russian Federation)은 겨우 11.8%를 얻었을 뿐이다.

5. 러시아의 2004년 선거주기

다음의 선거주기가 시작되는 2004년 대통령선거도 푸틴 대통령의

〈표-8〉 2004년 러시아 대통령선거(%)

후보	정당	득표율
Vladimir Putin		71.2
Nikolay Kharitonov	Communist Party of the Russian Federation	13.7
Sergey Glazyev	Rodina	4.1
기타		11.0
합계		100

출처 : http://en.wikipedia.org/wiki/Russian_presidential_election,_2004(검색일 : 2007년 11월 20일)

첫 번째 대통령선거와 매우 유사한 결과를 보여준다. 〈표 8〉이 알려주듯이 2004년 대통령선거에서 푸틴은 4년 전과 마찬가지로 한 선거연합(United Russia)의 지지를 업고 출마한 상태에서 71.2%라는 압도적인 득표를 바탕으로 재선에 성공했다. 13.7%를 획득한 공산당(Communist Party of the Russian Federation)은 2위의 지위를 벗어나지 못했다.

다음의 선거주기가 시작되는 2004년 대통령선거와 2007년 의회선거도 푸틴 대통령의 첫 번째 선거주기(2000년 대통령선거와 2003년 의회선거)와 유사한 결과를 보여준다. 러시아는 2007년 12월에 의회선거를 치른 뒤 2008년 3월에 대통령선거를 앞두고 있는데, 푸틴의 임기 말 선거에 러시아 역사상 최고의 의석점유율을 확보한 것이다(Baranys 2008). 유권자의 64.1%로부터 지지를 획득한 푸틴의 통합 러시아(United Russia)가 315석을 배분받아 70%의 의석을 점유했다. 2005년 바뀐 선거법에 따라 1인 1표 정당명부 비례대표제에 의한 2007년 의회선거에서는 7%의 봉쇄조항을 넘긴 정당이 단 4개로 의회에 진출한 정당의 숫자가 급격히 줄었다.

〈표-9〉 2007년 러시아 의회선거

정당	의석	점유율(%)
United Russia	315	70.0
Communist Party of the Russian Federation	57	12.7
Liberal Democratic Party of Russia	40	8.9
Fair Russia	38	8.4
합계	450	100

출처 : http://en.wikipedia.org/wiki/Russian_legislative_election,_2007 (검색일 : 2007년 12월 5일)

IV. 콜롬비아의 황혼선거와 선거이득

1. 콜롬비아의 초기 선거

콜롬비아는 1840년대 말부터 2000년대 초까지 약 150여 년이 넘는 기간 동안 보수당(Partido Conservador Colombiano-Colombian Conservative Party)과 자유당(Partido Liberal Colombiano-Liberal Party of Colombia)이 규칙적이고 자유로운 선거를 통하여 거의 비슷한 기간씩 서로 나누어 집권할 정도로 견고한 양당제의 전통을 누렸다. 1987년부터 보수당의 공식명칭은 다른 것(Partido Social Conservador-Social Conservative Party)으로 바뀌었는데, 이것이 바로 전통적인 양당제의 변화를 알리는 서곡이었다(Dix 1990). 새롭게 만들어진 1991년 헌법은 대통령선거에 결선투표제를 도입했는데 오래 지나지 않아 이에 영향을 입어 선거에서 유효정당의 수가 더욱 증가하여 양당제에서 벗어나는 추세이다(Serafino 2002).

콜롬비아의 민주적인 정치제도가 군부에 의하여 1830년, 1854년, 그리고 1953년 등 세 차례의 쿠데타를 통하여 단절되었다. 1년밖에 지속되지 않았던 과거의 군부독재와 달리 1953년의 군부독재는 1957년까지 계속되었지만 1962년에 실시된 대통령선거부터는 규칙적인 선거가 다시 이어졌다. 일반적으로 콜롬비아의 정치는 마약을 둘러싼 마피아, 게릴라, 또는 준군사조직의 존재에 영향을 받아 매우 폭력적이고 갈등적이며 불안정한 성격에서 벗어나지 못한다(International Crisis Group 2002a).

특히 1990년 5월의 대통령선거는 캠페인이 한창일 때 유력한 자유당 지도자(Luis Carlos Galán)를 포함한 대통령 후보가 세 명씩이나 마약조직에 의하여 살해당하는 분위기에서 진행되었다.[3] 다음의 〈표 10〉은 1990년 선거결과를 요약하고 있는데, 이 선거에서는 자유당의 후보(César Gaviria Trujillo)가 47.8%로 대통령에 당선되었다. 1990년 대통령선거에서는 평화 프로세스에 참여한 게릴라 조직(M-19)도 괄목할 만한 지지(12.5%)를 얻었으나 보수당의 후보(Rodrigo Lloreda Caicedo)는 12.2%를 획득했을 뿐이다(http://sshl.ucsd.edu/collections/las/colombia/1990.html 검색일 : 2007년 11월 20일).

1980년대에서 1990년대로 전환되는 시점에 이렇게 몇 개의 작은 게릴라 그룹도 평화 프로세스에 동참함으로써 콜롬비아의 민주주의에는 괄목할 만한 성과를 이루게 되었다. 평화 프로세스는 1990년 5월 대

3. 1990년 대통령선거가 있기 두 달 전에 열린 3월의 의회선거에서는 자유당이 총 199석 가운데 119석(59.8%)을 차지한 반면 보수당은 65석(32.7%)을 확보했다(http://pdba.georgetown.edu/ 검색일 : 2007년 10월 22일).

〈표-10〉 1990년 대통령선거 결과(%)

후보	정당	득표율
César Gaviria Trujillo	Partido Liberal Colombiano	47.8
Alvaro Gómez Hurtado	Movimiento de Salvación Nacional	23.7
Antonio Navarro Wolf	Alianza Democrática M-19	12.5
그 외 9인 후보		14.0
합계		97.96*

출처 : http://pdba.georgetown.edu/(검색일 : 2007년 10월 22일)
주 : * 무효표와 백지표 제외

통령선거를 치르고 개헌을 담당할 의회를 새로이 구성하는 제안에 대한 국민투표를 거치면서 정점에 도달했다. 1991년 임시 의회에서는 자유당이 과반수(54.7%) 의석을 차지했는데, 이전의 1886년 헌법과 유사하게 제도적이고 법적인 차원에서 민주주의적 개혁을 담보할 개헌을 성사시켰다. 실제적인 결과가 때로는 애매모호했지만 1991년 헌법은 몇 개의 게릴라 그룹을 합법적인 정치영역으로 끌어내면서 점진적이고 지속적인 변화를 통해 과거와 현저하게 다른 민주주의 시대를 열었다(http://en.wikipedia.org/wiki/History_of_Colombia 검색일 : 2007년 11월 20일).

1991년 개헌으로 콜롬비아는 4년 임기의 정·부통령제를 실시하고 있다. 대통령선거에서는 새롭게 결선투표제를 도입하였다. 런닝메이트 제도에 의하여 선출되는 부통령은 대통령 유고시 대통령직을 승계하도록 법에 의하여 규정되었다. 또한 콜롬비아는 양원제를 채택하고 있다. 상원은 102명으로 구성되는데 전국적 명부에 의한 비례대표제로 선출된다. 하원은 161명으로 구성되는데 비례대표제로 뽑힌다. 의원의 임기는 4년이지만 연임에 제한이 없다. 1863년 이래 대통령과 의회의 임기는

2년이었는데 그동안 많은 시행착오를 겪으면서 좀더 장기적인 임기를 보장하는 방향으로 바뀐 것이다(International Crisis Group 2002a). 2005년부터는 대통령이 두 번에 한하여 연임할 수 있도록 다시 바뀌었으나 현재는 세 번씩 연임할 수 있도록 또 다른 개헌을 추진하고 있다.

2. 콜롬비아의 1994년 황혼선거

1994년 3월의 의회선거는 같은 해 5월에 벌어진 대통령선거를 불과 두 달 남겨놓은 황혼선거이다. 이러한 콜롬비아의 선거주기는 현재까지 변함 없이 지켜지고 있다. 다음의 〈표 11〉은 1994년 의회선거 결과를 요약하고 있는데, 앞의 〈표 10〉의 1990년 대통령선거 결과와 종합하면 황혼선거의 효과가 확인되지 않는다. 1990년 대통령선거에서 자유당의 후보가 당선되었는데, 그의 임기 말인 1994년 의회선거에서도 자유당이 과반수(53.3%)를 획득했다. 이와 반대로 보수당은 51석(30.9%)을 차지했다.

〈표-11〉 1994년 의회선거 결과

정당	의석	점유율(%)
Partido Liberal Colombiano	88	53.3
Partido Social Conservador	51	30.9
기타 4개 정당	20	12.1
무소속	4	2.4
합계	165	100

출처 : http://pdba.georgetown.edu/(검색일 : 2007년 10월 22일)

〈표-12〉 1994년 대통령선거 결과(%)

후보	정당	제1차 라운드	제2차 라운드
Ernesto Samper Pizano	Partido Liberal Colombiano	45.3	50.6
Andrés Pastrana Arango	Andrés Presidente	45.0	48.5
Antonio Navarro Wolff	Compromiso Colombia	3.8	
그 외 15인 후보		5.9	
합계		100	100*

출처 : http://pdba.georgetown.edu/ (검색일 : 2007년 10월 22일)
주 : * 유효표 기준으로 백지투표 0.98% 포함

3. 콜롬비아의 1994년 선거주기

새로운 선거주기가 시작된 1994년의 대통령선거에서는 1991년 개헌 뒤 처음으로 결선투표를 실시하였다(〈표 12〉 참조). 1994년 5월에 열린 제1차 투표에서 자유당의 후보(Ernesto Samper Pizano)가 45.3%를 획득하여 과반수를 넘지 못했기 때문에 44.98%를 얻은 2위(Andrés Pastrana Arango)와 제2차 투표를 가졌다. 6월에 열린 결선투표에서는 제1차 투표의 순위에서 변동 없이 자유당의 후보가 대통령으로 최종 확정되었다. 2위 후보(Andrés Pastrana Arango)는 Andrés Presidente라는 선거조직에 속해 있지만 보수당에서 갈라져 나왔다. 3위의 후보(Antonio Navarro Wolff)는 게릴라 지도자 출신으로 중도좌파(Alianza Democrática M-19) 진영이다(http://sshl.ucsd.edu/collections/las/colombia/1990.html 검색일 : 2007년 11월 20일).

황혼선거인 1998년 3월의 의회선거는 4년 전의 의회선거와 유사

〈표-13〉 1998년 의회선거 결과

정당	의석	점유율(%)
Partido Liberal Colombiano	98	60.9
Partido Social Conservador	52	32.3
기타 정당	11	6.8
합계	161	100

출처 : http://psephos.adam-carr.net/countries/c/colombia/colombia20023.txt(검색일 : 2007년 10월 22일)

한 양상을 보여준다. 〈표 13〉은 1998년 선거결과를 담고 있는데, 자유당이 총 161석 가운데 98석을 차지해 과반수(60.9%) 의석을 얻게 되었다. 이와 반대로 보수당은 52석(32.3%)을 차지했을 뿐이다. 1994년 대통령선거에서도 자유당이 승리한 가운데 1998년 새로운 대통령선거를 겨우 두 달 앞둔 시점에서 벌어진 1998년 의회선거에서는 확연한 단점정부가 출현한 것이다. 이는 황혼선거의 효과가 확인되지 않은 것으로 해석할 수 있다.

4. 콜롬비아의 1998년 선거주기

다음 선거주기의 시작인 1998년 대통령선거도 결선투표까지 진행되었다. 〈표 14〉에서 확인되듯이 1998년 5월 대통령선거에서는 보수당의 후보(Andres Pastrana Arango)가 제1차 라운드에서 34.4%를 획득하여 34.8%를 확보한 자유당의 후보(Horacio Serpa Uribe)에게 근소한 차이로 졌다. 그러나 3주 후에 열린 제2차 라운드에서는 1, 2등이 서로 순서를 바꾸어 최종당선자가 달라졌다. 콜롬비아에서 견고했던 전통적 양당제

〈표-14〉 1998년 대통령선거 결과(%)

후보	정당	제1차 라운드	제2차 라운드
Andres Pastrana Arango	Partido Social Conservador	34.4	50.3
Horacio Serpa Uribe	Partido Liberal Colombiano	34.8	46.6
Noemi Sanin Posada De Rubio		26.8	
그 외 10인 후보		4.0	
합계		100	100*

출처 : http://psephos.adam-carr.net/countries/c/colombia/colombia1.txt(검색일 : 2007년 10월 22일)

주 : * 무효표 3.1% 포함

〈표-15〉 2002년 의회선거 결과

정당	의석	점유율(%)
Partido Liberal Colombiano	54	33.3
Partido Social Conservador	21	13.0
Coalition	11	6.8
그 외 26개 정당	54	33.3
무소속	22	13.6
합계	162	100

출처 : http://psephos.adam-carr.net/countries/c/colombia/colombia2002.txt(검색일 : 2007년 10월 22일)

가 해체되면서 대통령 후보가 기존 정당에서 뛰쳐나와 선거용 정치조직을 만들거나 선거마다 서로 다른 정당을 업고 선거에 출마하는 현상이 두드러지기 시작했다. 1998년 대통령 당선자는 1994년 대통령선거에서 보수당으로부터 탈당하여 다른 정치조직(Andrés Presidente)으로 출마하여 결선투표까지 간 바 있다.

2002년 3월의 황혼선거는 이전의 콜롬비아 사례와 다른 양상을 보여준다. 〈표 15〉가 2002년 의회선거 결과를 요약하고 있는데, 대통령 소속정당인 보수당보다 야당인 자유당이 선거에서 승리한 사실을 알려준다. 2002년 의회선거에는 30개에 가까운 정당이 참여한 가운데 자유당은 총 162석 가운데 54석(33.3%)을 차지했다. 이와 반대로 보수당은 21석(13.0%)을 확보했다. 다른 조건이 고정되었다고 간주한다면 황혼선거의 효과가 확연하다고 하겠다. 1994년과 1998년의 의회선거에서는 보수당과 자유당이 도합 80% 이상의 의석을 확보했기 때문에 양당제적인 모습을 유지했으나 2002년 의회선거에서는 양당이 46.3%의 의석만 획득했기 때문에 양당제에서 벗어나는 것으로 보인다.

5. 콜롬비아의 2002년 선거주기

2002년 5월의 대통령선거는 1991년 개헌 뒤 처음으로 결선투표 없이 끝났다.[4] 〈표 16〉에서 확인되듯이 2002년 선거에서 Primero Colombia (Colombia First)의 후보(Alvaro Uribe Velez)가 대통령으로 당선되었다. 그는 자유당에서 갈라선 뒤 자신의 독립적 정치조직을 만들어 출마했다. 이와 반대로 자유당은 자기 당의 공식 후보(Horacio Serpa Uribe)를 출마

4. 2002년 대통령선거에서도 당선이 유력한 후보(Alvaro Uribe Velez)마저 암살의 위협에서 가까스로 벗어났고 일부 후보는 반군에 납치되기도 했다(International Crisis Group 2002a).

〈표-16〉 2002년 대통령선거 결과(%)

후보	정당	득표율
Alvaro Uribe Velez	Primero Colombia	53.0
Horacio Serpa Uribe	Partido Liberal Colombiano	31.8
Luis Eduardo Garzon	Frente Social y Political	6.1
그 외 8인 후보		7.2
합계		100

출처 : http://psephos.adam-carr.net/countries/c/colombia/colombiapres2002.txt(검색일 : 2007년 10월 22일)

시켰다. 이에 따라 전자(Alvaro Uribe Velez)를 '탈당한 자유당 후보'(dissident Liberal candidate)라고 칭하는 반면 후자(Horacio Serpa Uribe)를 '자유당 공식 후보'(official Liberal candidate)라고 불렀다(International Crisis Group 2002a). 다른 한편 보수당은 공식적인 후보를 내지 못한 채 Primero Colombia의 후보(Alvaro Uribe Velez)를 지지했다. 이러한 선거에서 탈당한 자유당 후보(Alvaro Uribe Velez)가 53.0%라는 높은 득표율을 확보하면서 자유당 공식 후보(Alvaro Uribe Velez)와 보수당을 탈당한 후보(Noemi Sanin)를 이기기가 어렵지 않았다. 2002년 대통령선거는 마침내 전통적인 양당 밖에서 대통령을 탄생시켰고, 1990년대 중반부터 나타난 분당과 탈당, 정당의 이합집산이 더욱 확산되는 현상을 보여주었다. 자유당은 분리되고 보수당은 미약해지는 반면 보다 강력한 소수 정당이 출현했다(International Crisis Group 2002a).

2006년 3월 의회선거의 결과를 해석할 때는 세심한 주의가 필요하다. 대통령과 보수당 및 자유당의 관계가 복잡하고 애매하기 때문이다. 대통령(Alvaro Uribe Velez)은 원래 자유당 출신이나 2002년의 대통령선거에서는 독립적인 정치조직(Primero Colombia)으로 출마했다. 2006년 의회선거 당시에는 자유당 대신 보수당이 대통령에 보다 가까운 관계를 형성했다. 나아가 두 달 뒤의 대통령선거에서는 보수당은 자신의 후보를 출마시키지 않고 Primero Colombia의 깃발 아래 출마한 대통령의 재선을 지지했다.[5] 2005년 개헌을 통하여 대통령 연임제가 도입된 뒤 첫 선거인 2006년 의회의 선거결과는 대통령과 거리가 멀어진 자유당이 36석(22.1%)을 확보하여 1위를 차지한 사실을 알려준다(〈표 17〉 참조). 20개 정당이 경쟁한 2006년 의회선거에서는 대통령과 가까워진 보수당이 30석(18.4%)을 획득했을 뿐이다(International Crisis Group 2006). 이러한 선거결과는 황혼선거의 효과가 반영된 것으로 해석할 수 있다.

〈표-17〉 2006년 의회선거 결과

정당	의석	점유율(%)
Partido Liberal Colombiano	36	22.1
Partido Social Conservador	30	18.4
Partido Social de Unidad Nacional	29	17.8
그 외 17개 정당	68	41.7
합계	163	100

출처 : http://psephos.adam-carr.net/countries/c/colombia/colombia20062.txt(검색일 : 2007년 10월 22일)

5. 가장 최근에 치러진 콜롬비아 대통령선거인 2006년 선거에서 Primero Colombia 소속 대통령(Alvaro Uribe Velez)이 62.2%를 획득하여 재선에 성공했다.

6. 콜롬비아의 2006년 선거주기

2006년 5월의 대통령선거도 4년 전과 마찬가지로 결선투표 없이 진행되었다. 〈표 18〉은 2002년 대통령선거에서 당선된 대통령(Alvaro Uribe Velez)이 재선에 성공했다는 것을 알려준다. 이 선거에서 그는 4년 전과 같은 당(Primero Colombia)의 후보로 62.4%라는 압도적인 지지를 얻어 당선되었다. 이에 비하여 자유당의 후보(Horacio Serpa Uribe)는 11.8%를 얻어 3위로 내려앉았다.

〈표-18〉 2006년 대통령선거 결과(%)

후보	정당	득표율
Alvaro Uribe Velez	Primero Colombia	62.4
Carlos Gaviria Díaz	Polo Democrático Alternativo	22.0
Horacio Serpa Uribe	Partido Liberal Colombiano	11.8
그 외 4인 후보		3.8
합계		100

출처 : http://en.wikipedia.org/wiki/Colombian_presidential_election,_2006(검색일 : 2010년 4월 1일)

2010년 새로운 대통령선거를 두 달 정도 남긴 3월에 열린 의회선거 결과는 〈표 19〉에 요약되어 있다. 이 선거에서 대통령은 Partido de la U (Party of the U)에 소속되어 있었다. 이 당의 이름에서 'U'는 단합(unity)를 의미하지만 대통령의 이름(Uribe)을 연상시키기도 한다. 이 정당은 실제로 대통령을 지지하는(Uribist) 의회의 여러 정당을 통합하려는 의도

〈표-19〉 2010년 의회선거 결과

정당	의석	점유율(%)
Partido de la U	47	28.7
Partido Conservador Colombiano	38	23.2
Partido Liberal Colombiano	37	22.6
기타		25.5
합계	164	100

출처 : http://en.wikipedia.org/wiki/Colombian_legislative_election,_2010(검색일 : 20107년 4월 1일)

에서 만들어진 중도우파 정당이다. 2010년 의회선거에서는 이 정당이 총 164석 가운데 47석(28.7%)을 확보하여 제1당이 되는 데 성공했다. 제2당은 주요 야당(Partido Conservador Colombiano)으로서 38석을 획득했다. 제3당은 대통령 지지연합(Uribist coalition)의 일원이다. 이러한 선거결과는 대통령 소속정당이 제1당의 지위를 확보했지만 압승과 멀기 때문에 일반적인 선거주기에 따른 선거결과의 예측방향과 비슷한 사례라고 하겠다.

V. 결론

여기에서는 러시아와 콜롬비아의 황혼선거에서 대통령 소속정당이 패배하는 경향이 있는지 분석하고 그 이론적인 함의를 규명하는 데 목적이 있었다. 이 장이 관심을 갖는 것은 황혼선거라는 선거의 시점과 대통령 소속정당의 선거이득 사이의 관계이기 때문에 러시아와 콜롬비아에서 벌어진 각 선거의 환경과 과정을 세부적으로 살펴보기보다는 각국 선거의 제도적 특징과 정당의 선거결과에서 보이는 변동에만 초점을 맞췄다. 그리고 하나의 선거주기를 대통령선거가 실시된 뒤 임기 말 의회선거로 보았기 때문에 2008년 러시아 대통령선거와 2012년으로 예정된 의회선거는 연구의 대상에서 제외되었다.

러시아에서는 대통령이 공식적으로는 정당을 만들어 운영하지는 않지만 실질적으로는 특정 정당과 선거연합의 도움으로 선거를 치르기 때문에 선행연구의 구분에 따라 그 흐름을 추적했다(Meirowitz and Tucker 2007). 대통령이 직접 정당을 만들고 운영하지 않지만 러시아 같은 슈퍼대통령제 사회에서는 대통령과 교감이 없이 대통령의 당선을 위한 정당이 만들어지지 않는다. 실제로 2008년 푸틴이 대통령직에서 물러나면서 통합러시아당의 당수가 되는 것을 보면 그간 사실상 당을 이끈 것이 누구인지 짐작하고 남음이 있다. 콜롬비아에서도 양당제가 해체되면서 여타 정당정치가 약한 신생민주주의 국가들과 같이 정당의 명칭이 뒤바뀌고 선거연합의 합종연횡이 활발해지기 때문에 그 흐름을 중요하게 추적했다.

이 장에서 사례분석의 결과 러시아와 콜롬비아의 황혼선거에서 대통령 소속정당이 패배하는 경향이 주목할 만큼 형성되지 않았다는 사실을 확인했다. 먼저 러시아에서는 네 차례(1995, 1999, 2003, 2007)의 황혼선거가 있었다. 첫 두 번의 황혼선거는 옐친 대통령 시기에 있었고 나머지 두 번의 황혼선거는 푸틴 대통령 시기에 실시되었다. 그러나 옐친 대통령 시기의 황혼선거와 푸틴 대통령 시기의 황혼선거에서는 거의 정반대의 선거결과가 나타났다. 옐친 대통령 시기인 1995년 의회선거에는 12.2%, 1999년 의회선거에는 17.8%의 의석만 차지하여 대통령 지지정당이 2위로 쳐지고 야당인 공산당이 1위를 차지했다. 이러한 결과는 다른 조건이 같다고 간주하면 황혼선거의 효과라고 해석할 수 있다. 이와 반대로 푸틴 대통령 시기인 2003년 의회선거에는 과반수에 육박하는 49.3%, 2007년 의회선거에는 과반수를 훨씬 넘는 70%의 의석을 확보하면서 대통령 지지정당이 1위를 차지했다. 이러한 선거결과는 황혼선거의 효과를 무색하게 만든다.

다음으로 콜롬비아에서는 다섯 차례(1994, 1998, 2002, 2006, 2010)의 황혼선거가 치러졌다. 1994년과 1998년의 의회선거에서는 자유당 대통령 밑에서 자유당이 각각 53.3%와 60.9%의 의석을 차지하여 안정적인 단점정부를 확보했다. 이러한 선거결과는 일반적인 선거주기에 따른 선거결과의 예측방향과 어긋나는 사례라고 하겠다. 이에 비하여 2002년 황혼선거부터는 정반대의 선거결과가 등장했다. 2002년 의회선거에서는 대통령 소속정당인 보수당(13.0%)보다 야당인 자유당(33.3%)이 선거에서 승리했다. 2006년 의회선거에서도 대통령과 거리가 멀어진 자유당(22.1%)이 대통령과 가까워진 보수당(18.4%)보다 크게 앞섰다. 2010년 황혼선거에서는 1990년대 황혼선거와 달리 대통령 소속정당이 과반수 의석을 차지하지 못했다. 이러한 선거결과는 다른 조건이 고정되었다고 간주한다면 황혼선거의 효과가 반영된 것으로 해석할 수 있다.

그렇다면 이러한 연구결과가 시사하는 이론적인 함의는 무엇일까? 첫째, 이러한 연구결과는 이 장의 첫 번째 가설이었던 선거주기이론 가운데 황혼선거주기의 효과가 크지 않다는 사실을 알려준다. 이 장의 연구결과 황혼선거에서 집권당의 패배 가능성이 더 크다고 주장하기 어렵기 때문이다. 두 국가 사이에 공통점이라면 황혼선거를 주기적으로 치른다는 점 외에 발견하기 어려운 상황인데, 전 세계에서 황혼선거주기를 제도화한 양국에서는 최근의 황혼선거에서 거의 비슷하게 반 정도는 대통령 소속정당이 승리했으나 나머지 반 정도는 집권당이 패배했다.

둘째, 이러한 연구결과는 이 장의 두 번째 가설인 유권자의 전략적 선택이라는 이론도 재평가하게 만든다. 유권자의 전략적 선택이라는 관점에서는 황혼선거에서 유권자들이 대통령 소속정당을 지지하지 않을 가능성이 커진다. 대통령에 대한 지지와 의회에 대한 지지를 분리하기 때문이다. 그러나 푸틴 대통령 시기의 임기 말 의회선거에서는 두 번씩이나 모두 대통령의 지지정당이 승리했다. 콜롬비아에서도 1990년대 자유당 정부에서 유권자들은 황혼선거에서 압도적으로 여당을 지지해 주었다.

셋째, 이러한 연구결과에 따르면 특히 시계열적 전략투표라는 분석틀이 가장 설명력이 약한 것으로 보인다. 시계열적 전략투표라는 분석틀은 1995년 러시아의 의회선거를 설명하는 데 매우 성공적이었다(Meirowitz and Tucker 2007). 1996년 대통령선거를 앞두고 재선에 나선 옐친 대통령에게 경고의 메시지를 던지기 위하여 상대적으로 중요성이 낮은 의회선거에서 패배를 안기고 그 결과 정신을 차린 옐친을 대통령직에 연임하게 만들었다. 그러나 이 시계열적 전략투표이론은 러시아나 콜롬비아의 다른 황혼선거에는 적용되지 않는다. 특히 러시아나 콜롬비아의 황혼선거에서 집권당이 승리한 사례는 전혀 설명할 수 없는 것이다.

결론적으로 이 책의 제1부에서 발견한 사실을 요약해 보면 다음과 같다. 제1장에서는 미국식 선거주기를 통해서 동시선거와 중간선거에서 대통령 소속정당의 선거이득을 관찰할 때 선거주기에 따른 선거결과의 일반적인 패턴이 비교적 뚜렷하게 존재하는 것으로 확인된 바 있다. 그러나 제2장에서는 도미니카 공화국의 중간선거주기에서도 중간선거가 선거의 사례가 충분하지 않아 의미 있는 패턴을 확인하기 어려웠다. 현재까지 두 번의 중간선거에서는 중간선거적인 결과가 나타났다. 그러나 나머지에서는 대통령 소속정당이 과반수 의석을 장악했다. 제3장에서는 프랑스에서는 대체로 선거시점에 따른 대통령 소속정당의 선거이득이 매우 뚜렸했다. 그러나 이런한 현상이 대만에서는 관찰되지 않았다. 제4장에서는 러시아와 콜롬비아의 황혼선거주기에서 황혼선거가 대통령 소속정당의 선거결과에 뚜렷한 영향을 주지 못한 것을 확인했다.

이에 따라 몇 가지 사실을 종합할 수 있다. 첫째, 제1부에서는 9개 국가의 다양한 선거주기에서 선거의 기계적인 시점이 대통령 소속정당의 선거이득에 대체로 의미 있는 영향을 준다는 사실을 찾아냈다. 특히 최근 도미니카 공화국, 프랑스 등에서 과거와 다른 새로운 선거주기를 채택한 뒤에 대통령 소속정당의 선거결과가 달라지는 것도 피할 수 없었다. 그만큼 같은 국가에서 선거의 시점이 달라지면 이에 따라 선거결과도 바뀐다는 것이다.

둘째, 제1부에서는 특히 동시선거와 신혼선거에서 대통령 소속정당의 의회선거 승리 가능성과 중간선거의 패배 가능성이 컸지만 황혼선거의 패배경향은 아직 뚜렷하지 않다는 사실이 발견되었다. 선거의 시점에 따른 대통령 소속정당의 선거결과에 대한 이론이 대체로 확인된 것이다. 다만 황혼선거에서는 현 대통령에 대한 평가라는 변수도 있겠지만 다음 대통령선거를 코앞에 둔 시점에 유력한 대통령 후보에 대한 평가라는 측면도 작용하면서 대통령 소속정당의 승패가 달라지는 것으로 보인다. 이러한 이론은 향후 연구의 과제로 남는다.

셋째, 제1부의 연구결과는 선거주기와 관련하여 한국의 개헌방향에 시사하는 바가 매우 크다. 한국에서 장차 개헌의 대안으로 신혼선거주기나 황혼선거주기는 선거비용을 포함하여 각종 정치적 비용의 절감 등에 큰 기여가 없기 때문에 중요한 고려의 대상이 되지는 못한다. 실제로 최근 프랑스, 대만, 러시아, 콜롬비아 선거의 경험은 정치의 안정성 향상에 유보적인 평가를 내리게 한다. 이에 따라 한국의 대안으로 남는 것은 동시선거주기나 중간선거주기이다. 미국식 선거주기는 한국 국회의원의 임기를 4년에서 2년으로 줄여야 하는 불가능에 가까운 어려운 문제가 파생되기 때문에 중간선거주기는 고려의 대상이 안 된다. 그리고 제2장에서 도미니카 공화국의 사례를 분석한 결과 중간선거주기가 결코 생산성 있는 정치를 보장하지 못하다는 것을 발견했다. 이에 따라 동시선거주기가 한국의 대안으로 남는 것이다. 제1부와 같은 지구상 다양한 선거주기에 대한 구체적인 사례연구와 관련된 체계적이고 종합적인 분석은 이 책의 다음 부분에서 한국의 사례에 대한 진단과 실험 및 대안을 제시할 때 중요한 근거가 될 것이다.

참고문헌

Alesina, Alberto, and Joel H. Rosenthal. 1995. "Partisan Politics, Divided Government, and the Economy." Alt. J. E. and North. D. C. eds. *The Political Economy of Institutions and Decisions* Cambridge, England : Cambridge University Press.

Alesina, Alberto, and Joel H. Rosenthal. 1996. "A Theory of Divided Government." *Econometrica* 64 : 1311–1341.

Alvarez, R. Michael. 1997. *Information and Elections* Ann Arbor, MI : University of Michigan Press.

Baranys, Z. 2008. "Superpresidentialism and the Military : The Russian Variant." *Presidential Studies Quarterly* 38 : 14–38.

Burden, Barry C., and David C. Kimball. 2004. *Why Americans Split Their Tickets : Campaigns, Competition, and Divided Government* Ann Arbor, MI : University of Michigan Press.

Conley, R., and Borrelli. S. 2004. "The Presidency, Congress, and Divided Government : A Postwar Assessment." *Presidential Studies Quarterly* 34 : 891–893.

Cox, G. 1997. *Making Votes Count : Strategic Coordination in the World's Electoral Systems* Cambridge, England : Cambridge University Press.

Daly, S. 2003. "The Ladder of Abstraction : A Framework for the Systematic Classification of Democratic Regime Types." *Politics* 23 : 96–108.

Dix, R. H. 1990. "Social Change and Party System Stability in Colombia." *Government and Opposition* 25 : 98–114.

Fiorina, Morris P. 1992. *Divided Government* Allyn & Bacon.

Foweraker, J. 1998. "Institutional Design, Party Systems and Governability : Differentiating the Presidential Regimes of Latin America." *British Journal of Political Science* 28 : 651–676.

Helmke, Gretchen. 2009. "Ticket Splitting as Electoral Insurance : The Mexico 2000 Elections." *Electoral Studies* 28 : 70–78.

International Crisis Group. 2002a. "The Stakes in the Presidential Election in Colombia." *International Crisis Group Latin America Briefing* 22 May 2002.

_______. 2002b. "The 10 March 2002 Parliamentary Elections in Colombia." *International Crisis Group Latin America Briefing* 17 April 2002.

_______.2006. "Uribe's Re–election : Can the EU Help Colombia Develop a More Balanced Peace Strategy?" *International Crisis Group Latin America Report* No. 17.

Jacobson, Gary C. 1990. *The Electoral Origins of Divided Government* Boulder : Westview Press.

Jones, M. 1994. "Presidential Election Laws and Multipartism in Latin America." *Political Research Quarterly* 47 : 41–57.

Kernell, S. 1977. "Presidential Popularity and Negative Voting : An Alternative Explanation of the Midterm Congressional Decline of the President's Party." *American Political Science Review* 71 : 44–66.

Meirowitz, A., and J. A. Tucker. 2007. "Run Boris Run : Strategic Voting in Sequential Elections." *Journal of Politics* 69 : 88–99.

Morrow, J. D. 1994. *Game Theory for Political Scientists* Princeton, N.J. : Princeton University Press.

Negretto, G. L. 2006. "Choosing How to Choose Presidents : Parties, Military Rulers, and Presidential Elections in Latin America." *Journal of Politics* 68 : 421–433.

Niemi, R. G., and H. Weisberg. 1993. *Controversies in Voting Behavior* Washington, D. C. : Congressional Quarterly Inc.

Rose, M. 2001. "Losing Control : The Intraparty Consequences of Divided Government." *Presidential Studies Quarterly* 1 : 679–698.

Serafino, N. M. 2002. "Colombia : The Uribe Administration and Congressional Concerns." *CRS Report for Congress.*

Shevotsova, L. 2000. "The Problem of Executive Power in Russia." *Journal of Democracy* 11 : 32–39.

Shugart, M. S. 1995. "The Electoral Cycle and Institutional Sources of Divided Presidential Government." *American Political Science Review* 89 : 327–343.

Shugart, M. S., and J. M. Carey. 1992. *Presidents and Assemblies : Constitutional Design and Electoral Dynamics* New York : Cambridge University Press.

White, S. 2000. "Russia, Elections, Democracy." *Government and Opposition* 35 : 302–324.

White, S. Wyman. M., and S. Oates. 1997. "Parties and Voters in the 1995 Russian Duma Election." *Europe–Asia Studies* 49 : 767–798.

제2부 한국의 선거주기 개혁

Chapter 5

한국의 선거주기

I. 서론

주지하다시피 1987년 민주주의 이행 뒤 한국의 대통령선거는 5년 주기로, 국회의원선거는 1988년부터 4년 주기로 치러진다. 게다가 지방선거는 1998년부터 4년 주기로 고정되었다. 이에 따라 한국에서는 서로 다른 세 가지 수준의 선거가 서로 다른 시점에 매우 불규칙적으로 치러진다. 그 결과 한국에서는 다양한 정치적 문제를 심각하게 겪어왔고, 현재 이를 극복하기 위한 대안으로 선거의 동시화를 포함한 개헌이 논의되고 있다. 그러나 선거를 동시선거주기로 변화시켰을 때 개헌을 추진한 시점에 인기가 높은 정당이 다가올 동시선거에서 유리할 것으로 받아들이기 때문에 개헌은 지난 수년간 제자리를 맴돌았다. 한국과 같이 단임제 대통령제에서는 인기가 높은 정당이나 당선 가능성이 높은 대통령후보가 대통령선거는 물론 국회의원선거까지 석권할 것으로 보이기 때문이다.

이 장에서는 과연 한국에서도 이렇게 선거의 시점에 따라 선거결과가 좌우되는지 살펴본다. 다시 말해 1987년 이래 치러진 한국의 국회의원선거와 지방선거에서 선거의 시점에 따라 대통령 소속정당의 선거이득이 어떠한지 체계적으로 분석하는 것이다. 이를 위하여 여기에서는 먼저 선거주기와 선거이득의 관계에 대한 선행연구에 관하여 간단하게 검토한다. 그 다음으로 민주주의 시대 한국의 모든 선거에서 선거의 시기와 선거이득 사이의 관계를 구체적으로 하나씩 분석한다. 마지막으로 이 장은 연구결과를 요약하고 결론을 도출하며 정치(학)적인 함의를 제시한다.

본격적으로 논의를 전개하기 전에 이 장이 초점을 맞추고 있는 것은 다름 아닌 국회의원선거 결과의 의석점유율과 지방선거의 선거결과라는 점을 다시 한 번 강조한다. 한국에서는 국회의원선거와 지방선거가 끝난 뒤 당선자가 당적을 빈번하게 바꾸거나 정당끼리 인위적인 이합집산을 꾸준하게 추진했다. 이 장은 선거결과를 통해서 집권당의 선거이득을 관찰하는 것이기 때문에 각종 선거 뒤 탈당 등으로 바뀐 의석수는 연구대상이 아니다.

그 다음으로 이 장이 채택하는 분석방식은 "다른 조건이 비슷하다고 간주"(with other things being equal)하고 한국에서 선거의 시점과 대통령 소속정당의 선거이득 사이의 관계에서 일정한 경향이 발생하는지 규명한다는 사실을 유념해야 한다. 다른 국가의 선거에서와 마찬가지로 한국의 각종 선거결과는 개별적 선거환경에 적지 않게 영향을 입는다. 그리고 선거결과에 영향을 미치는 요인은 선거의 시점 외에 다양한 변수들이 복합적으로 작동한다. 그러나 이러한 개별선거의 특성을 일일이 살

피는 것은 이 연구의 범위를 벗어난다. 왜냐하면 이 장의 목적은 선거의 시점 외의 다른 변수들은 모두 고정되었다고 가정하고 선거의 시점과 대통령 소속정당의 선거이득 사이의 관계만을 분석하기 때문이다.

II. 선거주기와 대통령 소속정당의 선거이득

일반적으로 선거주기와 대통령 소속정당의 선거이득 사이의 관계는 대통령선거와 각종 선거의 시간적인 거리가 가까울수록 대통령 소속정당이 이득을 본다고 이론화되었다(Jones 1994 ; Kernell 1977 ; Meirowitz and Tucker 2007 ; Negretto 2006 ; Shugart 1995). 비슷한 논리의 연장선상에서 대통령선거로부터 멀리 떨어진 선거일수록 대통령 소속정당의 손해가 증가하는 경향이 있다. 다시 말하자면 대통령선거와 의회선거가 같이 열리는 동시선거(concurrent election)에서는 유권자가 당선될 가능성이 높은 인기 있는 대통령 후보와 같은 당 소속의 후보를 선택할 가능성이 크다. 그 결과 동시선거에서는 대통령 소속정당이 의회선거에서 선전하는 것이다. 그러나 시간이 지나면서 대통령의 인기가 하락하고 이에 따라 대통령 소속정당의 선거이득이 감소한다. 즉 대통령선거 뒤 1년 안에 실시되는 신혼선거(honeymoon election)에서 중간선거(midterm election)로, 그리고 다시 새로운 대통령 선거를 1년 안으로 남겨놓은 채 실시되는 황혼선거(counterhoneymoon election)로 갈수록 대통령 소속정당의 패배 가능성이 점차 커지는 것이다(Shugart and Carey 1992).

일반적으로 동시선거에서 보이는 의회선거 후보의 이점을 연미복 효과(coattail effect)라고 부른다. 연미복 효과(또는 후광 효과)는 인기 있는 대통령 후보의 덕택으로 같은 당의 다른 선출직 공무원 후보들이 줄줄이 당선되는 현상을 일컫는다(Beck 1997 ; Samuels 2000). 따라서 대통령의 후광으로 당선된 의원들은 공직 후보자로서의 자질을 상대적으로 덜 검증받을 가능성도 있다. 또한 자신의 능력보다 대통령 후보의 인기에 힘입어 당선된 의원들은 의정활동에서 대통령에게 종속되는 경향도 있다.

III. 한국 선거와 대통령 소속정당의 선거이득

1. 1987년 선거주기

1987년 12월 대통령선거로부터 5년 뒤인 1992년 12월 대통령선거 사이에는 이른바 신혼선거와 황혼선거가 각각 한 번씩 선보였다. 1987년 대통령선거에서 임기가 시작되고 1년 안에 실시된 1988년 4월의 국회의원선거는 대표적인 신혼선거이다. 이와 반대로 1992년 12월 새로운 대통령선거를 1년도 안 남긴 1992년 4월의 국회의원선거는 대표적인 황혼선거로 꼽힐 수 있다. 이미 지적했듯이 일반적으로 신혼선거에서는 대통령 소속정당의 압승이 예상되고 황혼선거는 그 반대가 기대된다.

다음의 〈표 1〉은 1987년 12월부터 2007년 12월 사이 20년 동안 열린 모든 대통령선거의 결과를 담고 있다. 이 표에 따르면 1987년 실시된 대통령선거에서 민주정의당의 노태우가 36.6%를 득표하여 대통령으로 당선되었다. 이와 반대로 통일민주당의 김영삼은 28.0%를 획득했고 평화민주당의 김대중은 27.1%를 얻어서 각각 2, 3등을 차지했다.

〈표-1〉 대통령선거 결과 : 1987-2007

	제1등	제2등	제3등
제13대 1987년 12월	노태우(민주정의당) (36.6%)	김영삼(통일민주당) (28.0%)	김대중(평화민주당) (27.1%)
제14대 1992년 12월	김영삼(민주자유당) (42.0%)	김대중(민주당) (33.8%)	정주영(통일국민당) (16.1%)
제15대 1997년 12월	김대중(새정치국민회의) (40.3%)	이회창(한나라당) (38.7%)	이인제(국민신당) (19.2%)
제16대 2002년 12월	노무현(새천년민주당) (48.9%)	이회창(한나라당) (46.6%)	권영길(민주노동당) (3.9%)
제17대 2007년 12월	이명박(한나라당) (48.7%)	정동영(대통합민주신당) (26.1%)	이회창(무소속) (15.0%)

출처 : www.nec.go.kr(검색일 : 2008년 7월 1일)

그러나 1987년 12월 대통령선거가 열린 뒤 4개월 만에 치러진 신혼선거 결과는 앞에서 확인했던 일반적인 예상과 차이가 조금 있다. 〈표 2〉는 1988년 4월 이래 2008년 4월까지 20년 동안 실시된 모든 국회의원선거의 결과를 요약하고 있다. 이 표에 따르면 1988년 국회의원선거에서 대통령이 소속된 민주정의당이 125석(41.8%)을 차지하여 제1당의 지위는 확보했지만 역사상 처음으로 대통령 소속정당이 의회의 소수파로 전락했다.[1)] 한 마디로 대통령의 인기가 가장 높은 임기 초 신혼선거

1. 1987년 민주주의 이행 뒤 과거와 달리 매우 자유로운 선거환경에서 치러진 1988년 국회의원선거는 과거와 다른 선거결과를 경험할 수 있었을 것이다. 과거 국회의원선거에서 집권당이 과반수를 확보하지 못하는 경우가 없었는데 1988년 국회의원선거에서는 처음으로 과반수 밑의 의석을 차지했던 것이다.

〈표-2〉 국회의원선거 결과(의석수와 의석점유율) : 1988-2008

	제1당	제2당	제3당
제13대 1988년 4월	민주정의당 125석(41.8%)	평화민주당 70석(23.4%)	통일민주당 59석(19.7%)
제14대 1992년 4월	민주자유당 149석(49.8%)	민주당 97석(32.4%)	통일국민당 31석(10.4%)
제15대 1996년 4월	신한국당 139석(46.5%)	새정치국민회의 79석(26.4%)	자유민주연합 50석(16.7%)
제16대 2000년 4월	한나라당 133석(48.7%)	새정치국민회의 115석(42.1%)	자유민주연합 17석(6.2%)
제17대 2004년 4월	열린우리당 152석(50.8%)	한나라당 121석(40.5%)	민주노동당 10석(3.3%)
제18대 2008년 4월	한나라당 153석(51.2%)	통합민주당 81석(27.1%)	자유선진당 18석(6.0%)

출처 : www.assembly.go.kr/index.jsp(검색일 : 2008년 7월 1일)

에서 대통령 소속정당이 압도적으로 승리하는 선거의 이점이 확인되지 않는 여소야대 현상이 탄생한 것이다.[2] 이와 반대로 김대중의 평화민주당이 70석(23.4%)을 차지하고 김영삼의 통일민주당이 59석(19.7%)을 장악했다.

2. 미국식 양당제에서 발전한 분점정부라는 개념은 의회의 과반수 의석과 관련이 있다. 대통령 소속정당이 의회의 과반수를 차지하지 못하고 반대당이 차지하는 상황을 분점정부라고 규정한다. 따라서 양당제와 조금 거리가 있는 한국에서는 한 정당이 과반수 의석을 차지하기 어렵기 때문에 분점정부보다는 여소야대라는 용어가 더 적절해 보인다.

그 다음으로 1987년 선거주기에 등장하는 황혼선거에서도 대통령 소속정당과 선거이득 사이의 일반적인 관계가 확인되지 않는다. 황혼선거에서는 대통령 소속정당이 고전하는 것이 일반적인 현상이다. 그러나 〈표 2〉에서 확인되듯이 1992년 4월의 황혼선거는 이러한 일반적인 패턴과 정반대되는 선거결과를 보여준다. 즉 1992년 국회의원선거에서는 대통령이 소속되었던 민주자유당이 149석(49.8%)을 차지하면서 거의 과반수 의석을 확보했다.[3] 이와 반대로 민주당은 97석(32.4%), 통일국민당은 31석(10.4%)을 각각 획득했을 뿐이다. 1992년 국회의원선거에서 획득한 49.8%라는 의석점유율은 1987년 민주주의 이행 뒤에 세 번째로 좋은 선거결과이다.

2. 1992년 선거주기

1992년 대통령선거를 앞두고 1990년부터 노태우, 김영삼, 김종필이 이른바 3당 합당을 추진했다. 1992년 대통령선거에서 승리하기 위한 선거연합의 일종으로 민주자유당이 창당된 것이다. 민주자유당은 1992년 4월의 국회의원선거에서 이미 그 효력을 발휘하여 과반수(49.8%)에 가까운 의석을 차지한 바 있다. 앞의 〈표 1〉과 같이 1992년 대통령선거

3. 1992년 국회의원선거를 전후 맥락에서 평가해 본다면 집권당의 패배로 볼 수도 있다. 1990년 이른바 3당 합당으로 민주자유당이 국회 총 의석의 2/3 정도를 장악할 수 있었다. 하지만 2년 뒤 국회의원선거에서 민주자유당이 국회 총 의석의 1/2선으로 줄어들었기 때문이다.

〈표-3〉 지방선거 결과 : 1995-2010

지방선거	제1당	제2당	제3당
1995년 6월	민주당 5(33.3%) 352(40.2) 84(36.5)	민주자유당 4(26.7%) 287(32.8) 71(30.9)	자유민주연합 4(26.7%) 86(9.8) 23(10.0)
1998년 6월	새정치국민회의 6(37.5) 271(43.9) 84(36.2)	한나라당 6(37.5) 224(36.3) 74(31.8)	자유민주연합 4(25.0) 82(13.3) 29(12.5)
2002년 6월	한나라당 11(68.8) 393(64.5) 140(60.3)	민주당 4(25.0) 117(19.2) 44(19.0)	자유민주연합 1(6.3) 28(4.6) 16(6.9)
2006년 5월	한나라당 11(68.8) 557(76.0) 155(67.4)	민주당 2(12.5) 80(10.9) 20(8.7)	열린우리당 1(6.3) 52(7.1) 19(8.3)
2010년 6월	민주당 7(43.8) 360(47.3) 92(40.4)	한나라당 6(37.5) 288(37.8) 82(8.7)	자유선진당 1(6.3) 41(5.4) 13(8.3)

출처 : www.chosun.com(검색일 : 2010년 6월 6일)

주 : 각 선거에 대한 자료는 www.chosun.com에서 pdf로 지난 기사를 검색한 것이다. 그리고 각 칸의 첫째 줄은 광역단체장, 둘째 줄은 광역의회, 셋째 줄은 기초단체장 선거결과를 각각 나타낸 것이다.

에서도 민주자유당의 김영삼이 42.0%를 획득하여 33.8%를 얻은 평화민주당의 김대중에 대항하여 승리했다. 이 선거에서 통일국민당의 정주영은 16.1%를 얻어 3위를 차지했다.

국회의원선거가 두 번씩이나 열렸던 1987년 선거주기와 달리 1992년 주기에는 대통령 임기 후반부에 이르러서나 겨우 국회의원선거가 한 차례 개최되었다. 1992년 12월에 실시된 대통령선거로부터 임기 중간을 훨씬 지난 1996년 4월에나 국회의원선거가 열렸던 것이다. 따라서 1996년 4월의 국회의원선거는 신혼선거나 황혼선거도 아니고 그렇다고 중간선거라고 보기도 어렵다.

이미 지적했듯이 대통령선거로부터 의회선거가 멀리 떨어질수록 대통령 소속정당이 패배하는 경향이 있다. 그러나 1996년의 국회의원선거는 이러한 일반적인 패턴에서 조금 벗어나 있다. 다시 말하자면 앞의 〈표 2〉에서 확인되듯이 김영삼 대통령의 임기를 약 1년 8개월 정도 남기고 치러졌음에도 불구하고 1996년 국회의원선거에서는 대통령 소속정당인 신한국당이 139석(46.5%)을 차지하면서 의회에서 제1정당이 되었기 때문이다. 그러나 대통령 소속정당이 과반수를 넘지 못했다는 점에서 임기 후반부 선거라는 시점의 영향을 확인할 수 있다고 하겠다. 신한국당은 1990년의 3당 합당으로 탄생했던 민주자유당에서 김종필이 탈퇴함으로써 만들어진 새로운 정당이다. 신한국당의 선전은 국회에서 79석(26.4%)을 획득한 김대중의 새정치국민회의에 비하여 거의 두 배 정도 큰 셈이다.

다른 한편 1992년 선거주기에는 처음으로 전국동시 지방선거가 선보였다. 이 지방선거는 1995년 6월에 치러짐으로써 시점상 1992년 선거주의의 정 가운데 부근에 실시되었다. 따라서 1995년 지방선거를 어렵게나마 중간선거로 분류할 수 있는데, 일반적으로 이러한 선거에서는 집권당이 패배하는 경향이 있다. 〈표 3〉에 정리되어 있는 1995년부터 2010년 사이의 지방선거 결과를 살펴보면 1995년 지방선거에서는 대통령 소속정당인 민주자유당이 김대중의 민주당에 패배했다. 민주당이 전체 지방선거에서 광역단체장의 33.3%, 광역의회의 40.2%, 기초단체장의 36.5%를 확보하여 민주자유당[광역단체장(26.7%), 광역의회(32.8%), 기초단체장(30.9%)]보다 앞선 것이다. 하지만 이러한 선거에서 민주당이 과반수를 확보하지 못했다는 사실도 지적할 수 있다.

3. 1997년 선거주기

1992년 선거주기와 마찬가지로 1997년 주기에는 국회의원선거가 한 차례만 벌어졌다. 앞의 〈표 1〉에서 알 수 있듯이 새정치국민회의의 김대중은 신한국당의 이회창을 1.6% 포인트 차이로 아슬아슬하게 제치고 대통령에 당선되었다. 김대중은 40.3%를 획득했으나 이회창은 38.7%에 그치고 만 것이다. 이 선거에서 국민신당의 이인제는 19.2%를 얻어 3위를 차지했다.

1997년 대통령선거에서 새정치국민회의의 김대중이 대통령으로 당선된 다음에 치러진 국회의원선거는 대통령 임기의 거의 중간에 치러졌다. 다시 말하자면 2000년 4월의 국회의원선거는 대통령 임기 정 가운데인 2000년 6월과 매우 가까운 시점이다. 이러한 대통령선거와 국회의원선거의 시점으로 비교해 볼 때 동시선거나 신혼선거보다는 대통령 소속정당의 성적이 나빠질 수 있지만 중간선거나 황혼선거보다는 좋을 것으로 예상할 수 있다.

앞의 〈표 2〉에 따르면 2000년 국회의원 선거결과 여당인 새정치국민회의가 115석(42.1%)을 확보하여 2위를 차지했고 야당인 한나라당이 133석(48.7%)으로 1위를 차지했다. 미국에서와 같이 중간선거에서 분점정부가 탄생할 가능성이 크다는 사실을 염두에 두면 중간선거와 가장 가까운 시점에 치러진 2000년 선거는 그와 비슷한 결과를 낳은 것이다. 이로써 한국의 2000년 국회의원선거는 1987년 이래의 의회선거에서 대통령 소속정당이 항상 제1당의 지위를 확보해 왔던 흐름에서 유독 벗어난 결과를 보여준다.

다른 한편 1997년 선거주기에는 지방선거가 두 차례나 치러졌다. 10년 전의 선거주기와 마찬가지로 대통령 임기 동안 각종 선거가 도합 세 번씩 있었던 셈이다. 1997년 12월 대통령선거가 있은 뒤 지방선거는 1998년 6월과 2002년 6월에 치러졌기 때문에 전자는 신혼선거에 해당하고 후자는 황혼선거로 분류된다. 특히 1998년 6월의 지방선거는 김대중 대통령의 취임 100일 만에 치러진 대표적인 신혼선거이다.

이러한 1998년 6월 지방선거에서 대통령 소속정당인 새정치국민회의가 16명 광역시도단체장 가운데 6명(37.5%), 616명의 광역의원 가운데 271명(43.9%), 시장 · 군수 · 구청장 등 기초단체장 232명 가운데 84명(36.2%)이 당선되었다. 이와 대조적으로 한나라당은 16명 광역시도단체장 가운데 6명(37.5%), 616명의 광역의원 가운데 224명(36.3%), 시장 · 군수 · 구청장 등 기초단체장 232명 가운데 74명(31.8%)이 당선되었을 뿐이다. 그러나 일반적인 기대와 달리 대통령 소속정당이 취임 100일 만에 치러진 신혼선거에서 압도적인 승리를 확보하지는 못했다.

하지만 2002년 6월의 지방선거에서는 황혼선거의 효과가 확연하게 드러났다. 2002년 12월 대통령선거를 불과 6개월 남겨놓은 이 지방선거에서는 야당인 한나라당이 압승했기 때문이다. 한나라당은 16개 광역시도단체장 가운데 11명(68.8%), 616명의 광역의원 가운데 393명(64.5%), 시장 · 군수 · 구청장 등 기초단체장 232명 가운데 140명(60.3%)이 당선됨으로써 16개 광역시도단체장 가운데 4명(25.0%), 616명의 광역의원 가운데 117명(19.2%), 시장 · 군수 · 구청장 등 기초단체장 232명 가운데 44명(19.0%)이 당선된 대통령 소속정당(민주당)을 압도적으로 이겼다.

4. 2002년 선거주기

2002년 대통령선거가 있은 뒤 국회의원선거가 2004년에나 치러졌기 때문에 2002년 선거주기에서도 역시 국회의원선거가 한 차례 있었다. 앞의 〈표 1〉에서 확인되듯이 2002년 대통령선거에서는 새천년민주당의 노무현(48.9%)이 한나라당의 이회창(46.6%)을 2.3% 포인트 차이로 제치고 대통령으로 당선되었다. 이 선거에서 민주노동당의 권영길이 3.9%를 획득하여 3위를 차지했다.

2002년 선거주기에서 국회의원선거는 2004년 4월에 개최되었기 때문에 신혼선거라고 하기에는 대통령선거와 너무 멀리 떨어졌고 중간선거라고 하기에는 대통령선거와 너무 가깝다. 이러한 의회선거에서는 집권당의 상대적인 선전이 예상된다. 실제 선거결과는 앞의 〈표 2〉에서 확인되듯이 열린우리당이 152석(50.8%), 한나라당이 121석(40.5%)을 각각 확보했다. 열린우리당은 새천년민주당의 후신으로서 노무현 대통령이 소속된 정당이기 때문에 2004년 선거결과는 대통령 소속정당과 선거이득 사이의 일반적인 이론에 부합하는 것으로 보인다. 물론 여기에서도 다른 모든 요소를 고정시켜 놓고 선거주기와 선거이득 사이의 관계만을 고려했다는 사실을 다시 한 번 지적한다.[4)]

다른 한편 2002년 선거주기에는 2006년 5월에 지방선거가 벌어졌

4. 2004년 국회의원 선거결과는 선거 직전에 노무현 전 대통령에 대한 탄핵추진에 대한 반대여론이 형성된 것이 열린우리당의 압승에 크게 영향을 미쳤다.

다. 이 지방선거는 2007년 12월 대통령선거를 앞두고 1년 반 이상 떨어진 선거이기 때문에 황혼선거라고 하기에는 너무 멀고 중간선거라고 하기에도 적합하지 않은 선거이다. 〈표 3〉에 따르면 이 지방선거에서 야당인 한나라당은 16명 광역시도단체장 가운데 11명(68.8%), 655명의 광역의원 가운데 557명(76.0%), 시장 · 군수 · 구청장 등 기초단체장 230명 가운데 155명(67.4%)이 당선됨으로써 대통령 소속정당인 민주당을 크게 압도했다. 이 선거에서 대통령 소속정당인 열린우리당은 16명 광역시도단체장 가운데 1명(6.3%), 655명의 광역의원 가운데 52명(7.1%), 시장 · 군수 · 구청장 등 기초단체장 230명 가운데 19명(8.37%)이 당선되어 3위를 차지했을 뿐이다. 따라서 선거주기와 대통령 소속정당의 선거이득 사이의 일반적인 예상에 부합하는 결과를 확인할 수 있다.

5. 2007년 선거주기

2007년 12월의 대통령선거는 앞으로 선거주기의 개혁이 없다면 과거 20년 동안의 선거주기가 다시 그대로 반복될 새로운 시작을 알리는 선거이다. 2007년 선거주기는 1987년 선거주기의 반복이고 2008년 4월의 국회의원선거와 2010년 6월의 지방선거까지만 연구의 대상이 된다. 〈표 1〉에 따르면 2007년 12월의 대통령선거에서는 한나라당의 이명박이 48.7%를 획득하여 26.1%를 확보한 대통합민주신당의 정동영을 이겼다. 이 선거에서 무소속의 이회창은 15.0%를 얻어 3위를 차지했다.

2007년 대통령선거가 끝난 뒤 4개월 만에 실시된 2008년 4월의 국회의원선거는 대표적인 신혼선거에 해당한다. 이 선거에서 대통령 소속정당인 한나라당은 국회의석 총수 299석 가운데 153석(51.2%)을 확보했다(〈표 2〉 참조). 2008년 국회의원선거에서 나타난 대통령 소속정당의 의석점유율은 1987년 민주주의 이행 이래 가장 높은 기록이다. 이와 반대로 통합민주당은 81석(27.1%), 자유선진당은 18석(6.0%)을 각각 확보했다. 이러한 선거결과는 신혼선거의 효과가 그대로 반영된 것으로 보인다.

2010년 6월의 지방선거는 2007년 대통령선거부터 2012년 대통령선거 사이 거의 중간쯤에 실시된 선거이다. 이러한 선거에서는 대체로 대통령 소속정당의 패배로 귀결될 가능성이 크다. 〈표 3〉에 따르면 과연 이 중간선거에서 대통령 소속정당인 한나라당이 패배한 것으로 나타난다. 특히 이 선거를 바로 앞둔 3월 26일 천안함 사건이 발생하여 유권자에게 이른바 대통령 주위의 결집 효과(rally round the flag effect)가 커졌음에도 불구하고 선거결과는 야당의 승리였다. 민주당은 16개 광역시도단체장 가운데 7자리를 확보했고 한나라당은 6자리를 획득했다. 민주당은 광역의회의원의 47.3%를 확보한 반면 한나라당은 37.8%만 얻었다. 민주당은 기초자치단체장 가운데 40.4%를 획득했지만 한나라당은 8.7%만 확보했을 뿐이었다.

IV. 결론

이 장은 1987년 한국에서 민주주의 이행 뒤 선거의 시점에 따라 대통령 소속정당이 국회의원선거 수준과 지방선거 수준에서 집권당으로서 이점을 누리는지 규명하고자 했다. 일반적으로 동시선거와 같이 대통령선거와 의회선거가 한날 한시에 열리는 경우에는 대통령 소속정당이 의회선거에서 승리할 가능성이 크다. 그러나 대통령선거에서 멀리 떨어진 선거일수록 대통령 소속정당이 패배하는 경향이 있다. 물론 선거결과에 영향을 주는 요인은 일반적으로 선거의 시점이라는 변수 외에 정당소속감, 선거 이슈, 후보의 자질 등 다양한 변수가 있고, 이러한 변수들이 복합적으로 작용한다. 그리고 한국에서는 지역주의, 세대, 이념이라는 변수가 중첩적으로 선거결과에 영향을 주는 것으로 알려졌다. 하지만 여기에서 관심을 갖는 사항은 다른 변수들이 고정되어 있다고 가정하고 선거의 시점과 대통령 소속정당의 선거이득이라는 변수 사이의 관계를 추적하는 것이다.

그 결과 국회의원선거 수준에서는 선거주기와 대통령 소속정당의 선거이득 사이에 큰 상관관계가 발견되지 않는다는 사실을 확인했다. 1988년 국회의원선거부터 2008년 국회의원선거까지 모두 여섯 번 가운데 일반적인 이론에 부합하는 사례가 세 번, 그렇지 않은 사례가 나머지 세 번 나타났기 때문이다. 먼저 예외적인 사례는 우연의 일치인지 모르지만 모두 민주주의 이행 뒤 초기에 발생했다. 1988년 국회의원선거에서는 신혼선거임에도 불구하고 여소야대가 출현했다. 1992년 국회의원선거는 황혼선거임에도 불구하고 대통령 소속정당이 과반수에 가까운 149석(49.8%)을 확보했다. 1996년의 국회의원선거도 임기 후반부에 실시된 선거인데도 불구하고 대통령 소속정당이 139석(46.5%)씩이나 획득하여 의회 안에서 제1정당이 되었다.

다음으로 일반적인 경향에 부합하는 사례는 특이하게도 모두 2000년대에 나타났다. 2000년의 국회의원선거는 중간선거에 가까운데 야당이 과반수에 가까운 133석(48.7%)을 획득했다. 임기 전반부에 치러진 2004년의 국회의원선거에서는 대통령 소속정당이 국회 총 의석 299개 가운데 152석(50.8%)을 차지했다. 다시 신혼선거의 대표적 사례인 2008년 국회의원선거에서는 대통령 소속정당이 153석(51.2%)씩이나 확보했다.

또한 지방선거의 수준에서도 선거의 시점과 대통령 소속정당의 선거이득 사이에 아직 뚜렷한 상관관계가 보이지 않는다. 1995년부터 2010년까지 다섯 번의 지방선거 가운데 일반적인 경향에 부합하는 사례가 세 번, 그렇지 않은 사례가 두 번이었기 때문이다. 중간선거로 분류되는 1995년 지방선거에서는 야당인 민주당이 과반수를 확보하지 못했다. 그리고 대통령 취임 100일 만에 치러진 1998년의 지방선거에서는 신혼선거답지 않게 대통령 소속정당이 압승을 거두지 못했다.[5] 황혼선거인

5. 그러나 신혼선거에서 거둔 대통령 소속정당의 선거결과를 좀더 완화해서 해석한다면 한국의 선거에서 선거의 시점과 대통령 소속정당 사이의 상관관계는 비교적 뚜렷해진다. 신혼선거의 대표적인 사례 가운데 하나인 1988년 국회의원선거에서는 대통령 소속정당이 압승을 거두지 못하고 여소야대로 끝났다. 그리고 신혼선거의 또 다른 대표적 사례인 1998년의 지방선거에서도 대통령 소속정당이 압승을 기록하지 못했다. 그러나 따지고 보면 1988년 국회의원 선거에서 대통령 소속정당인 민주정의당이 41.8%의 의석을 확보하여 대통령인 노태우의 36.6%라는 득표율보다 훨씬 높았다. 1998년 6월 지방선거에서도 대통령 소속정당(새정치국민회의)이 1997년 12월 새정치국민회의의 김대중이 획득한 40.3%라는 득표율과 엇비슷한 비율로 자리를 차지한 바 있다.
따라서 신혼선거의 효과가 대통령 소속정당이 과반수를 얻어 단점정부는 형성하지 못하지만 1위의 자리를 확보하는 것으로 충분하다면, 그리고 대통령의 득표율과 비슷하거나 혹은 그보다 더 많은 비율로 국회의원선거와 지방선거에서 대통령 소속정당이 승리하는 것으로 충분하다면 한국에서 선거의 시점과 여당의 선거이득 사이의 관계는 더욱 확연해진다. 이렇게 신혼선거에서 집권당의 선거결과를 좀더 유연하게 적용한다면 국회의원선거에서는 예외적인 사례가 두 번

2002년 지방선거에서는 여당인 민주당 대신 야당인 한나라당이 과반수를 휩쓸었다. 대통령 임기 후반부에 실시된 2006년 지방선거에서도 대통령 소속정당은 2위도 아닌 3위로 처졌다. 2010년에는 중간선거와 비슷하게 야당이 압승했다.

으로 줄고 이와 반대로 일반적인 사례는 네 번으로 늘어난다. 나아가 지방선거에서는 다섯 차례의 사례가 모두 일반적인 이론에 부합하는 선거가 된다.

참고문헌

김용호. 2005. "한국의 대통령제 헌정질서의 불안정성 요인 분석 : 분점정부와 대통령-국회간의 대립."『국제정치연구』1-28.

Beck, Paul Allen. 1997. *Party Politics in America* New York : Longman.

Campbell, James E. 1991. "The Presidential Surge and Its Midterm Decline in Congressional Elections, 1868-1988." *Journal of Politics* 53 : 477-487.

Easter, Gerald M. 1997. "Preference For Presidentialism : Postcommunist Regime Change in Russia and the NIS." *World Politics* 49 : 184-211.

Euchner, Charles C., and John Anthony Maltese. 1997. *Selecting the President : from 1789 to 1996* Washington, D.C. : Congressional Quarterly.

Huntington, Samuel P. 1991. *The Third Wave : Democratization in the Late Twentieth Century* Norman : University of Oklahoma Press.

Jones, Mark. 1994. "Presidential Election Laws and Multipartism in Latin America." *Political Research Quarterly* 47 : 41-57.

Kernell, Samuel. 1977. "Presidential Popularity and Negative Voting : An Alternative Explanation of the Midterm Congressional Decline of the President's Party." *American Political Science Review* 71 : 44-66.

Kim, Hee Min. 1997. "Rational Choice Theory and Third World Politics : The 1990 Party Merger in Korea." *Comparative Politics* 30 : 83-100.

Lijphart, Arend, and Carlos H. Waisman. eds. 1996. *Institutional Design in New Democracies : Eastern Europe and Latin America* Boulder, CO : Westview Press.

Meirowitz, Adam, and Joshua A. Tucker. 2007. "Run Boris Run : Strategic Voting in Sequential Elections." *Journal of Politics* 69 : 88-99.

Negretto, Gabriel L. 2006. "Choosing How to Choose Presidents : Parties, Military Rulers, and Presidential Elections in Latin America." *Journal of Politics* 68 : 421-433.

Reynolds, Andrew. 2002. *The Architecture of Democracy : Constitutional Design, Conflict Management, and Democracy* Oxford : Oxford University Press.

Samuels, David. 2000. "Concurrent Elections, Discordant Results : Presidentialism, Federalism, and Governance in Brazil." *Comparative Politics* 33 : 1–20.

Shugart, Matthew Soberg. 1995. "The Electoral Cycle and Institutional Sources of Divided Presidential Government." *American Political Science Review* 89 : 327–343.

Shugart, Matthew S., and John M. Carey. 1992. *Presidents and Assemblies : Constitutional Design and Electoral Dynamics* New York : Cambridge University Press.

Taagepera, Rein, and Matthew S. Shugart. 1989. *Seats and Votes* New Haven : Yale University Press.

Chapter 6

한국의 동시선거 실험 :
2010년 지방선거를 중심으로[1]

I. 서론

이 장은 한국에서 2010년 지방선거에서 동시선거를 실험하는 것을 계기로 동시선거가 가져올 수 있는 선거결과를 여러 측면에서 예측하는 것을 목적으로 삼는다. 주지하다시피 한국에서 지방자치제는 1945년 독립과 1948년 정부수립 이후 매우 일찍부터 싹트기 시작했다. 1949년 7월 「지방자치법」이 공표되고 이에 의거하여 1952년 4월 첫 지방선거가 치러짐에 따라 한국전쟁의 와중임에도 불구하고 지방자치가 막을

1. 이 장의 초고는 2009년 정당학회 춘계학술회의에서 발표된 바 있다. 따라서 이 장이 2010년 지방선거가 치러지기 1년 전의 시점에서 쓰여진 사실을 감안해야 한다.

올리는 듯했다. 그러나 1952년부터 1960년까지 4년마다 주기적으로 실시된 지방선거는 1961년 5·16 군사 쿠데타로 인하여 중단되었고, 이와 더불어 지방자치도 장기간 역사의 뒤편으로 밀려났다.

그러나 1987년 민주화를 거치면서 지방자치가 부활했고, 마침내 1991년부터 구·시·군의회의원선거와 시·도의회의원선거가 다시 실시되었다. 1995년부터 지방선거는 광역의회의원 및 기초의회의원은 물론 광역단체장과 기초단체장을 주민이 동시에 직접 선출하는 방식으로까지 발전하였다. 또한 2006년 지방선거에서는 '1인 6표제'를 처음 실시하여 유권자마다 광역단체장과 기초단체장은 물론 광역의회의원과 기초의회의원 및 각급 비례대표의원을 직접 선출하게 되었다.

다른 한편 2006년 「지방교육자치에 관한 법률」이 제정된 이후 주민의 지방정치 참여의 폭은 더욱 확대되는 추세이다. 2007년 이후 2010년까지를 임기로 지역 주민이 현재까지 전국의 16개 광역시도 교육감 가운데 12명을 새로이 선출했기 때문이다. 그 결과 2010년 6월에 실시될 지방선거에서는 유권자 한 명당 6명의 지방대표를 선출하는 것은 물론 교육감을 포함하여 새로이 교육의원까지 동시에 직접 선출할 예정이다. 이로써 1987년 민주화 이후 발전하기 시작한 지방자치와 지방분권은 최근 교육자치의 영역으로까지 크게 확대될 것이 분명하다. 이에 따라 2010년 지방선거에서는 현행 '1인 6표'에서 '1인 8표'로 유권자의 선택이 크게 늘어난다.

그러므로 이 장은 2010년 지방선거를 1년 여 앞두고 1인 8표제가 처음 실시됨으로써 나타나게 될 다양한 효과에 대하여 예측하고 평가해 본다. 2010년에 1인 8표제가 실시되면 과거 별도로 치러진 지방선거와 교육감선거가 동시에 거행되고 새로이 교육의원까지 주민이 직접 뽑는 것이 된다. 이렇게 2010년에 동시선거가 처음 실시될 것을 앞두고 중앙선거관리위원회나 학계 및 언론계에서 주목하는 효과는 다른 무엇보다도 다음의 세 가지로 추려진다. 첫째, 과거 지방선거 또는 교육감선거를 따로 실시할 때보다 선거비용이 적게 들 것이다. 둘째, 과거 지방선거 또는 교육감선거를 따로 실시할 때보다 투표율이 조금이나마 더 상승할 것이다. 셋째, 1인의 유권자가 8표에 대하여 분리투표(split voting)보다 일괄투표(straight voting)를 실시할 가능성이 더 높을 것이다.

이 장이 다른 무엇보다 앞의 세 가지 효과에 주목하는 이유는 다음과 같다. 우선 중앙선거관리위원회나 언론 및 시민단체에서 2007년 이후 현재까지 전국의 16개 광역시도 교육감 가운데 12명을 선출하면서 매우 낮은 투표율을 기록했음에도 불구하고 막대한 선거비용이 지출된 데 대하여 큰 문제를 제기해 왔기 때문이다. 특히 이러한 비효율적인 선거가 끝난 뒤 서울시 교육감과 같은 경우에는 선거법 위반으로 최근 선거 자체가 무효화되기도 했다. 이에 따라 교육감선거 무용론이 제기되었다.

그리고 일반적으로 투표행태(voting behavior)에 대한 연구는 크게 두 방향으로 진행된다. 하나는 유권자의 투표 여부로서 유권자가 투표에 참여하느냐 마느냐라는 주제이고, 다른 하나는 유권자의 후보선택으로서 유권자가 어떠한 후보를 선택하느냐라는 주제이다. 따라서 2010년에 1인 8표제라는 새로운 제도가 도입됨에 따라 유권자의 투표참여 행태가 어떻게 변화를 겪을지, 그리고 유권자의 후보선택에 있어서 어떠한 변화가 이루어질지 살펴보는 것은 매우 기초적이고 중요한 연구주제가 아닐 수 없다. 특히 2010년에 동시선거를 실시하면 2006년 지방선거의 기초의회선거와 비슷하게 즉자적인 일괄투표 또는 '묻지마 투표'가 교육감이나 교육의원을 대상으로 횡행할 것이라는 우려가 제기된 상태이다.

이 장에서는 이렇게 2010년 지방선거와 교육감(의원) 선거를 동시에 실시할 것을 앞두고 관심을 모으는 여러 가지 효과에 대하여 평가하기 위하여 먼저 동시선거를 비롯한 각종 선거주기와 그 정치적 효과에 대하여 이론적으로 고찰해 본다. 동시선거라는 선거의 기계적인 시점에 따라 선거결과가 적지 않게 영향을 받기 때문이다. 그 다음으로 여기에서는 동시선거의 긍정적인 효과와 부정적인 효과를 균형 있게 이론적으로 비교해 본다. 2007년 이른바 원 포인트 개헌론이 제기된 이래 동시선거에 대한 다양한 효과에 대한 논쟁이 깊이 있게 진행되었기 때문이다. 나아가 여기에서는 이러한 이론적 분석틀을 바탕으로 앞에서 열거한 세 가지 효과를 하나씩 평가해 본다. 그리고 이 장은 연구결과를 요약하면서 결론을 맺는다. 마지막으로 이 장의 끝에는 보론으로서 2010년 지방선거의 실제 결과를 정리하여 1년 여 전의 예측에 대한 평가를 내릴 것이다.

II. 선행연구와 이론적 분석틀

1. 선거주기의 정치적 효과

대통령제를 채택하는 국가는 대통령선거와 의회선거가 열리는 시점에 따라 크게 두 가지 선거유형으로 구분된다. 그리고 다른 조건이 같다면 그 선거의 시점에 따라 의회선거의 결과가 영향을 받는 경향이 있다고 알려졌다(Shugart and Carey 1992). 첫째 유형은 동시선거(concurrent election)로서 대통령선거와 의회선거를 한날 한시에 치르는 것이다. 일반적으로 동시선거에서는 언론에 많이 노출되고 당선이 유력한 대통령 후보의 인기에 힘입어 그가 속한 정당이 의회선거에서 승리하는 경향이 있다. 이와 반대로 둘째 유형은 비동시선거(nonconcurrent election)로서 대통령선거와 의회선거가 서로 다른 날에 거행되는 것이다. 여기에서는 의회선거가 언제 열리느냐에 따라 대통령 소속정당이 거두는 의회선거의 성적이 달라질 수 있다.

다시 말해 비동시선거는 다시 세 가지로 나뉘는데, 먼저 신혼선거(honeymoon election)에서는 새로 취임한 대통령 소속정당의 의회선거 승리 가능성이 높다. 신혼선거란 대통령의 임기 전반부, 특히 1년 안에 열리는 의회선거를 가리킨다. 이 시기에는 아직 대통령의 인기도 높고 유권자는 대통령이 정치를 좀더 쉽게 할 수 있도록 우호적 환경을 조성해 주는 경향이 있다. 다시 말해 대통령과 유권자 사이에 밀월기(honeymoon period)가 형성되는 것이다.

그 다음의 비동시선거는 중간선거(midterm election)로서 대통령의 중간평가에 의한 집권정당의 패배 가능성이 커진다. 중간선거는 대통령 임기의 정 가운데 의회선거를 실시하는 것이다. 이러한 중간선거의 대표적인 사례는 흔히 미국에서 발견된다.

마지막 형태의 비동시선거는 황혼선거(counterhoneymoon election)로서 임기 말 대통령 소속정당의 의회선거 패배 가능성이 높다. 황혼선거는 신혼선거와 정반대로 대통령의 임기 후반부, 특히 임기를 1년도 안 남긴 상태에 열리는 의회선거를 일컫는다. 임기 말에는 대통령의 인기가 떨어지고 이에 따라 유권자는 야당에게 표를 주는 경향이 있다. 이를 종합하여 의회선거의 시점에 따른 정치적 효과를 요약해 보면 동시선거에서는 대통령 소속정당의 의석점유율이 높아지고, 이와 반대로 대통령선거에서 의회선거가 멀리 떨어질수록 대통령 소속정당의 의석점유율이 점차 낮아진다고 할 수 있다(Jones 1994).

이러한 경향은 비단 의회선거가 아니라 지방선거에도 적용할 수 있다. 미국에서는 대통령선거가 열리는 해에 의회선거는 물론 지방선거를 동시에 치르기도 하고 중간선거가 열리는 해에 지방선거를 함께 거행하기도 한다. 따라서 주지사선거나 주의회선거 등도 대통령선거로부터 경과한 시점에 따라 영향을 받는다. 이것은 대통령의 임기가 지나갈수록 유권자들이 대통령에 대하여 가지는 기대와 환상을 버리게 되고 그 결과 야당으로 유권자의 지지를 선회시키기 때문이다(Campbell 1991 ; Shugart 1995).

이상의 선행연구에 따르면 한국에서 2010년에 지방선거와 교육감 및 교육의원선거를 동시에 치르게 되면 대통령선거로부터 2010년 동시선거가 시간적으로 얼마나 떨어져 있냐에 따라 선거결과가 영향을 입을 수 있다는 사실을 알게 된다. 그런데 2010년 동시선거는 대통령선거가 2007년 12월에 열린 뒤 5년 대통령 임기 가운데 거의 중간에 열린다. 따라서 다른 조건이 같다고 가정하고 선거의 기계적인 시점과 선거결과 사이의 관계를 고려할 때 2010년 동시선거에서는 집권당의 패배 가능성이 있다고 하겠다.

2. 동시선거의 정치적 효과[2)]

여기에서는 여러 가지 선거주기 가운데 2010년 6월에 열릴 선거인 동시선거의 정치적 효과에 관심을 두고 있다. 이미 서론에서 거론했듯이 동시선거의 여러 가지 효과 가운데 현실적으로나 학술적으로 주목을 끄는 것은 2007년 원 포인트 개헌론이 제기되면서 걸러진 몇 가지에 집중된다. 그리고 2007년 원 포인트 개헌론이 등장한 뒤 헌법학계나 정치학계에서는 그간 대통령선거와 국회의원선거를 동시화하면서 나타날 정치적 효과에 대하여 활발하게 검토하고 비교 · 평가해 왔다. 이에 따라 이 장은 그간 활발한 논의에 영향을 받아 동시선거의 다양한 효과에 대하여 긍정적인 측면과 부정적인 측면으로 나누어 입체적으로 살펴본다.

먼저 동시선거의 긍정적인 효과는 첫째, 선거의 횟수를 상대적으로 적게 만들어 선거비용을 그만큼 줄인다는 점이다. 가령 예를 들어 중앙선거관리위원회의 조사에 따르면 한국에서 대통령선거와 국회의원선거를 동시에 치를 때 각기 선거를 따로 치를 때에 비하여 약 1천억 원 이상의 국가예산을 줄일 수 있는 것으로 보고했다(동아일보 2007년 1월 24일 제5판 제35면). 여기에서 중앙선거관리위원회가 국가적 수준에서 계산한 약 1천억 원이라는 선거비용은 선거일을 공휴일로 정하여 사회적 · 경제적 활동일을 줄이면서 파생되는 제반 사회경제적 비용은 감안하지 않은 순수한 선거관리 비용이다. 유권자 차원에서도 선거일이 하루 없어진다는 것은 투표에 참여하는 데 소요되는 경제적 · 비경제적인 제반 비용을 줄일 수 있다. 후보나 정당 차원에서도 선거일이 하나 없어지면 막대한 선거운동 비용을 줄일 수 있다.

둘째, 동시선거는 단순한 선거비용 말고 정치비용도 대폭 줄일 수 있다. 여기에서 정치비용이란 대통령의 정책수행이나 정당정치에 안정

2. 이 부분에 대한 논의는 졸저 『개헌과 민주주의』(2007)에 기초한다.

적인 환경을 제공하는 데 필요한 무형의 비용을 의미한다. 한국에서는 대통령선거를 제외한 모든 선거, 심지어 재·보궐선거까지 선거의 시점과 무관하게 이른바 대통령의 '중간평가'로 변질되는 경향이 있다. 현행 비동시선거 대신 동시선거를 실시하게 되면 선거의 횟수가 줄고 그만큼 대결적이고 갈등적인 선거정치도 줄어들 수 있다. 이에 따라 대통령은 정부의 안정성과 정책의 연속성을 증대시킬 수 있다. 선거의 간격이 넓어지고 일정해지면 선거가 없는 기간이 늘어나면서 예측 가능하고 일상적인 정당정치가 자리잡을 수 있다. 정치에서 극단적인 갈등과 대결이 줄어들면 유권자들이 정치에 대한 불신감이나 혐오감도 거둬들이기 시작할 가능성이 생긴다.

셋째, 동시선거는 갈수록 낮아지는 한국 투표율의 향상에 큰 계기가 될 수 있다.[3] 최근 한국에서 대통령선거의 투표율은 60%대, 국회의원선거는 40%대, 지방선거는 50%대까지 떨어진 상태이다. 만약 선거주기를 일치시켜 대통령선거와 국회의원선거를 동시에 실시한다면 최소한 국회의원선거의 투표율이 대통령선거의 투표율 수준까지 올라갈 것이고, 또 두 선거의 상승작용까지 발생한다면 동시선거의 투표율이 더욱 더 높이 올라갈 가능성이 있다. 더 나아가 지방선거까지 일시에 치른다면 투표율 상승의 효과는 더욱 더 커질 것으로 보인다. 투표율의 상승효과는 상대적으로 낮은 수준의 선거에서 더 커지는 경향이 있다. 가령 한

3. 1980년부터 2000년 사이 중남미의 투표율을 분석한 결과 동시선거는 의무투표제와 함께 투표율 향상에 통계적으로 유의미한 영향을 주는 것으로 확인되었다 (Fornos, Power, and Garand 2004).

국에서 대통령선거, 국회의원선거, 지방선거를 동시에 치른다면 지방선거의 투표율이 가장 큰 격차로 상승하고 국회의원선거가 그 다음이라는 의미이다.

넷째, 동시선거는 단점정부의 출현을 용이하게 만들어 분점정부와 달리 실정의 책임소재를 명확하게 구분할 수 있다. 그 결과 행정부와 입법부 사이의 교착과 대치의 가능성이 상대적으로 줄어드는 반면 효율적인 정책집행의 가능성은 높아진다(McCubbins 1991). 1856년부터 2010년까지 150여 년 동안 미국에서는 무려 78회의 선거가 정기적으로 열렸는데, 그 가운데 동시선거와 비동시선거가 각각 39회씩 번갈아 치러졌다. 통계적으로 보았을 때 39회의 동시선거 가운데 31회에 걸쳐 단점정부가 출현했고, 39회의 비동시선거에서는 21회씩이나 분점정부가 발생했다. 전체적으로 단점정부는 78회의 선거 가운데 49회(62.0%)를 차지했는데, 그 가운데 31회가 동시선거에서 발생했다. 이에 비하여 분점정부는 29회(37.2%)에 걸쳐 탄생했는데, 그 가운데 20회가 비동시선거에서 이루어졌다.

이러한 긍정적인 측면에도 불구하고 동시선거는 몇 가지 부정적인 측면도 갖고 있다. 첫째, 한국에서 동시선거를 실시하게 되면 이른바 중간평가가 줄어들 수 있다. 중간평가를 통하여 대통령을 견제할 야당 우위의 국회나 지방정부 및 지방의회를 만들지 못한다면 그렇지 않아도 제왕적인 한국의 대통령에게 권력이 집중되는 현상을 막지 못할 것이라는 지적이다. 그리고 중간평가는 혼합형 선거주기 국가(미국, 아르헨티나, 멕시코, 필리핀)와 중간선거주기 국가(도미니카 공화국)와 같이 대통령 임기의 정 가운데에 의회선거(중간선거)를 열어 민주적 견제와 균형을 추구하는 사례가 있다.

둘째, 대통령선거와 국회의원선거를 동시에 치를 경우 이른바 연미복 효과(coattail effect)가 문제로 대두될 것이라는 지적이 있다. 다시 말하자면 동시선거 결과 대통령의 소속정당이 국회에서도 다수당이 되기 쉽기 때문에 행정부에 대한 입법부의 견제가 약화되는 대신 대통령과 그의 정당에게 권력이 과도하게 집중될 환경을 조성시킨다는 주장이다.

여기에서는 이상과 같은 선행연구의 결과나 이론틀을 기초로 2010년 동시선거에서 나타날 것으로 보이는 유권자의 투표행태에 대하여 예측해 본다. 그 주제는 선거비용, 투표율, 일괄투표 여부라는 세 가지 효과에 집중될 것이다. 선거비용이나 투표율의 변화는 2010년의 지방선거가 아직 1년 여 남아 있는 미래의 선거이지만 과거의 사례를 바탕으로 경험적으로 추정할 수 있고 현실적으로나 학술적으로 매우 큰 관심을 모은다. 이에 비하여 정치적 비용을 추산하는 것은 다분히 추상적이지만 한국에서 잦은 선거로 인해 정치적 비효율성이 증대되고 있다는 사실은 매우 자명하기 때문에 굳이 따로 다룰 필요가 없다.

앞에서 거론했던 부정적인 측면 가운데 현실적으로나 학술적으로 관심을 크게 모으는 것은 무엇보다도 연미복 효과이다. 2010년 동시선거에서 인기 있는 정당이나 주요 후보를 따라 상대적으로 잘 알려지지 않은 교육감이나 교육의원이 무더기로 당선될 것이 예상되기 때문이다. 이러한 유권자의 투표행태는 일괄투표와 매우 밀접한 개념이기 때문에 여기에서 중요한 분석의 대상이 된다. 그러나 앞서 지적한 다른 부정적인 측면은 경험적인 분석이 크게 필요하지 않다. 2010년에 동시선거를 실시해도 지방선거 자체가 사라지는 것이 아니라서 대통령에 대한 이른바 중간평가가 줄어드는 게 아니기 때문이다.[4)]

III. 2010년 동시선거의 효과 예측

1. 2010년 동시선거와 선거비용

2010년 동시선거에서는 「지방자치법」에 의하여 6개의 선거와 「지방교육자치에 관한 법률」에 의하여 2개의 선거를 동시에 치르게 된다. 즉 2010년 6월에는 각급 지방자치단체장과 지방의회의원 및 비례대표를 포함하여 교육감 및 교육의원을 함께 선출하는 것이다. 이 경우 선거비용은 지방선거와 교육감선거를 각각 치르는 것과 비교할 때 적지 않게 줄어들 것으로 보인다. 그 이유는 이미 언급했듯이 한국에서 대통령선거와 국회의원선거를 동시에 치른다고 가정할 때 각 선거를 따로 치를 때에 비하여 약 1천억 원 이상의 선거비용을 줄일 수 있다는 중앙선거관리위원회의 계산에서 찾을 수 있다.

이 때 선거비용이 줄어드는 원천은 교육감 및 교육의원을 선출하는 데 필요한 선거비용이다. 2010년 지방선거를 치를 때 교육감과 교육

4. 교육감은 1991년 이전까지는 임명직이었고 그 후부터는 교육위원회에서 간선제로 뽑혔다. 교육감은 1997년부터 학교운영위원회 위원들로 구성된 선거인단에서 간선제로 선출되었다가 2007년부터 주민직선제로 바뀌었다. 교육의원은 2010년 처음 주민에 의하여 선출될 예정이다. 따라서 교육감선거가 지방선거와 동시에 실시된다고 해도 대통령에 대한 견제와 평가의 기회가 줄어든다고 하기 쉽지 않을 것이다. 더욱이 「지방교육자치에 관한 법률」은 교육감선거의 정치성을 없애는 데 주력했다. 그 일환으로 교육감 후보나 교육의원 후보는 정당의 공천을 배제한다.

〈표-1〉 교육감선거 결과

실시일	실시지역	당선자	선거비용
2007.2.14	부산광역시	설동근	98억
2007.12.19	충청북도 제주도 경상남도 울산광역시	이기용 양성언 권정호 김상만	41억 16억 65억 27억
2008.6.25	충청남도	오제직	56억
2008.7.23	전라북도	최규호	71억
2008.7.30	서울특별시	공정택	228억
2008.12.17	대전광역시	김신호	109억
2009.4.8	경기도	김상곤	468억
2009.4.29	충청남도 경상북도	김종성 이영우	126억 187억

의원을 같이 선출하기 때문에 과거의 지방선거에 비하여 약간의 추가적인 선거비용이 더 필요할 뿐이다. 물론 지금까지는 교육의원을 주민선거에 의하여 선출한 역사가 없기 때문에 과거의 교육의원선거에서 선거비용이 얼마나 지출되었는지 확인하거나 정확하게 산출하기는 어렵다. 이와 반대로 2007년 2월부터 2009년 4월까지 처음으로 교육감을 주민의 직선제로 선출하면서 지출한 선거비용은 비교적 정확하게 집계된다. 〈표 1〉은 같은 기간 동안 실시된 교육감선거와 선거비용을 요약한 표이다.

이 표에서 확인할 수 있는 것은 먼저 12개 교육감선거에서 소요된 선거비용이 최저 16억 원(제주도)에서 최고 468억 원(경기도) 사이이고 평균이 약 124억 원이라는 사실이다. 가장 먼저 실시된 부산의 교육감선거에서는 98억 원이 들었고 2007년 12월에 실시된 교육감선거에서는 27억 원(울산), 41억 원(충북), 65억 원(경남), 16억 원(제주도)이 들었다. 2008년의 교육감선거에서는 56억 원(충남), 71억 원(전북), 228억 원(서울), 109억 원(대전)이 지출되었다. 2009년에는 468억 원(경기도), 126억 원(충남), 187억 원(경북)으로 규모가 더욱 증가했다.

다음으로 이 표가 알려주는 사실은 교육감선거를 다른 선거와 동시에 치를 때 교육감선거의 비용이 현저하게 줄었다는 것이다. 〈표 1〉에서 선거비용이 가장 적게 들었던 교육감선거가 2007년 12월 선거인데, 바로 이 선거가 제17대 대통령선거와 동시에 치러졌기 때문이다. 2007년 12월 교육감선거에서 지출된 선거비용은 총 12개 교육감선거 가운데 경남을 제외하고 모두 최저수준이었고 평균이 약 37억 원에 불과했다. 2007년 12월 교육감선거를 제외한 나머지 8개 교육감선거의 평균이 약 168억 원이었던 것을 감안하면 2007년 대통령선거를 치르면서 교육감선거에 추가적으로 소요된 비용이 다른 교육감선거의 평균 약 1/5수준에 그쳤다는 것을 알 수 있다.

한국의 「공직선거법」에는 국회의원선거를 제외하고 수준이 서로 다른 선거를 동시에 개최할 수 있다고 명시되어 있다. 하지만 1987년 민주화 이후 2007년 대통령선거를 제외하고 서로 다른 수준의 선거를 동시에 치른 사례가 많지 않다. 특히 2010년과 같이 지방선거와 교육감 및 교육의원선거를 동시에 실시한 전례가 하나도 없다. 따라서 2010년 교육감 및 교육의원선거를 지방선거와 함께 치를 때 선거비용이 얼마나 감소할지 정확하게 계산하기는 아직 불가능하다. 하지만 2007년 교육감선거를 대통령선거와 동시에 실시했을 때 교육감선거 비용이 대폭 줄었던 사례는 2010년 동시선거의 선거비용이 비동시선거였을 때에 비하여 어떻게 변화할 것인지 시사하는 바가 크다. 다른 상황이 모두 동일하다고 가정한다면 2010년 지방선거와 교육감 및 교육의원선거를 동시에 실시했을 때, 비동시였을 때에 비하여 선거비용이 덜 들 것이라고 기대할 수 있다.

2. 2010년 동시선거와 투표율

2010년 지방선거에서 8개의 선거를 동시에 치름으로써 예상되는 또 다른 결과는 50%대까지 낮아진 지방선거의 투표율과 평균 10%대에 그친 교육감선거의 투표율에 있어서 변화 가능성이다. 일반적으로 유권자는 중요도가 높은 선거에 더 자주 투표하는 경향이 있다. 이에 따라 대통령선거의 투표율이 가장 높고 국회의원선거의 투표율이 그 다음이며 지방선거의 투표율은 가장 낮다. 1987년 민주화 이후 대통령선거의 투표율은 최고 89.2%(1987년)부터 최저 63.0%(2007년) 사이였고 평균은 77.1%이었다. 이에 비하여 국회의원선거의 투표율은 최고 75.8% (1988년)부터 46.1%(2008년) 사이에 머물렀다. 국회의원선거의 평균 투표율은 62.6%이다. 하지만 지방선거의 투표율은 최고 68.4%(1995년)부터 48.9%(2002년) 사이에 그쳤을 뿐이다. 지방선거의 평균 투표율은 55.2%에 불과하다.

이러한 한국 유권자의 투표참여는 전 세계적으로 비슷한 패턴에 속한다고 하겠다. 또한 다른 국가의 사례와 비슷하게 새로이 선거제도를 바꾸어 중요도가 높은 선거와 낮은 선거를 동시에 열 때 중요도가 상대적으로 낮은 선거의 투표율은 과거보다 높아질 가능성이 생긴다. 이에 따라 여기에서 관심을 갖는 것은 2010년 동시선거의 투표율에 있어서 전반적인 향상이기도 하지만 그보다도 현재 평균 10%대에 머무는 교육감선거 투표율의 상승 가능성이다.

이러한 예측의 근거는 먼저 1995년 전국동시지방선거이다. 과거 한국에서도 지방선거끼리도 분리해서 실시할 때보다 동시에 치를 때 투표참여를 더욱 증가시켰다. 민주화 이후 첫 번째 지방선거는 1991년 3월 4,304명의 구·시·군의회의원을 선출한 뒤 다시 같은 해 6월 866명의 시·도의회의원을 선출하는 방식으로 실시되었다. 이미 지적했듯이 당시 각급 지방자치단체장은 선출직이 아니라 임명직이었다. 그러나 1995년 지방선거부터 각급 지방자치단체장과 지방의회의원을 한꺼번에 유권자가 직접 선출하도록 바뀌었다. 이로써 1995년 지방선거는 제1회 전국동시지방선거로 불린다.

1991년 비동시 지방선거의 투표율은 1995년 전국동시지방선거를 거치면서 급등했다. 다음의 〈표 2〉는 1991년 이후 지방선거의 투표율을 전국 광역시도별로 정리한 것이다. 이 표에 따르면 1991년 3월의 지방선거 투표율은 55.0%였고 같은 해 6월의 지방선거 투표율은 58.9%에 그쳤다. 이에 비하여 1995년 제1회 전국동시지방선거의 투표율은 68.4%로 껑충 뛰었다. 1991년 이래 지방선거에서 무려 10% 포인트 이상의 격차로 상승한 것도 전무후무한 기록이고 68.4%라는 투표율도 유일무이한 기록이다. 물론 2010년 동시선거에서 투표율이 1995년 전국동시지방선거와 비슷한 수준으로 크게 상승할 것을 기대하기는 어렵다. 하지만 다른 조건이 비슷하다면 2010년 6개의 지방자치선거와 2개의 교육자치선거를 동시에 치를 때 최근의 지방선거보다 투표율이 상승할 가능성이 생긴다고 조심스럽게 예측할 수 있다.

그 다음으로 2010년 6개 지방선거와 교육감 및 교육의원선거를

〈표-2〉 전국 광역시도별 지방선거 투표율(%)

	1991. 3	1991. 6	1995	1998	2002	2006
서울	42.3	52.4	66.2	46.9	45.8	49.8
부산	49.7	57.7	66.2	46.7	41.8	48.5
대구	44.4	53.0	64.0	46.8	41.4	48.5
인천	42.6	53.9	62.0	43.2	39.3	44.3
광주	50.8	55.5	64.8	45.1	42.3	46.3
대전	49.1	59.4	66.9	44.5	42.3	49.4
울산	–	–	–	57.6	52.3	52.8
경기	52.2	55.4	63.2	50.0	44.6	46.7
강원	68.7	68.5	74.8	64.3	59.4	58.7
충북	64.9	65.7	72.7	61.0	55.8	54.7
충남	67.3	68.9	73.8	59.5	56.2	55.8
전북	65.2	63.5	73.7	57.8	55.0	57.9
전남	69.4	65.5	76.1	68.2	65.6	64.3
경북	70.2	68.7	76.8	64.9	60.4	61.5
경남	64.5	64.8	73.0	61.1	56.5	57.8
제주	70.1	74.7	80.5	73.7	68.9	67.3
전체	55.0	58.9	68.4	52.7	48.9	51.6

출처 : 중앙선거관리위원회, 1991, 『구 · 시 · 군의회의원선거총람』, 94–95 ; 중앙선거관리위원회, 1991, 『시 · 도의회의원선거총람』, 96–97 ; www.nec.go.kr(검색일 : 2009년 5월 18일)

동시에 실시할 때 교육감을 선출하는 투표 참여율이 과거에 비하여 현격하게 상승할 것으로 보는 근거는 2007년 대통령선거라는 사례에 있다. 이미 언급했듯이 2007년 대통령선거에서는 충청북도, 제주도, 경상남도, 울산광역시 등 4개 광역시도에서 교육감선거를 동시에 실시했다.

〈표-3〉 교육감선거 결과 : 투표율과 득표율

실시일	실시지역	당선자	투표율(%)	득표율(%)
2007.2.14	부산광역시	설동근	15.3	33.82
2007.12.19	충청북도 제주도 경상남도 울산광역시	이기용 양성언 권정호 김상만	61.3 60.9 64.1 64.6	60.25 55.69 51.61 36.19
2008.6.25	충청남도	오제직	17.2	96.16
2008.7.23	전라북도	최규호	21.0	58.74
2008.7.30	서울특별시	공정택	15.5	40.09
2008.12.17	대전광역시	김신호	15.3	45.34
2009.4.8	경기도	김상곤	12.3	40.81
2009.4.29	충청남도 경상북도	김종성 이영우	17.6 24.3	31.06 42.24

출처 : www.nec.go.kr(검색일 : 2009년 5월 18일)

〈표 3〉은 2007년 2월부터 처음 실시된 직선제 교육감선거 결과를 요약하고 있는데, 이 표에 따르면 12개 교육감선거의 투표율은 최저 12.3%(경기도)에서 최고 64.6%(울산) 사이이고 평균은 32.5%이다. 가장 먼저 실시된 부산의 교육감선거에서 투표율은 15.3%였고 2007년 12월에 실시된 교육감선거의 투표율은 64.6%(울산), 61.3%(충북), 64.1%(경남), 60.9%(제주도)였다. 2008년 교육감선거에서는 투표율이 17.2%(충남), 21.0%(전북), 15.5%(서울), 15.3%(대전)였다. 2009년에는 12.3%(경기도), 17.6%(충남), 24.3%(경북)를 기록했다.

〈표 3〉은 교육감선거를 다른 선거와 동시에 치른다면 교육감선거의 투표율이 눈에 띄게 상승한다는 사실을 뚜렷하게 확인시켜 준다. 즉 〈표 3〉에서 투표참여가 가장 높았던 선거가 2007년 12월 교육감선거로

모두 제17대 대통령선거와 동시에 실시된 것이다. 2007년 12월 교육감선거의 투표율은 총 12개의 교육감선거 가운데 모두 최고 수준이었고 평균이 무려 62.7%였다. 이러한 투표율은 한날 한시에 치러진 대통령선거의 투표율(63.0%)과 거의 비슷한 수준이다.

이에 비하여 2007년 12월 교육감선거를 제외한 2007년 이후 모든 직선제 교육감선거의 투표율은 평균 17.3%에 불과했다. 2007년 12월 교육감선거의 평균(62.7%)과 비교하면 무려 3배 이상의 차이가 있는 것이다. 특히 2007년 12월 교육감선거를 제외했을 때 2009년 4월의 경상북도 교육감선거가 24.3%로 최고 투표율인 것을 감안하면 상대적으로 중요한 선거와 교육감선거를 동시에 실시할 때 투표참여가 상승할 가능성이 매우 농후한 것으로 보인다.

이렇게 상대적으로 중요한 선거와 그렇지 않은 선거를 동시에 치를 때 상대적으로 관심도가 낮은 선거의 투표참여가 현격하게 증가하는 현상은 2007년 대통령선거와 동시에 실시된 재·보궐선거에서도 확인된다. 「공직선거법」에 따르면 재·보궐선거는 국회의원선거와 동시에 실시할 수 없지만 대통령선거와 동시에 치를 수 있게 규정되어 있다. 대통령선거와 재·보궐선거가 동시에 치러진 것은 1987년 민주화 이래 2007년 대통령선거가 첫 사례이다.

〈그림 1〉은 2000년대에 실시된 총 18번의 재·보궐선거에서 기록된 투표율의 변동을 나타내고 있다. 2000년 2월 16일 시행 「공직선거법」에 의하여 재·보궐선거가 1년에 2회로 줄여져 동시화되기 전에는 한해에 수도 없이 재·보궐선거가 개별적으로 치러졌기 때문에 투표율의 변동을 추적하는 것이 의미가 없다. 일반적으로 재·보궐선거는 대통령선거, 국회의원선거, 그리고 지방선거에 비하여 정치적 중요도도 훨씬 낮

고 유권자의 관심도 매우 적다. 이에 따라 2000년대 각종 재·보궐선거의 투표참여는 매우 저조했고, 그 투표율은 평균 33.1%에 불과했다. 가장 낮은 투표율은 2000년 6월 재·보궐선거에서 나타난 21.0%이고, 가장 높은 투표율은 2007년 12월 재·보궐선거에서 기록한 66.4%였다. 2007년 12월 재·보궐선거의 투표율을 제외하고 가장 높은 투표율이 2001년 1월의 41.9%인데, 양자를 비교해도 상당한 격차가 확인된다. 그리고 2007년 12월 재·보궐선거의 투표율은 2000년대 재·보궐선거의 평균 투표율과 비교할 때 두 배 이상이라는 사실이 두드러진다.

〈그림-1〉 2000년대 재·보궐선거의 투표율(%)

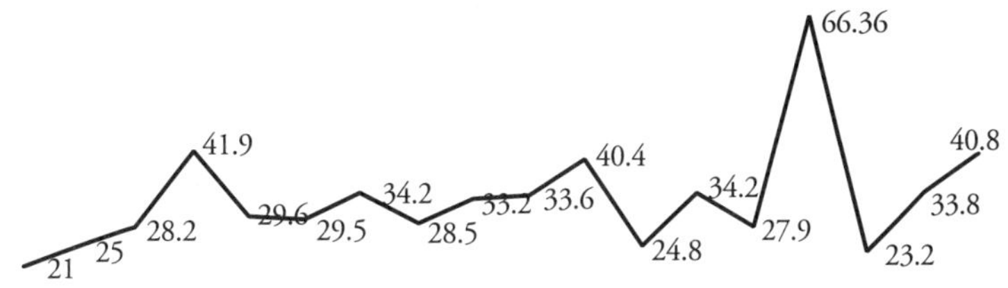

3. 2010년 동시선거와 후보선택

2010년 지방선거에서 1인 8표제가 새롭게 도입될 때 이 장이 마지막으로 예상하는 결과는 연미복 효과 또는 일괄투표의 확산이다. 동시선거에서는 이미 앞에서 지적했다시피 유력한 대통령 후보나 그가 소속한 정당의 다른 하위직 공직 후보자들이 대거 당선되는 경향이 있다. 이러한 연미복 효과는 유권자가 인기 있는 대통령 후보의 정당에 속한 다른 모든 공직 후보자를 일괄적으로 투표하는 행위로 표출된다(Burden and Kimball 2002). 이와 반대로 유권자는 대통령과 그 외 공직 후보자를 서로 나누어 선택하는 분리투표(split voting)도 할 수 있다. 일반적으로 유권자들이 자신의 표를 일괄적으로 한 정당에게 몰아주는 것이나 또는 서로 다른 정당에게 나누어 주는 것이나 모두 합리적인 선택의 결과로 알려져 있다(Morrow 1994 ; Niemi and Weisberg 1993).

동시선거에서 유권자가 일괄적으로 모든 공직선거 후보자를 대통령 후보와 같은 당의 후보로 선택하는 것은 유권자의 투표결정에 소요되는 비용을 대폭적으로 줄여준다는 측면에서 합리적인 행위라고 간주한다. 일괄투표의 과정에서 유권자가 좋아하는 정당이나 대통령(후보)을 기준(cue)으로 나머지 후보자를 선택하는 것은 매우 일관적이고 효율적인 방식이다. 미국의 동시선거에서 최대 100여 명이 넘는 공직 후보자를 투표장에서 일일이 구분하고 평가한 뒤 기표하기보다 자신이 소속감을 느끼는 정당이나 인기 있는 대통령(후보)을 기준으로 다른 공직 후보자를 고르는 일이 많다.

이에 비하여 유권자가 분리투표를 실시하는 것도 그만큼 유권자의 합리적인 결정에 근거한다. 유권자는 대통령과 국회 또는 지방자치단체장 및 지방의회의원에게 서로 각기 다른 역할과 의미를 부여하고 그 기준에 맞는 후보를 선택할 수 있다. 또한 유권자는 민주주의와 대통령제의 삼권분립 원칙에 맞게 대통령과 의회가 서로 견제하고 균형을 맞추도록 서로 다른 정당 후보에게 표를 주고 자리를 맡길 수 있다(Shugart 1995).[5)]

2010년 지방선거는 대통령선거 또는 국회의원선거와 동시에 실시되는 것이 아니기 때문에 대통령이나 대통령 소속정당의 인기에 의한 편승효과가 일어나거나 이를 측정할 것을 기대할 수 없다. 앞에서 선거주기가 선거결과에 미치는 효과를 언급했듯이 오히려 2010년 지방선거는 2007년 대통령선거 이후 대통령 임기의 거의 중간에 실시되기 때문에 대통령 소속정당의 승리 가능성이 낮은 상태이다. 대신 2010년 지방선거에서는 유권자 1인이 8표를 일괄적으로 투표할 가능성이 높은지 아니면 분리해서 투표할 가능성이 높은지에 대한 주제가 지대한 관심의 대상이 된다. 2010년 지방선거에서 유권자의 일괄투표 가능성에 대하여 예측하는 데 도움을 주는 자료는 〈표 4〉와 같은 2007년 이후에 실시된 교육감선거 결과이다.

이 표에서 당선자는 해당 칸에 밑줄로 표시되어 있다. 그 결과 2007년 이래 전체적으로 다양한 기호의 후보들이 교육감으로 당선된 사실이 확인된다. 당선자가 각 광역시도별로 최대 8명의 후보가 출마한 가운데 기호 2번부터 4번까지 분포하고 있다. 「지방교육자치에 관한 법률」은 교육감선거에서 정당의 후보자 추천을 금지하고 있기 때문에 후보의 정당은 표시되지 않은 상태에서 선거가 진행되었다.

하지만 이 가운데 2007년 대통령선거와 동시에 실시된 교육감선거 결과는 2010년 동시선거에서 일괄투표 가능성이 상당히 크리라는 것

5. 브라질에서도 유권자는 국가적 이슈에 따라 대통령을 선출하고 지방의 이슈에 따라 의회나 지방의 대표를 선출하는 것으로 알려졌다(Ames, Baker, and Renno 2009).

〈표-4〉 교육감선거 결과 : 기호별 득표율

실시일	실시지역	기호별 득표율(%)							
		1번	2번	3번	4번	5번	6번	7번	8번
2007.2.14	부산광역시	15.3	33.8	4.4	22.7	22.3	16.8		
2007.12.19	충청북도 제주도 경상남도 울산광역시	39.7 44.3 48.4 25.7	60.3 55.7 51.6 36.2	8.0	21.7	8.5			
2008.6.25	충청남도	17.2	96.3						
2008.7.23	전라북도	21.0	41.3	58.7					
2008.7.30	서울특별시	15.5	40.1	6.6	5.8	3.2	6.0	38.3	
2008.12.17	대전광역시	15.3	8.1	45.3	26.6	19.9			
2009.4.8	경기도	12.3	12.9	40.8	7.8	33.6	4.9		
2009.4.29	충청남도 경상북도	17.6 24.3	19.9 33.9	9.8 23.9	31.1 42.2	19.3	2.8	7.54	9.7

출처 : 중앙선거관리위원회 법제기획관 제공
주 : 기호별 득표율 칸 밑줄은 당선자

을 시사한다. 2007년 대통령선거에서 대통령에 당선될 것이 유력했던 후보가 한나라당에 속하여 기호 2번을 가지고 있었다. 그리고 2007년 12월 교육감선거에서 당선된 후보는 모두 기호 2번이었다. 인기 있는 대통령 후보의 연미복 효과에 따라 그가 속한 정당에 소속되었을 것으로 간주되는 기호 2번이 모두 당선되었다고 해석할 수 있다. 2010년에는 대통령의 연미복 효과가 없는 상황에 지방선거가 열린다. 따라서 이 선거에서는 유권자가 그 시점에 인기 있는 정당의 기호와 같은 번호를 배정받는 교육감 후보나 교육의원 후보를 일괄적으로 선출할 가능성이 농후한 것이다.

그 다음으로 2010년 동시선거에서 유권자 1인이 8표를 행사할 때한 정당의 후보에게 일괄투표를 할 것인지 아니면 서로 다른 정당의 후보에게 분리투표를 할 것인지 예측하는 데 도움이 될 사례는 지방선거 수준에서 찾기 어렵다. 한국에서 이와 관련된 주제에 대한 선행연구들은 국회의원선거에 국한되었기 때문이다. 따라서 여기에서는 한국의 국회의원선거에서 1인 2표제가 도입된 뒤 선행연구에서 확인된 일괄투표의 양상을 살펴봄으로써 2010년 지방선거의 일괄투표 가능성에 대하여 예측해본다.

한국에서 일괄투표 현상에 대한 연구는 '1인 2표제'가 처음 도입된 2004년 국회의원선거부터 시작되었다. 〈표 5〉는 2004년 국회의원선거 설문조사를 통하여 일괄투표가 얼마나 발생했는지 알려주는데, 이 표에 따르면 일괄투표는 전체적으로 79.2%에 육박했다. 다시 말하자면 2004년 국회의원선거에서 1인 2표를 통하여 무려 유권자의 79.2%가 서로 같은 정당의 지역구 후보와 비례대표 후보에게 표를 몰아주었다는 의미이다. 열린우리당과 한나라당의 양대 정당은 물론이고 그 외 소수정당에 가깝게 느끼는 유권자도 모두 공통적으로 일괄투표를 더 많이 했다.

〈표-5〉 2004년 국회의원선거와 일괄투표(%)

	열린우리당	한나라당	민주노동당	민주당	전체
분리투표	19.2	13.8	35.1	18.6	20.8
일괄투표	80.8	86.2	64.9	81.4	79.2
합계	100	100	100	100	100

출처 : 김왕식(2006), 164.

그 다음으로 2008년 국회의원 선거운동 기간 동안 실시된 패널 여

〈표-6〉 2008년 국회의원선거와 일괄투표(%)

	한나라당	민주당	민주 노동당	선진	창조 한국당	진보 신당	친박 연대	기타 정당	무당파	계
분리 투표	30.8	27.5	56.2	34.4	88.2	74.3	74.3	100	48.3	41.0
일괄 투표	69.2	72.5	43.8	65.6	11.8	11.8	25.7	0	51.7	58.9
합계	100	100	100	100	100	100	100	100	100	100

출처 : http://www.eai.or.kr/korean/project/pjbbs/pjbbsView02.asp?seq=843&blockNum=1&pageNum=1&searchTyp (검색일 : 2009년 5월 18일)

론조사에서도 유권자의 일괄투표 행위가 관찰된다. 〈표 6〉은 2008년 국회의원선거의 맥락에서 정당지지자에 따라 일괄투표가 어떻게 이루어졌는지 요약하고 있다. 이 표에 따르면 정당소속감을 느끼는 유권자마다 차이가 발생하지만 일괄투표가 분리투표보다 더 많이 발생했고, 전체적으로는 58.9%를 차지했다. 특히 한나라당이나 민주당과 같이 양대 정당에 가깝다고 느끼는 유권자들은 한 정당에게 두 표(지역구와 비례대표)를 몰아줄 가능성이 컸고, 그 외의 정당에 가깝다고 느끼는 유권자들은 두 표를 서로 다른 정당에게 나누어 줄 가능성이 컸다. 양대 정당을 제외한 정당소속 지역구 후보의 당선 가능성이 상대적으로 낮기 때문에 유권자들은 지역구로는 당선 가능성이 있는 정당 후보를 선택하고 비례대표로는 소신 있게 투표를 한 것으로 보인다. 2004년과 2008년을 비교하면 일괄투표의 수준이 조금씩 변했지만 여전히 분리투표보다 더 빈번했던 것을 발견할 수 있다.[6)]

물론 국회의원선거에서 관찰되는 일괄투표의 양상이 2010년 동시선거의 1인 8표에 그대로 적용될 것으로 기대하는 것은 아니다. 그럼에도 불구하고 국회의원선거와 마찬가지로 지방선거에서도 일괄투표가 분리투표보다 훨씬 더 많이 발생할 것으로 예측할 수 있는 이유는 지방선거 자체의 성격 때문이다. 다시 말하자면 유권자가 지방선거에 출마하는 후보에 대하여 인지하고 있는 수준은 국회의원선거에 출마하는 후보에 비하여 훨씬 낮은 경향이 있다. 이에 따라 국회의원선거에서는 유권자가 지역구와 비례대표를 구분하여 투표하는 경우가 발생할 수 있었다. 이에 비하여 2010년 지방선거에서 각급 지방자치단체장은 물론 지방의회의원과 교육감 및 교육의원 후보에 대하여 일일이 알고 공약을 비교하고 평가할 유권자가 많으리라고 보기는 어려운 실정이다. 그러므로 2010년 선거에서는 인기 있는 주요 광역단체장 후보나 그가 속한 정당을 기준으로 나머지 후보를 일괄적으로 선택할 가능성이 높아지는 것이다.

6. 이러한 일괄투표 현상은 1964년 이래 미국에서도 매우 보편적인 것으로 확인된다(Grofman 2000). 그러나 미국에서 분리투표는 이념적으로 매우 발달한 지역에서 더 자주 발생하는 경향이 있다. 정당지지자 사이에도 분리투표 현상이 달라지는데, 민주당 소속감이 강한 지역에서는 분리투표가 약 3% 정도 덜 이루어지지만 공화당 소속감이 강한 지역에서는 분리투표가 약 5% 정도 더 발생하는 경향이 있다. 그리고 2008년 11월 뉴질랜드의 총선에서도 무려 유권자의 70.4%가 일괄투표를 실시한 반면 29.6%만이 분리투표를 실시했다(http://www.kiwiblog.co.nz/2008/12/split_voting.html 검색일 : 2008년 5월 18일). 2000년대 멕시코에서도 분리투표를 하는 유권자는 약 20% 수준인 것으로 밝혀졌다(Helmke 2009). 이와 반대로 정당체계가 매우 파편화된 브라질에서는 약 70% 이상의 유권자가 대통령, 의회, 주지사 등을 뽑는 데 각기 다른 정당 출신에게 표를 나눠주는 것으로 조사되었다(Ames, Baker, and Renno 2009).

Ⅳ. 결론

이미 주지하듯이 이 연구의 분석대상은 아직 관찰되지 않는 미래의 사건(event)이다. 다시 말하자면 이 장은 2009년 봄의 시점에서 2010년 6월 지방선거에서 나타날 유권자의 투표행태를 예측해 보았다. 하지만 현재까지 2010년 6월에 도입될 것으로 알려진 1인 8표제가 과거의 지방선거에서는 전혀 치러진 적이 없기 때문에 연구의 사례나 자료가 상당히 적은 실정이다. 아울러 지방선거의 동시선거라는 맥락에서 유권자의 투표참여나 일괄투표 및 분할투표와 관련된 설문조사가 실시된 것도 찾기 어렵다. 이에 따라 이 장에서 이용한 설문조사는 2004년과 2008년 국회의원선거에 그쳤다.

따라서 여기에서는 2010년 지방선거와 교육감 및 교육의원선거의 동시실시 또는 1인 8표제의 도입에 따른 효과를 예측하는 데 도움이 될 수 있는 상대적으로 비슷한 사례를 최대한 찾아 이용해 보았다. 이러한 사례들은 우선 1995년 전국동시지방선거와 같이 이 장의 연구단위인 지방선거를 포함했다. 그 외에도 여기에서는 과거의 국회의원선거와 대통령선거의 사례도 함께 분석했다. 즉 과거에 발생한 제한된 사례를 바탕으로 미래의 유권자 투표행태를 최대한 추정해 본 것이다.

또한 이 연구는 미래의 선거를 예측대상으로 하기 때문에 2010년 6월 지방선거를 앞두고 조성될 수 있는 독특한 정치적 환경을 일일이 고려할 수는 없었다. 특히 순수한 학술적인 논문으로서 이 연구는 고 노무현 전 대통령의 1주기라는 선거환경 등이 2010년 동시선거에서 투표율이나 분리투표(또는 일괄투표)에 어떠한 영향을 줄 것인지 감안하지는 않았다. 대신 이 장은 사회과학에서 일반적으로 하듯이 다른 모든 조건이 동일하다고 간주하고서 2010년 지방선거와 교육감 및 교육의원의 동시선거 또는 1인 8표제가 도입된 뒤 그 효과가 어떠할 것인지를 체계적으로 예측해 보는 데 집중했다. 이 장이 2010년 동시선거의 단일 선거적 특수성보다는 일반적인 패턴에 관심을 더 갖기 때문이다.

이 장의 분석결과 2010년 동시선거에서 예상되는 효과는 다음의 세 가지로 요약된다. 첫째, 2010년 동시선거에서는 과거 지방선거 또는 교육감선거를 따로 실시할 때보다 선거비용이 크게 줄어들 것이다. 본론에서 2007년 이래 실시된 교육감선거를 모두 비교해 보면 교육감선거를 별도로 실시했을 때보다 2007년 대통령선거와 동시에 실시했을 때 선거비용이 크게 줄었다는 사실을 확인했다. 다른 조건이 비슷하다면 2010년 6월 동시선거는 2006년 지방선거에 비하여 교육감과 교육의원을 선출하는 데 드는 선거비용이 조금씩 더 추가되는 수준에 그칠 것으로 보인다.

둘째, 2010년 동시선거에서는 과거 지방선거 또는 교육감선거를 따로 실시할 때보다 교육감선거의 투표율이 조금이라도 더 상승할 것이다. 상대적으로 중요도가 낮은 선거를 상대적으로 중요한 선거와 동시에 치를 때 전자에 대한 투표참여가 증가하는 경향이 있다. 대표적으로 2007년 대통령선거와 동시에 치른 교육감선거나 재·보궐선거의 투표율은 각각 역대 최고 수준으로, 제17대 대통령선거와 비슷하게 상승했다. 물론 이 연구가 2010년 지방선거와 교육감선거를 동시에 실시하면 2007년 대통령선거와 교육감선거를 동시에 거행했을 때와 똑같은 수준의 투표율로 상승할 것이라고 주장하는 것은 전혀 아니다. 지방선거와 대통령선거 사이에는 현격한 차이가 존재하기 때문이다. 다만 2010년 지방선거와 교육감선거를 동시에 실시함으로써 시너지 효과가 발생할 것이고, 이에 따라 50%대까지 하락한 지방선거 자체의 투표율도 향상될 가능성이 있다고 조심스럽게 점쳐보는 것이다. 이에 비하여 2010년 동시선거에서는 평균 10%대에 머무는 교육감선거 투표율이 비약적으로 상승될 가능성은 매우 높다.

셋째, 2010년 동시선거에서 1인의 유권자가 8표에 대하여 분리투표보다 일괄투표를 실시할 가능성이 더 높다. 현행 「지방교육자치에 관한 법률」은 교육감선거에 정당 공천을 금지하고 있다. 그러나 2007년 대통령선거와 동시에 실시된 교육감선거에서는 유력한 대통령 후보와 같은 기호 2번을 배정받은 후보가 모두 당선되었다. 2010년 선거에는 대통령을 선출하지 않기 때문에 2007년과 똑같은 연미복 효과가 없겠지만 유권자는 그 당시 인기 있는 정당의 기호를 배정받은 교육감 후보나 교육의원 후보를 일괄적으로 선택할 가능성이 높다. 이에 따라 2010년 동시선거에서는 유권자의 일괄투표 행위로 인하여 검증되지 않은 후보들이 대거 당선될 가능성이 없지 않다. 1인의 유권자가 8자리에 출마한 다수의 후보들에 대하여 일일이 잘 알지도 못하고 공약에 대하여 제대로 검토하지도 않은 상태에서 투표가 이루어질 가능성이 있는 것이다.

그리고 2010년 지방선거와 교육감 및 교육의원에 대한 동시선거를 실시하면서 투표율이 조금이나마 상승할 것으로 보이지만, 이러한 상승효과는 시간이 경과하면서 점차 사라질 것으로 보인다. 〈표 2〉에서 확인되듯이 지방선거의 투표율이 1995년 전국동시지방선거의 실시로 인하여 투표율이 급등했지만 그 뒤부터는 다시 하락하기 시작했다. 1998년에는 52.7%로 낮아졌고 2002년에는 48.9%로 더욱 떨어졌다. 2006년 지방선거에서는 투표율이 51.6%로 조금 반등했을 뿐이다. 이에 따라 지방선거의 투표율을 향상시키기 위해서는 동시선거의 실시 이외에 참여적인 시민의식의 배양이 필요할 것이다.

V. 보론

1. 투표율의 변동

이 보론은 원래의 논문이 2009년에 발표되면서 예측했던 사실들이 2010년 지방선거에서 실제로 어떻게 나타났는지 살펴보는 것이다. 2010년 6월의 지방선거에서는 1인 8표제가 한국 선거사상 처음이자 마지막으로 시행되었다. 4년 뒤에 실시될 다음 지방선거에서는 교육감선거나 교육의원선거에 일대 변화가 있을 예정이다. 이에 따라 2010년 지방선거는 각급 선거를 동시에 치름으로써 파생되는 효과를 측정하는 데 매우 의미 있는 환경을 제공한다. 그러나 여기에서는 무엇보다도 2010년 지방선거 결과에서 보이는 투표율의 변화와 관련해서 살펴본다. 결론적으로 2010년 동시선거에서는 지방선거와 교육감 및 교육의원선거를 함께 치름으로써 지방선거의 투표율이 적지 않게 상승했고, 이와 더불어 교육감 및 교육의원선거의 투표참여도 훨씬 더 높아진 것으로 나타난다.

다시 말하자면 2010년 동시선거의 투표율은 54.5%로 집계되었는데 2006년 지방선거의 51.6%에 비하면 2.9% 포인트 상승한 것이다. 사실 따지고 보면 2010년 지방선거의 투표율은 1995년 이래 두 번째로 높은 기록이다. 지방선거의 투표율이 1995년 68.4%의 투표율로 시작하여 1998년에는 52.7%로 낮아졌고 2002년에는 48.9%로 더 떨어졌다. 그 뒤

2006년에는 51.6%로 반전이 일어난 뒤 2010년에는 54.5%로 높아진 것이다. 물론 이렇게 2010년 동시선거에서 투표율이 상승한 요인으로 온전히 동시선거의 효과만을 꼽기는 어렵다. 2010년 동시선거에서 과거에 비하여 높은 투표율이 발생한 것은 여러 가지 요인이 복합적으로 작용했을 것이기 때문이다. 즉 2010년 지방선거운동 기간 내내 일부 광역단체장 선거가 치열한 접전으로 이어진다는 언론의 보도가 유권자의 선거에 대한 관심을 크게 증폭시켰다. 전 세계적으로 막상막하의 선거에서는 투표율이 높아지는 경향이 있다. 그리고 여야 유권자의 결집을 유도하는 이슈가 많이 발생했다. 대표적으로 천안함 사건, 노무현 전 대통령의 1주기, 후보 단일화 등은 부동층마저 선거에 관심을 갖게 하는 데 기여했을 것이다. 이와 더불어 교육감 및 교육의원선거가 각급 지방자치단체장이나 지방의회선거에 관심이 없거나 열의가 적은 유권자에게 새로운 관심을 선사했고 이들의 투표참여를 이끌었다.

서강대학교 현대정치연구소에서 한국리서치에 의뢰하여 서울거주 유권자를 대상으로 실시한 선거후 설문조사(n=1,000)에 따르면 교육감선거가 유권자의 선거에 대한 관심을 증폭시킨 것으로 확인된다(이현우 2010). 이 설문조사에 의하면 서울시 광역단체장선거에 관심이 별로 없으면서 교육감선거에 매우 관심이 있거나 대체로 관심이 있는 유권자가 6.7%로 나타났다. 그리고 서울시 광역단체장선거에 관심이 전혀 없으면서 교육감선거에 매우 관심이 있거나 대체로 관심이 있는 유권자가 0.8%를 차지했다. 서울 유권자 가운데 약 7.5%는 교육감선거에 의하여 선거에 관심을 가지고 투표장으로 향했을 가능성이 있는 것이다. 이러한 설문조사 결과는 애초에 1인 8표제라는 복잡한 선거제도가 유권자의 투표참여 의지를 삭감시킬 수 있다는 전망과 반대되는 것이다.

또한 여기에서 관심을 갖는 것은 이 장의 연구주제로 교육감 및 교육의원선거를 다른 수준의 선거와 동시에 실시했을 경우 교육감 및 교육의원선거의 투표율이 변화하는 양상이다. 이미 살펴보았듯이 과거 2007년 12월 교육감선거를 제외한 2007년 이후 모든 직선제 교육감선거의 투표율은 평균 17.3%에 불과했다. 2007년 12월 대통령선거와 동시에 실시된 교육감선거에서는 62.7%로 높아졌다. 이러한 투표율은 같은 날 실시된 대통령선거 투표율(63.0%)과 거의 비슷한 것이다. 이와 유사하게 2010년 6월에 지방선거와 동시에 치러진 교육감 및 교육의원선거의 투표율도 동시선거의 투표율(54.5%)과 큰 차이가 없는 것으로 보인다. 결론적으로 2010년 동시선거로 인하여 교육감 및 교육의원선거의 투표율도 같이 높아진 것이 분명하다.

2. 일괄투표 여부

2010년 동시선거에서는 중앙선거관리위원회의 표현으로는 '줄투표' 그리고 언론의 표현으로는 이른바 '묻지마 투표'가 극성을 부릴 것으로 예견되었다. 특히 2010년 동시선거에서 기초의회선거가 중선거구제로 치러지면서 각 당의 '가' 후보가 유리해지고 교육감 및 교육의원선거는 정당 이름이나 기호도 없이 후보의 이름만 인쇄되기 때문에 투표용지의 맨 윗자리가 갖는 이득이 클 것으로 예상되었다. 이미 살펴보았듯이 2006년 기초의회선거에서는 후보자 성명의 가나다 순으로 기호가 배정되었고, 이에 따른 당락의 효과가 없지 않았다. 이에 따라 2010년에는 정당의 결정에 따라 자기 정당 기초의회 후보의 기호가 결정되는 방향으로 바뀌었다. 그리고 정당공천이 아닌 2010년 교육감 및 교육의원

〈표-7〉 2010년 교육감선거 결과와 투표용지의 위치

	투표용지의 위치와 득표율(%)								
서울	33.22	11.82	2.95	12.18	1.26	34.34	4.20		
부산	19.98	7.77	9.37	10.65	15.45	6.68	8.62	17.18	4.26
대구	18.48	4.29	31.34	4.11	2.46	11.11	6.76	15.05	6.35
인천	20.30	25.44	12.56	25.09	16.59				
광주	13.35	9.27	39.79	13.42	24.13				
대전	27.64	30.77	41.58						
울산	37.36	26.19	36.43						
경기	19.37	11.13	42.33	27.15					
강원	39.91	13.73	13.74	32.60					
충북	19.51	46.28	34.19						
충남	69.23	30.76							
전북	28.71	12.19	28.99	21.53	8.56				
전남	22.07	54.95	5.52	17.44					
경북	73.87	26.12							
경남	14.51	25.86	23.06	4.22	24.27	8.05			
제주	47.93	25.31	26.75						

출처 : 중앙선거관리위원회 역대 선거정보 시스템
주 : 득표율 칸 밑줄은 당선자.

후보는 추첨에 따라 투표용지에 놓일 위치가 결정되었다.

먼저 기초의회 선거결과를 보면 각 정당의 '가' 번을 배정받은 후보가 당선될 가능성은 82.1%에 육박했고 '나' 번 후보가 당선될 가능성은 15.1%에 그쳤다. 그 외의 기호를 배정받은 후보가 당선될 가능성은 불과 2.8%에 머문 것이다. 그리고 교육의원선거에서 가장 위 자리에 이름을 올린 후보가 당선될 가능성은 64.5%였고 두 번째 자리에 이름을 올린 후보가 당선될 가능성은 27.6%에 그쳤다. 그 외의 후보가 당선될 가

능성은 7.9%에 불과했다. 선거운동 기간 내내 40%대 이상의 지지율을 기록한 이명박 대통령의 후광 효과에 따라 대통령 소속정당인 한나라당이 배정받은 기호 1번이나 이를 연상시키는 맨 윗자리를 배정받은 후보가 많이 당선된 것은 그만큼 일괄투표가 활발했거나 투표용지 위치의 이점이 컸다는 것이다.

그러나 교육감선거에 초점을 맞추면 조금 다른 해석이 가능하다. 〈표 7〉은 2010년 동시선거에서 나타난 교육감 후보의 득표율과 투표용지 위의 위치를 요약한 것이다. 이 표에서 당선자는 밑줄로 표시되어 있다. 그러나 〈표 7〉에 따르면 2010년 동시선거에서 일괄투표가 그리 빈번하지 않았던 사실이 드러난다. 즉 16개 광역시도의 교육감 당선자 가운데 6명만(37.5%) 투표용지의 가장 윗자리에 이름을 올린 후보였다. 그리고 두 번째 자리에 이름을 올린 후보 가운데 교육감으로 당선된 경우는 4명(인천, 충북, 전남, 경남)에 불과(25.0%)했다. 이에 비하여 세 번째 자리에 이름을 올린 후보 가운데 교육감으로 당선된 사례가 5명(대구, 광주, 대전, 경기, 전북)에 이르렀다. 심지어 여섯 번째 자리에 이름을 올린 후보 가운데 교육감으로 선출된 경우(서울)도 한 건 발생했다. 특히 이번 교육감선거에서 유권자는 단일화된 진보성향의 후보(서울, 광주, 경기, 강원, 전북, 전남)를 골라서 투표하는 현상이 적지 않았던 것이다. 결론적으로 2010년 지방선거에서, 적어도 교육감선거에서는 일괄투표 또는 '줄투표', 이른바 '묻지마 투표'가 예상했던 것처럼 크게 우려할 정도는 아니었던 것으로 보인다. 유권자들은 교육감선거와 같이 상대적으로 중요한 선거에서는 심사숙고한 흔적이 보이고, 기초의회의원과 교육의원과 같이 상대적으로 덜 중요한 선거에서는 그만큼 선택을 쉽게 내린 것으로 풀이된다.

참고문헌

김왕식. 2006. "1인 2표제 도입의 정치적 효과." 어수영.『한국의 선거 : 제16대 대통령선거와 제17대 국회의원 선거』. 서울 : 오름.

오승용. 2004. "한국 분점정부의 입법과정분석."『한국정치학회보』 제38집 제1호 : 167-192.

이준한. 2007.『개헌과 민주주의』. 서울 : 한울 아카데미.

이현우. 2010. "선거제도와 개선방안." 2010년 지방선거 평가 대토론회. 한국선거학회.

중앙선거관리위원회. 1991.『구 · 시 · 군의회의원선거총람』.

중앙선거관리위원회. 1991.『시 · 도의회의원선거총람』.

최명 · 백창재. 2005.『현대 미국 정치의 이해』. 서울 : 서울대학교출판부.

Ames, Barry, Andy Baker, and Lucio R. Renno. 2009. "Split-ticket Voting as the Rule : Voters and Permanent Divided Government in Brazil." *Electoral Studies* 28 : 8-20.

Beck, Paul Allen. 1997. *Party Politics in America* New York : Longman.

Burden, Barry, and David C. Kimball. 2002. *Why Americans Split Their Tickets : Campaigns, Competition, and Divided Government* Ann Arbor : University of Michigan Press.

Campbell, James E. 1991. "The Presidential Surge and Its Midterm Decline in Congressional Elections, 1868-1988." *Journal of Politics* 53 : 477-487.

Fornos, Carolina A., Timothy J. Power, and James C. Garand 2004. "Explaining Voter Turnout in Latin America, 1980 to 2000." *Comparative Political Studies* 37 : 909-940.

Grofman, et al. 2000. "A New Look at Split-Ticket Outcomes for House and President : The Comparative Midpoints Model." *Journal of Politics* 62 : 34-50.

Helmke, Gretchen. 2009. "Ticket Splitting as Electoral Insurance : The Mexico 2000 Elections." *Electoral Studies* 28 : 70-78.

Jones, Mark. 1994. "Presidential Election Laws and Multipartism in Latin America." *Political Research Quarterly* 47 : 41–57.

Kernell, Samuel. 1977. "Presidential Popularity and Negative Voting : An Alternative Explanation of the Midterm Congressional Decline of the President's Party." *American Political Science Review* 71 : 44–66.

Mayhew, David R. 1991. *Divided We Govern : Party Control, Lawmaking, and Investigations, 1946–1990* New Haven : Yale University Press.

McCubbins, Mathew D. 1991. Party Politics, Divided Government, and Budget Deficits, In *Parallel Politics*, ed., Samuel Kernell. Washington : Brookings Institution.

Morrow, James D. 1994. *Game Theory for Political Scientists* Princeton, N.J. : Princeton University Press.

Niemi, Richard G., and Herbert F. Weisberg. eds. 1993. *Controversies in Voting Behavior* Washington, D. C. : Congressional Quarterly Inc.

Samuels, David. 2000. "Concurrent Elections, Discordant Results : Presidentialism, Federalism, and Governance in Brazil." *Comparative Politics* 33 : 1–20.

Shugart, Matthew Soberg. 1995. "The Electoral Cycle and Institutional Sources of Divided Presidential Government." *American Political Science Review* 89 : 327–343.

Shugart, Matthew S., and John M. Carey. 1992. *Presidents and Assemblies : Constitutional Design and Electoral Dynamics* New York : Cambridge University Press.

Chapter 7

한국의 개헌과 동시선거주기 4년 연임제 대통령제

I. 서론

1987년 민주주의 이행 뒤 한국은 신생 민주주의의 일원으로서 제도, 행태, 문화, 의식 등 다양한 방면에서 민주주의를 뿌리내리는 지난한 과정을 거쳐왔다. 흔히 이 과정은 제3의 민주화 물결 뒤 출현한 신생 민주주의마다 매우 새로운 길을 개척하는 것이기 때문에 많은 시행착오를 겪고, 경우에 따라서는 1999년 쿠데타 이후 파키스탄과 같이 다시 비민주주의 사회로 후퇴하는 일이 발생하기도 한다. 신생 민주주의가 탄생하기 전 많은 국가들이 역사의 대부분을 비민주주의 시대로 보냈고 시민들이나 정치행위자들이 모두 인생의 긴 기간 동안 민주주의와 관계 없이 지냈기 때문에 민주주의 이행이 이루어졌다고 해서 저절로 민주주의적 제도, 행태, 문화, 의식이 형성되고 자동적으로 민주주의가 정착되지 않기 때문이다.

민주주의 이행 뒤 신생 민주주의의 성패에 큰 영향을 주는 요인으로는 여러 가지가 있겠지만 그 가운데 대표적인 것은 정치권력구조를 결정하는 정치제도를 꼽을 수 있다. 한 사회에서 어떤 정치제도를 선택하느냐에 따라 그 사회에 정치적 안정과 민주주의 공고화가 이어질 수 있지만, 그 반대로 정치적 갈등과 혼란 및 민주주의의 후퇴로 빠질 수도 있다. 그렇기 때문에 민주주의 이행 뒤 신생 민주주의 국가는 어떠한 정치제도를 선택해야 하는지 심각한 과제를 해결해야 한다. 이와 관련하여 일찍이 유명한 정치학자인 린츠(Juan Linz)는 대통령제가 본원적인 결함을 지닌 반면 의원내각제가 더 민주적이라고 주장한 바 있다(Linz 1990a, 1990b ; Linz and Valenzuela 1994). 이러한 린츠의 주장이 제기되면서부터 전 세계 정치학계에는 큰 반향이 일었고, 린츠의 주장이 널리 받아들여지기 시작했다.

그러나 린츠의 주장은 오래지 않아 이론적인 측면에서 뿐만 아니라 통계적인 측면에서 크게 흔들렸다. 대표적인 반대 입장은 린츠의 주장과 달리 대통령제와 의원내각제가 민주주의 공고화에 있어서 통계적으로 의미 있는 차이를 보이지 않는다는 연구결과를 들 수 있다(Power and Gasiorowski 1997 ; Gasiorowski and Power 1998). 그 뒤에는 더욱 단도직입적으로 대통령제가 본원적으로 문제가 있다는 린츠의 주장이 옳지 않다고 지적하면서 대통령제와 의원내각제가 그 사회의 정당체제와 구체적으로 결합하여 민주주의 생존에 영향을 준다는 주장도 등장했다(Bernhard, Nordstrom, and Reenock 2001 ; Bernhard, Reenock, and Nordstrom 2003). 이들의 연구는 매우 넓은 시간대에 걸쳐 매우 많은 사례를 대상으로 통계분석을 시도했기 때문에 린츠의 주장을 찬성하거나 반대하는 입장의 어떠한 연구결과보다도 더 견고한 결론을 제시했다는 공통점이 있다. 이렇게 최근 대통령제와 의원내각제 사이에 본원적으로 더 민주적이거나 우월한 것이 없다는 주장이 이론적으로나 통계적으로 설득력을 얻고 있기 때문에 정치제도의 선택은 각 사회의 역사적 환경과 정치적 맥락에서 이루어지기 마련이다.[1)]

이러한 관점에서 1987년 민주주의 이행 뒤 한국이 선택한 정치적 권력구조인 매우 불규칙적인 비동시선거주기에 기초한 단임제 대통령제가 한국의 민주주의 발전과 안정에 어떠한 영향을 주었는지 평가하는 것은 향후 한국의 민주주의 공고화를 위하여 매우 중요한 과제가 된다. 이러한 작업은 최근 동시선거주기의 연임제 대통령제라는 개헌의 대안에 대한 평가로 이어지기도 한다. 따라서 이 장은 주로 현행 권력구조인 비동시선거와 단임제 대통령제에 대한 평가와 대안의 제시라는 매우 현실적인 주제에 초점을 맞춘다.

이러한 목표를 달성하기 위하여 여기에서는 먼저 비동시선거와 단임제 대통령제 채택의 동학과 정치적 의의를 살펴본다. 그 다음으로 여기에서는 한국의 현행 정치제도의 위상 및 한계와 문제점을 짚어보고 동시선거와 대통령 연임제 도입에 따른 정치적 효과를 살펴본다. 이 장은 기본적으로 정치제도의 선택이 경로의존성(path dependency)에 크게 영향을 받기 때문에, 그리고 현재 동시선거주기 연임제 대통령제에 대한

1. 이 장에서는 대통령제, 의원내각제, 이원집정제의 정의, 특징, 장단점 등에 대하여 본격적으로 비교·평가하지 않는다. 이러한 주제에 대해서는 졸저 『개헌과 민주주의』(2007)를 참조하기 바란다. 그리고 이 장은 이 책에 많은 논거를 기대고 있음을 밝힌다.

선호도가 국민들과 정치인들 사이에 상당히 높기 때문에 다른 대안을 채택하기 어렵다는 문제의식에 기초한다.

II. 비동시선거와 단임제 대통령제 채택의 동학과 정치적 의의

한 사회에서 특정한 정치제도를 선택하게 되는 배경과 동학을 설명해 온 이론 가운데 먼저 불편부당성이론(impartiality theory)이 있다(Negretto 2006). 이 이론은 한 국가에는 불편부당하고 공평한 가치와 공공선이 있기 때문에 이를 실현하는 차원에서 특정한 정치제도가 취해진다고 설명한다. 이러한 이론에 따르면 특정한 제도를 선택하는 정치행위자의 동기도 불편부당하고, 이를 채택하는 과정이나 결과도 공평하다. 실제로 이 이론은 특정한 정치제도가 될 수 있는 한 많은 사회 구성원에게 골고루 혜택을 베풀어 준다는 중립성을 강조한다. 그러나 이 이론은 여러 가지 대안 가운데 왜 꼭 그 제도가 선택되었는지에 관하여 설득력 있는 해답을 제공하지 못한다. 그 제도를 선택한 정치행위자도 어떻게 불평부당성을 유지하고 공평하게 결정을 내렸는지에 대하여 현실적인 답을 제시 못한다. 일반적으로 특정한 제도는 특정한 정치행위자에게 이득을 주는 반면 손해를 입는 정치행위자가 생기게 마련이기 때문이다.

이에 비하여 전파이론(diffusion theory)은 한 국가의 정치제도가 이웃 국가의 제도에 의하여 전파된 결과라고 설명한다. 이 이론은 국가 사이에는 불균등한 발전이 불가피하기 때문에 한 국가가 다른 나라의 발전된 정치제도를 따라간다고 해석한다. 일반적으로 인접국끼리는 서로 비슷한 역사적·문화적 환경을 공유할 가능성이 있다. 그리고 인접국끼리 전쟁이나 무역 등으로 교류가 활발하다. 이에 따라 비슷한 정치제도가 도입될 환경이 조성되는 것이다. 그러나 이 이론은 바로 이웃 국가 사이에 서로 다른 정치제도를 선택하는 현상을 설명하는 데 적지 않은 어려움을 겪는다.

보다 최근에는 경로의존성이론(path dependence theory)이 등장하여 한 국가의 정치제도가 그 국가의 역사적·문화적 흐름과 유산에 의하여 영향을 받는다고 설명한다. 다시 말하자면 한 국가에서 어떠한 제도를 선택하는 것이 아무런 맥락 없이 갑자기 이루어지는 것이 아니라, 과거의 제도적 전통의 영향과 역사적 경험에 대한 평가와 개선이라는 연속성에서 이루어진다는 것이다. 경론의존성에 의하여 제도가 선택되는 것은 그 사회에서 "익숙한 것이 안정성을 낳기 때문"(familiarity breeds stability)인 것으로 알려졌다(Taagepera and Shugart 1989 : 218). 한 사회에서 제도가 도입되는 배경과 과정에 대하여 비교적 설득력 있는 설명을 제공하는 이 이론은 한 사회에서 과거와 다른 새로운 제도가 도입되는 예외적인 현상을 설명하기 어렵다.

그러나 신제도주의적인 합리적 선택이론(rational choice theory)은 정치제도의 채택이 다양한 정치행위자의 전략적 상호작용의 결과로 이루어진다고 이해한다(Easter 1997). 이 이론은 정치행위자가 특정한 정치적 제도를 선호하는 것은 그 제도가 자신의 이익을 극대화하고 상대의 이익을 최소화시키는 데 기여할 것으로 계산하기 때문이라고 본다. 가령 한 국가에서 대통령제를 선택할 것인지 아니면 의원내각제를 선택할 것인지 하는 기준은 유력한 정치행위자들 사이에 서로 자신이 정권을 잡을 수 있는 가능성을 극대화하거나 반대로 상대가 정권에 가까워질 수 있는 가능성을 최소화시킬 것이라는 합리적 계산에 달려 있다. 그러나 자기에게 유리하다고 믿는 제도가 서로 다를 수 있기 때문에 여러 정치 행위자들이 전략적으로 대화와 타협으로 상호작용하면서 특정한 정치 제도를 취하게 된다(Euchner and Maltese 1992 ; Kim 1997 ; Lijphart and Waisman 1996 ; Reynolds 2002).

이 장에서는 정치제도 채택과 관련된 배경과 역학을 설명하는 데 경로의존성과 신제도주의적인 합리적 선택이론의 유용성과 상호 보완성에 주목한다. 이 두 이론은 영국에서 긴 세월 동안 의원내각제라는 제도가 고안되는 과정을 잘 설명하고, 중남미와 아프리카 및 아시아에서 영국 식민지 국가들이 독립 뒤 의원내각제를 채택하는 과정도 잘 설명해 준다. 그리고 미국에서 대통령제가 새로이 고안되는 과정은 물론이고 중남미의 스페인과 포르투갈 식민지나 제2차 세계대전 이후 많은 독립국에 미국식 대통령제가 확산되는 과정도 잘 이해시켜 준다. 또한 1980년대 소연방이 해체되면서 소련식 결선투표제는 계속해서 유지되는 경향도 있었다. 1990년대 민주화 이후 아프리카에서는 프랑스 식민지였던 국가에서 결선투표제와 이원집정제가 자리잡았고 독일 식민지 국가에서는 의원내각제가 정착되었다. 경로의존성에 의하여 각국에서 정치제도 선택의 큰 방향이 정해지고 각 사회의 정치행위자 사이 전략적인 합리적 선택이 그 사회의 구체적인 제도적 차이를 규정했던 것이다 (Euchner and Malt-ese 1997 ; Reynolds 1995).

한국 정치사에서 관찰되는 정치제도의 선택을 둘러싼 정치적 동학도 외국의 사례와 별반 다를 게 없다.[2] 우선 1987년 민주주의 이행 뒤 직선제 대통령제가 채택된 것은 국민들이 요구한 민주화 조건 가운데 가장 중요한 사항이었다. 이러한 조건에 대하여 정부가 강경하게 진압하는 대신 전략적으로 타협한 결과 민주주의로 이행하면서 직선제 대통령제가 도입되었다. 1987년 6 · 29 선언이 이러한 대타협의 결과였다.

그리고 1987년 새로 개정된 헌법 제70조에 따르면 "대통령의 임기는 5년으로 하며 중임할 수 없다"고 되어 있는데, 5년 임기와 단임제의 채택도 전략적 상호작용의 결과였다. 6 · 29 선언 뒤 개헌작업을 주도했던 이른바 "8인 정치회의"에서 당시 여당 측은 6년 단임제를 제안하고 야당 쪽은 4년 중임제를 제시했다. 하지만 결국 양측의 줄다리기 속에서 5년 단임제로 타협이 이루어졌다. 이 당시 선거의 비동시화에 따라 파생될 여러 가지 정치적인 문제와 효과에 대하여 심각하게 분석하고 평가하기보다는 서로 권력을 보다 쉽게 나누어 가질 수 있다는 차원에서 6년 또는 8년짜리 대통령제보다 5년짜리 단임제가 선택된 것이다.

III. 전 세계 선거주기의 특징과 한국 선거주기의 위상

전 세계적으로 대통령선거를 실시하는 99개 국가들의 대통령 임기는 평균 5.12년이고 의회임기는 평균 4.48년으로 계산된다.[3] 단임제 대통령을 선출하는 국가는 11개에 그치나 비단임제 대통령을 선출하는 국

2. 한국의 정치제도 선택에 대한 합리적 선택이론 분석의 대표적인 사례는 Kim (1991)을 찾을 수 있다.
3. 가장 최근에 전 세계 각국의 선거정보를 공개한 자료에 기초하여 저자가 계산했다(Meirowitz and Tucker 2007).

가는 88개에 달한다. 단임제 국가에서건 비단임제 국가에서건 대통령의 임기는 공통적으로 의회의 임기보다 조금씩 길다. 이러한 패턴에서 벗어난 유일한 국가는 인구가 200만 명 미만의 소국인 코모로로서 대통령의 임기가 4년인 데 반하여 의회의 임기가 5년이다. 일반적으로 인구가 200만 명 미만의 소국은 비단임제를 더 선호하는 것으로 나타난다.

지구상에 대통령과 의회의 임기가 같은 국가는 54개로 대통령과 의회의 임기가 상이한 국가(38개)보다 훨씬 더 많다. 임기의 조합은 대통령 4년-의회 4년(18개 국가), 5-5년(34개 국가), 6-6년(2개 국가), 5-4년(21개 국가), 6-5년(4개 국가), 7-5년(11개 국가), 6-3년(2개 국가) 등으로 다양하다. 대통령과 의회의 임기가 같을 경우에는 동시선거를 치를 가능성이 있으나 대통령과 의회의 임기가 각기 다른 국가들은 비동시선거를 가질 가능성이 높다. 전 세계적으로 동시선거를 채택한 국가는 34개이고 비동시선거를 도입한 국가는 60개에 이른다. 대통령과 의회의 임기가 같을수록 대통령의 임기는 짧고, 그 반대일수록 대통령의 임기가 의회의 임기보다 길다. 또한 대통령과 의회의 임기가 다를수록 의회의 임기가 상대적으로 짧고, 대통령과 의회의 임기가 같을수록 의회의 임기가 길다.

한국의 현행 단임 5-4년 비동시선거제도는 상대적으로 전 세계에서 사례가 적은 편에 속한다. 한국의 단임제는 99개 대통령 선출국가들 가운데 11개 국가(11.1%)만이 채택한 소수파이다. 한국의 5-4년 임기조합은 단임제 국가들 사이에는 유일한 사례에 그친다. 단임제 국가들 가운데 가장 빈번하게 채택된 임기제는 3개 국가씩 이용하는 4-4년과 5-5년 임기조합이다.

그러나 대상을 좀더 넓혀 비단임제까지 포함한 모든 대통령 선출

국가들을 살펴보면 한국의 5-4년 임기조합은 21개 국가들(22.8%)이 이용하여 두 번째로 많이 애용되는 제도이다. 5-5년 임기조합은 34개 국가(37.0%)가 채택하여 가장 빈번한 조합으로 드러났고, 4-4년 임기조합은 18개 국가(19.6%)가 도입했다. 전 세계 99개 대통령 선출국가들 가운데 한국과 같이 5-4년 조합을 선택한 국가들을 살펴보면 대체로 한국보다도 더 신생 민주주의 국가들이 많은 것을 알 수 있다. 5-4년 조합을 선택한 21개 국가들 가운데 12개는 구동유럽 사회주의 국가들(그루지야, 루마니아, 리투아니아, 마케도니아, 몬테네그로, 세르비아, 슬로바키아, 슬로베니아, 아르메니아, 알바니아, 크로아티아, 폴란드) 출신이고, 6개는 아프리카(기니바시우, 마다가스카르, 베냉, 상 투메 프린시페, 앙골라, 차드)에 위치하며, 아이티는 여전히 중남미의 불안정한 정치의 대명사이다. 마지막으로 포르투갈은 제3의 민주화 물결이 시작된 국가이다. 한 마디로 말하자면 한국의 5-4년 임기조합을 사용하는 선진 민주주의 국가는 하나도 없다는 것이다.

IV. 비동시선거와 단임제 대통령제에 대한 평가[4)]

1987년 헌법에 의하여 한국에서 5년 단임제가 채택된 것은 몇 가지 역사적 의의를 갖는다. 첫째, 한국에서는 연임제가 1987년 당시 국민

4. 이 부분은 졸저 『개헌과 민주주의』(1997)의 논의에 기초한다.

의 정서에 부합하지 않았거나 정치인들의 선호에서 후순위에 있었다. 한국뿐 아니라 제3의 민주화 물결이 휩쓸고 지나간 많은 신생 민주주의 국가에서는 대통령 단임제가 유행했다. 대표적으로 필리핀, 멕시코, 브라질 등을 들 수 있다. 대통령의 임기가 연임이나 중임 등으로 길어지게 되면 과거 국민들을 시달리게 만든 장기독재로 이어질 수 있다는 정서가 형성되었기 때문이다.

둘째, 한국에서 단임제는 상대적으로 짧은 기간 동안 이른바 '대통령병'에 걸린 정치인들의 소원을 풀게 해주고 대통령의 교체를 원활하게 이루었다. 과거 박철언과 같은 정치인은 대통령을 오랫동안 꿈꿔왔던 이른바 3김 등을 대통령이나 총리의 자리에 빨리 앉히고 자신도 한 자리를 차지할 수 있는 정치제도를 모색했다. 이들에게 짧은 임기에 수월한 인적 교체가 가능한 이원집정제나 의원내각제가 매력적인 대안이 된 것은 우연이 아니다(오병상 1995). 정작 박철언 자신은 그러한 꿈을 이루지 못했지만 5년 단임제는 양김을 비롯하여 많은 사람들이 비교적 짧은 시간 안에 대통령직을 수행하고 교체될 수 있는 효과적인 제도적 장치로 작동했다.

셋째, 5년 단임제에 따른 두 번의 수평적이고 평화적인 정권교체는 한국 민주주의 공고화의 귀중한 지표가 된다. 한국은 이른바 "두 번의 정권교체 시험"(two turnover test)을 통과하여 다시 비민주주의 사회로 후퇴할 가능성이 적은 상황에 도달했다.[5] 1987년 민주화 이후 20년 만에 이

5. 민주주의 공고화의 중요한 지표인 '두 번의 정권교체 시험'에 대해서는 Huntington(1991)을 참조하시오.

룬 이러한 성과는 다른 제3의 민주화 물결에 비하여 월등히 빠른 기록이라고 할 수 있다.

이와 반대로 5년 단임제 대통령제의 채택은 많은 문제들을 파생시켰다. 그 가운데 가장 큰 폐단은 선거의 비동시화에 따른 정치의 비효율성과 불안정성이다. 1987년 12월 대통령선거 뒤 대통령선거는 매 5년마다 실시된 반면 1988년 4월에 거행된 국회의원선거를 시작으로 매 4년마다 총선거가 치러졌다. 또한 1998년부터 지방선거는 4년 주기로 자리잡았다. 이에 따라 1987년 이후 대통령선거, 국회의원선거, 그리고 지방선거 등 선거가 없었던 해는 1990년, 1993년, 1994년, 1999년, 2001년, 2003년, 2005년, 2009년 등 단 여덟 해에 그친다. 그만큼 각급 공직자선거가 거의 매해 빠짐 없이 치러졌다는 의미이다. 하지만 이들 여덟 해에도 재·보궐선거가 실시되었기 때문에 선거가 하나도 없었던 해를 찾는 것은 매우 어려워진다.

이렇게 선거가 쉼 없이 반복되는 상황에서는 대통령과 국회가 효율적으로 또는 안정적으로 정치를 하거나 국정에 전념하기가 매우 어려워진다. 대통령이나 국회는 각자의 본원적인 역할에 집중하기보다는 항상적으로 서로 엇갈려 실시되는 선거를 의식하고 준비해야 하기 때문이다. 이에 따라 각종 사회적·정치적·경제적 비용이 추가되고 책임질 수 없는 공약들이 남발하는 상황이 거듭되었다. 대통령은 목전의 선거를 준비해야 하기 때문에 장기적인 안목이나 비전을 가지고 자신의 공약이나 정책을 실현시키는 데 시간을 할애하기 어려워진다. 또한 각종 선거가 빈발하면서 정당과 정파 사이의 정치적 갈등도 확대 재생산되고 대결적인 정치문화는 더욱 깊어진다.

여기에 해당하는 가까운 사례는 2007년 12월 대통령선거 뒤의 이명박 정부에서 찾을 수 있다. 12월 대통령선거가 끝난 뒤 상당한 시간이 지난 2008년 여름까지도 이명박 정부는 대통령선거 때 내걸었던 공약을 실현하거나 국가적 정책을 추진하는 데 어려움을 겪었다. 취임하자마자 바로 2008년 4월에 국회의원선거가 있어서 청와대가 이를 실질적으로 진두지휘하게 되었고, 이에 따라 임기 초 이른바 밀월기(honeymoon period) 동안 대표적 공약의 집행에 집중할 수 없었다. 공천을 둘러싸고 노장파와 소장파 사이에 갈등이 빚어지고 이른바 친이 세력과 친박 세력 사이의 힘겨루기가 이어졌다. 게다가 2010년에는 지방선거가 있기 때문에 이명박 정부는 곧 중간평가에 대비하는 체제로 넘어가야 할 것이고, 2012년에는 임기 말 국회의원선거가 예정되어 있다. 이에 따라 이명박 정부는 집권 초기부터 임기 말까지 안정성과 효율성이란 측면에서 매우 취약한 것이다.

또한 일반적으로 비동시선거는 분점정부를 출현시키는 경향이 있고 분점정부는 정치의 불안정성과 갈등을 증폭시킬 수 있다. 한국에서도 비동시선거로 말미암아 분점정부 또는 여소야대 상황이 출현한 경우가 결코 적지 않다. 한국에서는 2004년 국회의원선거와 2008년 국회의원선거를 제외하고 거의 항상 분점정부 또는 여소야대가 출현했다. 이때마다 분점정부를 통하여 애초 기대하는 행정부와 입법부 사이의 견제나 균형이 이루어지기보다는 정치적 마찰이나 갈등이 만연했다(이준한 2004). 또한 국회의원선거가 끝나면 여소야대 상황을 바꾸기 위하여 인위적인 정계개편을 시도하면서 정국이 더욱 교착되는 사례도 속출했다.[6)]

다른 한편 대통령 단임제도 고유한 작동원리에 따라 몇 가지 문제점을 파생시킨다. 첫째, 대통령 단임제는 대통령의 책임정치를 훼손시킬 수 있다. 대통령 단임제에서는 현직 대통령이 재선을 위하여 굳이 노력하지 않아도 되기 때문에 2009년 이명박 대통령이 세종시 문제와 관련하여 여론을 신경쓰지 않겠다는 발언을 하게 만들기도 했다. 대통령 단임제에서는 현직 대통령이 다음 대통령선거에서 직접적인 평가와 심판을 받을 수 없기 때문이다. 현직 대통령 대신 그가 속한 정당의 대통령 후보가 간접적으로 현직 대통령의 업적과 성과를 평가하는 대상이 될 뿐이다.

둘째, 대통령 단임제에서는 정당정치가 약해지고 불안정해지는 경향이 있다. 대통령 단임제에서는 연임제보다 빠른 시점 안에 현직 대통령을 제외한 다른 지도자들이 다음 대통령선거를 준비하기 위해서 치열한 당내 경쟁을 시작할 수밖에 없다. 차기 주자들은 일찍부터 현직 대통령에 대한 차별화를 시도하면서 대통령의 정책 집행력이 떨어지고 정당 소속감이 약해지기 마련이다. 이에 따라 정당 내부에서 크고 작은 분열과 갈등이 떠나지 않게 된다.

셋째, 대통령 단임제에서는 정책의 일관성과 연속성이 약해진다. 대통령이 공약했던 장기적인 국가 과제나 사업은 현직 대통령이 교체되면서 쉽게 중단되거나 재평가되는 상황에 봉착한다. 대표적으로 노무현

6. 이와 반대로 2004년 국회의원선거로 단점정부가 탄생했지만 4대 개혁 입법을 추진하면서 의회가 마비되는 일을 거르지 않았다. 그리고 2008년 국회의원선거가 한나라당의 단점정부를 탄생시켰지만 선거가 끝난 지 한참 뒤인 8월까지도 국회는 정상적으로 작동하지 못했다. 이렇듯이 한국에서도 단점정부가 꼭 정치의 안정성과 연관되어 있는 것은 아니다. 단점정부에서보다 분점정부에서 입법 활동이 활발했다는 사실은 미국의 맥락에서도 밝혀진 바 있다(Mayhew 1991). 이러한 사실은 한국의 상황에서도 그대로 확인된 바 있다(오승용 2004).

대통령이 임기를 마치자 부동산 정책이나 행정수도 이전정책이 도전받거나 중단된 것을 사례로 들 수 있다. 이에 따라 막대한 국가적 예산의 낭비는 물론이고 그간 여론수렴과 사회통합에 쏟았던 기회비용이 사라지는 셈이다. 이명박 대통령의 장기적인 공약인 한반도 대운하 사업도 비슷한 도전을 피하지 못하고 있다.

넷째, 대통령 단임제는 대통령으로서 자질이 있고 능력 있는 인재의 층이 두텁고 정치적 충원이 원활할 것을 전제로 한다. 각 정당은 5년마다 새로운 대통령 또는 대통령 후보를 하나씩 준비할 수 있는 능력을 갖춰야 한다. 과거 1980년대까지만 해도 군부가 정치적 충원의 중요한 통로였고 1990년대까지만 해도 그야말로 수십 년 동안 대통령을 꿈꾸며 준비해 온 정치인들이 있었기 때문에 이러한 문제는 중요하게 대두되지 않았다. 하지만 2000년대 중반을 넘어가면서 주요 정당은 벌써 대통령감으로 준비된 새로운 인재를 찾는 데 큰 어려움을 겪고 있는 상황이다.

V. 동시선거와 4년 연임제 대통령제의 효과

이 책의 제6장에서 이미 동시선거의 긍정점과 부정점에 대한 자세한 설명이 제공되었고 2010년 지방선거에서 동시선거의 긍정적인 효과를 재확인했기 때문에 여기에서는 중복을 피한다. 다만 간단하게 동시선거의 긍정성을 요약하면 첫째, 동시선거가 선거의 횟수를 줄임으로써 선거비용을 현격하게 줄인다는 것이다. 둘째, 동시선거는 단순한 선거비용 말고 정치적 비용도 대폭 줄이면서 예측 가능한 정치를 앞당겨 정착시킬 수 있다. 셋째, 동시선거는 투표율의 향상에 큰 계기가 될 것이다. 이에 비하여 동시선거가 가지는 부정성은 첫째, 5년 단임제를 폐지하는 대신 4년 연임제를 도입할 경우 이른바 중간평가가 사라질 수 있다는 것이다. 둘째, 대통령선거와 국회의원선거를 동시에 치를 경우 이른바 연미복 효과(coattail effect, 또는 편승효과)가 발생할 것이라는 지적도 있다.

그러나 만약 4년 연임제가 도입된다면 중간평가는 두 번째 임기를 시작하는 선거로 대체될 수 있다. 두 번째 대통령선거에서 유권자는 자신의 평가에 따라 대통령을 연임시킬 것인지 또는 아닌지를 결정할 수 있다. 또 두 번째 대통령선거에서 대통령에게 힘을 실어줘야겠다고 유권자가 판단한다면 단점정부를 만들어줄 수 있고 또 견제를 강화해야겠다고 믿는다면 국회에 야당을 더 많이 뽑아줄 수 있다. 이 모든 선택은 합리적 유권자의 몫이다. 그리고 두 번째 대통령선거에서 현직 대통령의 능력과 업적이 인정받는다면 유권자의 선택에 의하여 재선될 수 있고 그 반대라면 다른 대통령이 선출될 것이다. 연임제 대통령제가 대통령의 재선을 자연스럽게 보장하고 능력과 인기가 없는 대통령의 재선을 그대로 허용하는 제도는 아니다.

이 외에도 4년 연임제 대통령제는 대통령의 정치적 책임성을 높이는 효과를 이끌 수 있다. 5년 단임제에서 대통령의 정치적이고 정책적인 책임성은 직접적으로 평가받기 어렵다. 다음 대통령선거를 준비하지 않기 때문에 현직 대통령이 재임기간 동안 인기영합적인 정책을 펴거나 실정을 거듭해도 직접 책임을 물을 수 없다. 물론 현행 5년 단임제에서 국회의원선거나 지방선거를 통하여 대통령 소속정당을 심판하거나 또는 다음 대통령선거를 통하여 같은 정당소속 대통령 후보의 당락을 통하여 현직 대통령을 평가하는 것은 가능하다. 그러나 현재 국회의원선거나 지방선거는 물론 재·보궐선거까지 모두 대통령의 중간평가로 과도하게 변질되어 있어 오히려 부정적인 효과가 더 커졌다.

또한 5년 단임제 대신 4년 연임제를 채택한다면 정치의 연속성과 일관성을 높이는 효과가 있다. 5년 단임제에서는 대통령에게 직접적인 평가와 심판을 가하기 어려울 뿐만 아니라 연임제보다 정책수행이나 공약집행에 있어서 단기성을 가질 수밖에 없다. 더군다나 대통령 임기 사이에 있는 국회의원선거, 지방선거, 재·보궐선거에 의하여 공약이나 정책집행력이 도전받을 수 있다. 반대로 4년 연임제를 도입할 경우 첫째 임기에서 좋은 평가와 국민적 지지를 획득한 다음에야 비로소 두 번째 임기로 갈 수 있기 때문에 책임성도 높이고 검증받은 국가적 과제나 정책을 장기적 비전 아래 일관성 있게 추진할 수 있다.

나아가 5년 단임제 대신 4년 연임제는 정당정치의 안정성과 예측 가능성을 높일 수 있다. 한국 정당의 특징은 무엇보다 정당의 단명성을 들 수 있다. 1963년 이래 평균적으로 매년 2개 이상의 정당이 새로 생겼다 없어지고 한 정당의 평균수명이 3년을 갓 넘을 뿐이다. 민주화 뒤 20여 년의 세월이 흐른 최근에도 정당정치가 자리를 잡지 못하는 데는 5년마다 새로운 대통령 후보를 선출해야 하는 구조가 적지 않게 영향을 준다. 3김의 퇴장 뒤에는 이른바 지역주의 맹주나 보스가 사라졌고 5년마다 새로운 대통령 후보를 뽑기 위하여 당내 경쟁이 조기에 가열되고 상시화되었기 때문이다. 당내에서도 대통령의 영향력이 약화되기 쉽고 임기 말에만 권력이 누수되는(레임덕 현상) 것이 아니라, 임기 중에 수시로 벌어지는 각종 선거에 영향을 받아 레임덕 현상이 상시화될 수 있다. 그러나 4년 연임제를 도입한다면 한국 정당의 수명을 조금이라도 늘리고 정당정치를 안정화시킬 것으로 기대된다.

이와 반대로 5년 단임제와 마찬가지로 4년 연임제도 민주주의 발전에 부정적인 영향을 줄 수 있다. 첫째, 5년 단임제 대신 4년 연임제를 도입한다고 해도 대통령의 책임성이 증대되지 않을 수 있다는 지적도 받는다. 대통령이 다음 선거에서 이기기 위하여 첫 번째 임기 동안 대중의 인기에만 연연하는 정치에 골몰할 수 있기 때문이다. 둘째, 4년 연임제에서는 무능력한 대통령이 8년이라는 긴 기간 동안 집권할 수도 있다는 주장이 있다. 일반적으로 연임제 국가에서는 현직 대통령이 재선되는데 유리한 이점을 가지고 있기 때문이다. 그러나 이러한 단점들은 상대적으로 4년 연임 대통령제도 자체에 의하여 치유될 가능성이 크다. 이미 지적했듯이 아무리 현직자의 이점이 크다고 해도 국민의 민생과 국가의 장래보다 대통령의 인기에 치중하는 정치를 하거나 무능력하고 부패한 대통령은 두 번째 선거에 당선되는 것이 쉽지 않은 까닭이다. 동시선거주기에 기초한 4년 연임제 대통령제의 도입은 5년 단임제 비동시선거의 장단점에 대한 체계적인 비교와 평가를 바탕으로 이루어져야 할 것이다.

VI. 동시선거 4년 연임제 대통령제의 채택 : 국회의원 후보의 상향식 선출을 포함하여

앞으로 개헌논의는 전 세계적으로 다양한 국가의 선거주기에 대한 비교평가는 물론 과거 20여 년 동안 한국의 1987년 헌법이 작동된 사례를 엄정하게 평가하는 것에서 출발해야 한다. 이미 이 책의 제1부에서 9개 국가의 사례를 통해 살펴보았듯이 선거의 시점에 따른 대통령 소속정당의 선거이득이 대체로 관찰된다. 특히 동시선거와 신혼선거에서 대통령 소속정당의 의회선거 승리 가능성과 중간선거의 패배 가능성이 컸지만 황혼선거의 패배경향은 아직 유보적이다. 그리고 한국에서 장차 개헌의 대안으로 신혼선거주기나 황혼선거주기는 선거비용을 포함하여 각종 정치적 비용의 절감 등에 큰 기여가 없기 때문에 중요한 고려의 대상이 되지는 못한다. 미국식 선거주기는 한국 국회의원의 임기를 4년에서 2년으로 줄여야 하는 불가능에 가까운 문제가 파생되기 때문에 전혀 고려의 대상이 안 된다. 이에 따라 한국의 대안으로 남는 것은 중간선거주기나 동시선거주기이다. 하지만 도미니카 공화국의 사례를 분석한 결과 중간선거주기는 결코 이 장에서 진단했던 한국 대통령제의 문제점을 해결하지 못할 것이라는 사실을 확인했다. 이에 따라 동시선거주기가 한국의 선거주기에 대한 대안으로 남는 것이다. 제1부에서 지구상 다양한 선거주기에 대한 구체적인 사례연구를 체계적이고 종합적으로 분석한 이유는 바로 이러한 비교평가에 기초하여 한국의 대안을 찾으려는 데 있었다.

앞으로 한국에서 선거주기를 바꿀 때, 특히 동시선거주기를 채택할 때 대통령 소속정당의 이점이 없지 않다. 그러나 이미 제1부에서 확인했듯이 이러한 선거주기의 변화에 따른 대통령 소속정당의 이점이나 손해는 전 세계적으로 피할 수 없는 것이다. 또한 제2부에서 살펴보았듯이 이러한 현상은 과거 한국의 불규칙한 선거주기 아래에서도 이미 발생했던 일이다. 이러한 이유로 선거주기를 포함한 정치제도의 변화는 자신의 집권 가능성을 극대화하는 방향으로 추진되는 경향이 있다. 1987년 개헌도 그랬고 3당 합당과 DJP 연합을 매개로 추진했던 의원내각제 개헌논의도 그 대표적인 사례이다. 이와 달리 2007년의 이른바 원 포인트 개헌론은 개헌의 주창자가 대통령선거에 출마하여 승리할 가능성을 극대화할 것을 겨냥하지 않았다는 색다른 면이 있다. 앞으로도 눈앞의 정략적인 이해타산에 개헌논의가 발목을 잡히지 않아야 한국 정치의 발전이 가속될 것이다.

한국에서는 이미 이른바 두 번의 정권교체 테스트(two turnover test)를 성공적으로 마쳤고, 앞으로 평화적이고 수평적인 정권교체가 더욱 더 빈번해질 것이다. 이러한 한국 민주주의의 성과와 발전은 동시선거 연임제 대통령제의 채택으로 인하여 어느 특정 정당만 계속해서 이득을 보고 다른 정당이 손해볼 가능성을 크게 줄여준다. 어느 정당이든지 집권당이 되어 동시선거의 혜택을 입을 수 있고 국민의 심판을 받을 수 있기 때문이다. 다만 향후 개헌이 이루어져 2012년부터 동시선거가 현실화될 때 그 선거에서 예상되는 선거이득으로 인하여 현재 정당들의 이해타산이 달라지고 개헌의 발목이 잡히는 실정이다. 하지만 이러한 정치적 타산 때문에 동시선거 개헌을 포기할 수 없을 만큼 한국의 정치는 심각한 문제를 안고 있다. 지금의 시점은 단기적인 당리당략보다는 장기적인 국가의 정치적 발전을 도모할 때이다.

다시 말하자면 앞으로 개헌과정에서 동시선거제의 채택이 결국 정치행위자의 합리적 계산에 따라 영향을 받겠지만 그 채택의 결과는 오히려 자유롭고 주기적으로 교체될 집권당들에게 똑같은 손해와 이득으로 작용할 것이라는 말이다. 앞으로 한국에서는 어느 한 정당이 계속 집권하고 다른 정당은 계속 집권하지 못하는 상황이 발생하기 어렵기 때문에 동시선거의 채택은 오히려 어느 정당에게나 공평하게 영향을 줄 것이다. 매우 불규칙하게 치러진 각종 선거가 한국에서 '대통령의 정치'가 '선거의 정치'에 매몰되게 만들어 왔기 때문에 동시선거제의 채택은 대통령에게 정책과 정치에 전념할 시간을 더 많이 보장할 것으로 보인다.

현재 선거의 동시화와 4년 연임제 대통령제는 이미 국민적이고 의회적 합의를 가장 많이 확보한 정치제도이다. 그리고 이 장에서 살펴보았듯이 동시선거와 4년 연임제 대통령제는 1987년 헌법의 폐단을 극복하는 데 매우 효과적인 대안이다. 2012년 선거를 앞두고 현재 동시선거와 4년 연임제 대통령제를 채택할 수 있는 구체적인 방안은 다음과 같다. 즉 2012년 12월을 기점으로 대통령선거와 국회의원선거를 동시에 치르고 4년 주기로 대통령 연임제를 실시하는 것이다. 2012년 12월로 정해진 대통령선거를 앞당기기보다는 같은 해 4월로 정해진 국회의원의 선거를 미루는 것이 훨씬 쉽기 때문이다. 이미 대만에서 2005년 개헌을 추진할 때 3년 임기의 의원들에게 정수를 줄이는 대신 임기를 4년으로 늘려주면서 성사시켰다.

대통령이건 국회의원이건 자신의 임기를 줄일 것을 추진하는 개헌 논의는 누구의 참여나 동의를 구하기 쉽지 않다. 그러나 국회의원의 임기를 4년으로 보장하고 이번에만 국민의 합의를 이끌어 특별법을 제정하여 임기를 더 늘려주는 것이 상대적으로 현실성 있는 방안이다. 물론 국회의원들이 그만큼 개헌이라는 역사적 책무를 다해야 할 것이고, 나아가 무임금으로라도 열성을 다하겠다는 결의를 보여주면 더 쉬워질 것이다. 한국에서는 4년 동시선거주기에 2010년부터 4년 간격으로 치러지는 지방선거가 자연히 중간선거로 자리 잡을 수 있다. 이러한 방안은 상대적으로 손쉽게 한국 선거의 주기를 조정한다는 데 큰 장점이 있다.

그리고 차제에 정치제도를 바꾸면서 공직선거법까지 고쳐 국회의원 선거운동 기간을 현실화시킬 필요가 있다. 현재로서는 국회의원 공식 선거운동이 2주 남짓에 불과하기 때문에 각 당이 후보를 선출하고 공약을 만들어 유권자에게 선전하는 기간이 너무 짧다. 또한 비례대표 후보들마저 불과 2주 정도를 남겨놓고 확정됨으로써 현행 선거법이 오히려 졸속적인 국회의원선거를 조장하고 있다.

이에 대한 대안으로 대통령선거와 국회의원선거를 동시화시키면서 대통령 후보 선출과정과 국회의원 후보 선출과정도 하나로 묶어서 실시하는 방안을 고려해야 한다. 공직선거법은 선거로부터 수개월 전부터 대통령과 국회의원 후보를 상향식으로 선출할 수 있는 충분한 시간을 허용하도록 개정되어야 한다. 이와 동시에 각 당은 당헌과 당규를 손질하여 시도당 단위에서 대통령 후보를 선출하기 위한 경선을 벌일 때 국회의원 후보경선을 함께 실시하도록 해야 한다. 이렇게 명실상부한 상향식 공천제도는 국회의원을 선출하는 데 유권자의 관심과 참여도 촉진시키고 후보자들의 대표성과 선출과정의 공정성도 높일 수 있다. 이를 통해 유권자는 지역구 국회의원 후보에 대한 자질, 공약, 업적 등을 밑에서부터 검증한 뒤 결정할 수 있다. 이와 동시에 비례대표 후보자의 명부도 미리 공개하여 시도당 단위에서 선출한다면 국회의원 선거제도의 단점마저 크게 개선시킬 수 있을 것이다.

참고문헌

민병두. 2006. 『87년 체제를 넘어 : 현행 헌법의 한계와 쟁점』. 서울 : 민병두의원실.

오병상. 1995. 『청와대비서실 3』. 서울 : 중앙일보사.

오승용. 2004. "한국 분점정부의 입법과정 분석." 『한국정치학회보』 제38집 제1호 : 167-192.

이준한. 2004. "노무현 대통령 시기의 대통령과 국회관계." 『의정연구』 제10집 : 93-113.

이준한. 2007. 『개헌과 민주주의』. 서울 : 한울아카데미.

Beck, Paul Allen. 1997. *Party Politics in America* New York : Longman.

Bernhard, Michael, Timothy Nordstrom, and Christopher Reenock. 2001. "Economic Performance, Institutional Intermediation, and Democratic Survival." *Journal of Politics* 63 : 775-803.

Bernhard, Michael, Christopher Reenock, and Timothy Nordstrom. 2003. "Economic Performance and Survival in New Democracies : Is There a Honeymoon Effect?" *Comparative Political Studies* 36 : 404-431.

Burden, Barry, and David C. Kimball. 2002. *Why Americans Split Their Tickets : Campaigns, Competition, and Divided Government* Ann Arbor : University of Michigan Press.

Easter, Gerald M. 1997. "Preference for Presidentialism : Postcommunist Regime Change in Russia and the NIS." *World Politics* 49 : 184-211.

Euchner, Charles C., and John Anthony Maltese. 1997. *Selecting the President : from 1789 to 1996* Washington, D.C. : Congressional Quarterly.

Gasiorowski, Mark J., and Timothy J. Power. 1998. "The Structural Determinants of Democratic Consolidation : Evidence From the Third World." *Comparative Political Studies* 31 : 740-771.

Huntington, Samuel P. 1991. *The Third Wave : Democratization in the Late Twentieth*

Century Norman : Univ. of Oklahoma Press.

Kim, Hee Min. 1991. "Rational Choice Theory and Third World Politics : The 1990 Party Merger in Korea." *Comparative Politics* 30 : 83–100.

Linz, Juan J. 1990a. "The Virtues of Parliamentalism." *Journal of Democracy* 1 : 84–91.

Linz, Juan J. 1990b. "The Perils of Presidentialism." *Journal of Democracy* 1 : 51–69.

Linz, Juan J., and Arturo Valenzuela, eds. 1994. *The Failure of Presidential Democracy* Baltimore : Johns Hopkins University Press.

Mayhew, David R. 1991. *Divided We Govern : Party Control, Lawmaking, and Investigations, 1946–1990* New Haven : Yale University Press.

McCubbins, Mathew D. 1991. "Party Politics, Divided Government, and Budget Deficits." in *Parallel Politics*, ed., Samuel Kernell. Washington : Brookings Institution.

Morrow, James. 1994. *Game Theory for Political Scientists* NJ : Princeton University Press.

Niemi, Richard G., and Herbert F. Weisberg. eds. 1993. *Controversies in Voting Behavior* Washington, D.C. : Congressional Quarterly Inc.

Power, Timothy J., and Mark J. Gasiorowski. 1997. "Institutional Design and Democratic Consolidation in the Third World." *Comparative Political Studies* 30 : 123–155.

Reynolds, Andrew. 1995. "Constitutional Engineering in Southern Africa." *Journal of Democracy* 6 : 86–99.

Samuels, David. 2004. "Presidentialism and Accountability for the Economy in Comparative Perspective." *American Political Science Review* 98 : 425–436.

Shugart, Matthew Soberg. 1995. "The Electoral Cycle and Institutional Sources of Divided Presidential Government." *American Political Science Review* 89 : 327–343.

제3부 한국의 선거제도 개혁

Chapter 8

결선투표제와 선거의 비동시화 효과

I. 서론

최근 한국에서 개헌이 논의될 때마다 결선투표제의 도입만큼 자주 거론되는 것도 없는 편이다. 주지하듯이 한국에서 결선투표제가 도입되어야 한다는 주장의 배경에는 1987년 민주화 이후 당선된 대통령의 득표율이 35.9%(노태우 대통령), 41.4%(김영삼 대통령), 39.7%(김대중 대통령), 48.4%(노무현 대통령), 42.8%(이명박 대통령)로 과반수에 못 미친 데도 불구하고 마치 모든 대통령이 100%의 권력을 위임받은 듯이 제왕적으로 대통령직을 수행해 왔다는 평가가 자리한다. 이러한 평가는 학계는 물론 현실 정치계에서도 큰 공감을 얻었으며, 이에 따라 개헌을 고려할 때 결선투표제 도입에 대한 긍정적인 기류를 넓게 형성시켰다. 그리고 현실적으로 독자적인 선거승리 가능성이 적은 정당에서는 선거연합이라는 관점에서 결선투표제를 도입하는 방안을 적극적으로 검토하기도 한다.

이에 비하여 한국에서 결선투표제에 대한 연구는 그리 활발하게 진행되지 않았다. 강원택(1997, 2006)은 결선투표제가 원론적으로 선거 결과의 변화를 초래할 수 있고 정당체계의 파편화를 이끌 수 있지만 한국에서는 결선투표제가 정당체계를 파편화시키는 데 큰 영향을 주지 않을 것으로 보았다. 강원택(2006)은 특히 2000년대 전 세계 결선투표제 사례를 예로 들면서 결선투표제가 비교적 안정적으로 운영되고 있다는 사실을 보여주었다. 이준한(2007)은 결선투표제가 상당히 오랫동안 실시된 중남미의 27개 결선결과를 분석하면서 결선에서는 투표율의 저하와 선거결과의 변화가 주목할 만큼 빈번하게 일어났다고 주장했다. 결선투표제의 사례가 과거 정당의 원내대표, 농협 등 조합장, 교육감, 총장 등을 선출하는 과정에 국한되어 있는 상황이기 때문에 한국에서는 현재까지 결선투표제에 대한 기대만큼이나 경험적인 연구가 많이 진행되지 못했다.

그러나 시야를 한국 바깥으로 돌려보면 결선투표제에 대한 경험적 연구가 실로 놀랄 만큼 축적된 것을 발견할 수 있다. 2008년 결선투표제에 대한 특집을 마련한 *Electoral Studies*(Vol. 27. Issue 3)의 편집자들이 결선투표제가 "중요한 선거제도 가운데 이론적인 특징과 경험적인 영향에 대하여 가장 덜 연구되고 가장 덜 알려진" 것이라고 평가하는 게 이상할 정도로 선행연구가 많이 이루어졌다(Grofman, Blais, and Bowler 2008 : 393).

그 가운데 몇 가지 대표적인 사례를 꼽자면 미국의 정치학계에 보고된 결선투표제에 대한 연구는 이미 오래 전인 1940년대부터 시작된 것임을 알 수 있다(Alexander 1944 ; Key 1949). 그리고 결선투표제 연구의 대상도 미국이나 프랑스와 같이 상대적으로 공고화된 민주주의 국가를 사례로 연구한 것이 많다. 하지만 이러한 연구들도 결코 단일 선거만을 대상으로 분석하지 않는 경향이 있다(Engstrom and Engstrom 2008 ; Fauvelle-Aymar and Lewis-Beck 2008). 이에 비하여 결선투표제가 유행한 중남미의 대통령선거 수준에서 발생한 모든 결선투표에 대한 종합적인 분석이나(Perez-Linan 2006), 1999년 시점을 기준으로 전 세계에서 치러진 모든 의회선거 수준의 결선투표에 대한 본격적인 분석(Birch 2003)은 연구사례의 광범위성과 방법론적 견고성에 매우 주목할 만하다. 또한 결선투표제에 대한 분석은 비단 대통령선거나 의회선거 수준에 머물지 않고 그보다 더 낮은 수준인 지방선거나 예비선거(primary)를 대상으로도 진행되었다(Bullock, Gaddie, and Ferrington 2002 ; Glaser 2006). 이와 동시에 가령 결선투표제가 투표율에 미치는 영향 등 한 가지 주제에 집중한 장이 있다면(Wright 1989), 결선투표제가 정당체계에 미치는 효과를 단순다수제와 비교하는 방식의 연구도 찾아진다(Jones 1999, 2004).

이 장은 결선투표제가 궁극적으로 선거의 동시화에 역행하는 효과를 낳는다는 데 주목하여 그 결과를 평가하는 것을 목적으로 삼는다. 다시 말하자면 대통령선거와 의회선거를 동시에 치르는 국가에서 대통령 후보 가운데 과반수를 확보하지 못해 결선을 벌이게 되면 결국 비동시 선거를 치르는 셈이 된다고 보는 것이다. 하지만 이 장은 거기에 그치지 않고 현재까지 보고된 결선투표제와 그 정치적 효과에 대한 연구를 최대한 많이 발굴하여 그 결과를 종합적으로 평가하고 분석하는 것을 병행한다. 이를 통하여 이 장은 한국에서 결선투표제에 대한 이해를 보다 크게 확장시키고 결선투표제 도입에 대한 논의의 수준을 더욱 높이는 데 기여하고자 한다. 이러한 목적을 달성하기 위하여 여기에서는 먼저 결선투표제의 정의와 다양성 및 역사에 대하여 알아본다. 그 다음으로

이 장은 결선투표제의 정치적 효과에 대하여 아직도 논쟁이 이어지고 있는 주제로 모두 여섯 가지를 꼽고 선행연구를 토대로 이를 하나씩 분석하고 평가할 것이다.

그것은 첫째, 결선투표제가 추구하는 당선자의 정통성(또는 대표성 또는 민주적 통치력) 향상이라는 제도적 이상과 목적이 현실세계에서는 실제로 어떻게 작동하는가이다. 둘째, 결선투표제가 투표율에 어떠한 영향을 미치는가이다. 셋째, 결선투표제가 선거결과의 변화에 어떠한 영향을 끼치는가이다. 넷째, 결선투표제가 정당체계의 파편화에 어떠한 영향을 파생시키는가이다. 다섯째, 결선투표제가 선거연합이라는 관점에서 실제로 어떻게 작동하는가이다. 마지막으로 결선투표제가 선거주기의 관점에서 어떻게 작동하는가이다. 이미 짐작하겠지만 이러한 여섯 가지 문제는 결선투표제가 파급시킬 수 있는 정치적 효과를 입체적으로 이해하는 데 가장 중요한 사항을 모두 포함하고 있다.[1] 이 장은 성격상 새로운 경험적 분석을 제공하는 것이 아니지만, 이 장이 대상으로 종합하고 분석하는 연구결과들은 모두 전 세계적 맥락에서 비교정치학적이고 통계적인 방법론을 바탕으로 하고 있다. 이 장의 결론에서는 결선투표제에 대한 정치적 함의를 요약할 것이다.

1. 결선투표제가 짧은 기간 동안 한 번 이상의 선거를 치러야 함에 따라 이에 비례적으로 선거비용이 증가될 수 있다는 사실은 매우 자명하기 때문에 논의에서 제외한다.

II. 결선투표제의 정의, 다양성, 역사

결선투표제란 "간단하게 한 라운드(a single round) 이상의 투표를 요구하는 선거"제도라고 정의된다(Grofman 2008 : 395). 결선투표제가 추구하듯이 절대다수(majority)의 동의에 의하여 선출된 대표를 확보하는 과정은 고대부터 매우 중요한 민주주의의 요체였다. 또한 중세부터 교황을 선출하는 과정에서는 절대과반수의 지지를 확보할 때까지 계속적으로 투표를 반복했다(Katz 1997 : 18–21). 그러나 절대다수의 지지를 확보하기 위한 반복적인 투표는 유권자 수준에서 뿐만 아니라 선거를 관리하는 차원에서도 매우 부담스러운 것으로 받아들여졌다. 그래서 결선투표제는 대체로 1라운드에서 승리하는 기준을 완화시키거나 2라운드에 진출하는 기준을 보다 강화하는 방향으로 변화했다(Cox 1997 : 65–67).

이에 따라 일반적으로 결선투표제는 과반수 득표자가 없을 경우 상위득표자 2명을 대상으로 한 번 더 투표하고 2라운드에서는 그 가운데 한 표라도 더 많이 얻은 자가 당선되는 방식으로 정착되었다. 하지만 현실 정치세계에는 결선투표제의 다양한 형태가 존재하기 때문에 결선투표제의 정의는 앞에서와 같이 다소 느슨할 수밖에 없다. 결선투표제가 구체적으로 작동하는 모습은 각국의 해당 선거규정에 따라 상당히 다르기 때문이다(Grofman 2008 : 395). 즉 결선투표제는 첫째, 결선투표가 실시되는 라운드의 최대치, 둘째, 2라운드에 진출하는 후보의 숫자, 셋째, 2라운드에 진출하는 데 필요한 득표율, 넷째, 선거에서 승리하는 조건으로 지역적 득표율 등 자격규정의 유무, 다섯째, 모든 라운드에 동일한 규정이 적용되는지 여부에 따라 서로 다른 형태를 갖게 된다.

먼저 전형적인 결선투표제와 달리 두 번 이상의 라운드를 요구하는 경우를 찾아보자. 그 대표적인 사례는 미국 하원의 지도부를 선출하는 과정이 있다. 미국 하원의 지도부는 다단계 연속제거 과정(the multi-round sequential elimination procedure)을 통하여 선출되는 것으로 알려졌다(Grofman, Koetzle, and McGann 2002). 이러한 선출제도는 매 라운드에서 최저로 득표하는 후보를 하나씩 탈락시키게 한다. 그 뒤 나머지 후보들 가운데 최종 당선자를 선출할 때까지 계속 결선을 지속한다.

둘째, 일반적으로 결선투표제에서는 2명의 후보만 결선에 진출하지만 그 이상의 후보가 2라운드에 진출하는 사례도 있다. 대표적으로 미국의 대통령선거에서 선거인단의 투표결과 과반수 득표자가 없을 경우에는 상위 세 명이 결선에 진출한다. 이 경우 결선투표는 전 단계에서 선거인단이 대통령을 선출하는 방식과 달리 하원에서 진행되기 때문에 뒤의 다섯째 사례에도 속한다. 즉 결선은 선거인단 대신 하원에서 한 주를 한 표로 계산하여 과반수를 얻는 후보를 대통령으로 뽑는 것으로 규정이 달라진다는 말이다. 볼리비아의 대통령선거 결선투표제는 미국의 사례와 매우 비슷하다. 볼리비아에서도 과반수 유권자의 지지를 획득한 후보자가 없을 경우 상위득표자 세 명을 대상으로 의회에서 결선투표를 벌인다(신명순 2006). 1945년부터 1973년 사이 칠레에서는 상위득표자 두 명을 대상으로 의회에서 결선을 치른 사례가 있다(Jones 1995). 그러나 미국과 달리 볼리비아나 칠레에서는 상하 양원의 합동회의에서 결선이 진행된다.

셋째, 일반적으로 결선투표제의 기준은 과반수이지만 그렇지 않은 사례가 종종 발견된다. 결선투표제의 기준인 진입장벽(threshold)을 50%에서 40%로 완화한 사례는 대표적으로 코스타리카 대통령선거에서 찾아진다. 이렇게 결선투표에 대한 진입장벽을 낮추는 배경에는 선거의 횟수를 가급적 줄이려는 노력이 자리하고 있다. 1951년 레바논에서도 40%가 결선의 기준이 되었다(Golder 2005 : 109). 이에 비하여 1996년 시에라리온 대통령선거에서는 55%라는 수퍼 과반수(supermajority)를 규정하기도 한다(Birch 2003). 그리고 매우 독특한 결선투표제를 채택한 프랑스 의회선거에서는 12.5%(1/8)를 득표한 후보는 누구나 결선에 오를 수 있다. 프랑스 의회선거는 결선에 진출하는 기준을 후보의 숫자로 삼는 게 아니라 득표율(12.5%)로 삼기 때문에 결선에 오르는 후보의 숫자가 흔히 2명 이상이 될 수 있다. 한 가지 특기할 만한 사실은 50%를 기준으로 삼는 페루에서 1980년 대통령선거의 기준이 36%로 낮아진 사례이다. 그러나 당선자(Remigio Morales Bermúdez)는 68.0%로 1라운드에서 선출되었다(Jones 1994 : 45). 그리고 페루에서 그 진입장벽은 1956년과 1963년에 33%로 낮아진 사례도 있다(Golder 2005 : 116).

넷째, 결선투표제를 실시하는 국가 가운데 일부는 1차 투표에서 승리하는 조건에 특수한 자격조건을 부여한 경우가 있다. 이러한 결선투표제는 자격요건결선투표제(qualified majority system)라고 불린다(Golder 2005). 에콰도르에서는 최다득표자가 40% 이상 득표하면서 2위와 10% 포인트 이상 앞서야 한다. 니카라과에서는 최고득표자가 40% 이상을 득표하거나 또는 35% 이상 득표하면서 2위와 5% 포인트 이상으로 앞설 경우에 결선투표가 없다. 아르헨티나에서는 1라운드에서 끝나려면 최고득표자가 45% 이상의 지지를 획득하면서 2위와 10% 포인트 이상의 차이를 확보해야 한다(이준한 2007). 인종적으로 매우 복잡한 케냐에서는 최종적으로 당선되기 위하여 최소한 수도인 나이로비와 7개의 주 가운데 5개 이상에서 25% 이상의 지지를 획득해야 한다(Grofman 2008 : 397).

인도네시아도 2004년부터 결선투표로 가지 않기 위해서는 과반수를 확보하든지 아니면 최소한 반 이상의 주에서 20% 이상의 지지를 확보해야 한다(Reilly 2003 : 3).

다섯째, 일반적으로 결선투표제에서는 교황 선출방식과 달리 매 라운드마다 조금씩 다른 규정이 적용된다. 교황을 선출하는 모든 라운드에서는 동일한 규칙이 적용되는데, 결선의 진입장벽에 대한 명시적인 제한이 없기 때문에 모든 후보가 탈락 없이 다시 다음 라운드에 참여하게 되는 것이다. 이에 비하여 각 라운드마다 다른 규정이 적용되는 사례 가운데 가장 독특한 것은 앞의 미국이나 볼리비아 외에 카메룬 의회선거에서 찾아진다. 카메룬의 복수선거구제(multimember district)의 모든 의석은 과반수를 획득한 정당에게 돌아간다. 그러나 과반수를 확보한 정당이 없을 경우에는 비례대표제와 같은 방식으로 의석이 배분된다. 이와 유사한 방식은 1990년대에 이르러 선거법이 바뀌기 전 이탈리아의 상원선거에서도 적용되었다. 여기에서 기준은 과반수가 아니라 65%였다(Birch 2003 : 321).

전 세계적인 차원에서 따져보면 결선투표제는 단순다수제보다 더 많이 이용되는 편이다(Golder 2005). 그 가운데 미국에서는 대통령선거 외에 주로 남부에서 1902년부터 여러 수준의 예비선거를 위하여 결선투표제를 이용해 왔다. 미국의 앨라배마, 알칸사스, 조지아, 미시시피, 오클라호마, 사우스캐롤라이나, 텍사스에서는 결선의 진입장벽으로 과반수 기준을 채택한 반면 노스캐롤라이나는 빈번한 선거를 피하기 위하여 1989년부터 40%로 기준을 변경했다(Bullock, Gaddie, and Ferrington 2002). 루이지애나에서도 과반수를 기준으로 하는 결선투표제가 1975년까지 이용되었다가 2008년에 다시 채택되었다. 버지니아에서는 1952년부터

1969년 사이에 결선투표제를 사용하다가 단순다수제로 바뀌었다. 플로리다에서는 2000년 대통령선거의 후폭풍으로 결선투표제가 제한되다가 2006년경부터는 완전히 폐지되었다. 이에 따라 테네시까지 세 개 주를 제외한 남부에서는 현재까지 결선투표제가 이용되는 중이다(Engstrom and Engstrom 2008).

미국의 예비선거와 달리 중남미에서는 주로 대통령선거 수준에서 결선투표제가 이용된다. 중남미에서는 1979년 이후부터 본격적으로 결선투표제가 도입되었다(Blais, Massicotte, and Dobrzynska 1997). 그 뒤 중남미에서는 2002년까지 총 12개 국가(아르헨티나, 브라질, 칠레, 콜롬비아, 코스타리카, 에콰도르, 엘살바도르, 과테말라, 니카라과, 페루, 도미니카 공화국, 우루과이)가 결선투표제를 채택하고 있는 것으로 알려졌다(Perez-Linan 2006 : 131).[2] 이에 따라 1970년대부터 중남미에서는 대통령선거가 단순다수제(37.1%)로 치러진 경우보다 자격요건결선투표제를 포함한 결선투표제(45.8%)로 실시된 경우가 더 많아졌다(Golder 2005 : 116).

이에 비하여 과거 유럽의 많은 제1의 민주화 물결 국가에서는 20세기 초까지 대개 의회선거를 위하여 결선투표제를 이용했다(Birch 2003). 그 뒤 선거권의 대중적 확산과 더불어 유럽에서는 비례대표제가 결선투표제를 대대적으로 대체하였다. 이에 따라 현재 이 지역에서는 프랑스가 유일하게 의회 수준에서 결선투표제를 이용하는 국가로 남아 있다. 유럽

2. 다른 연구에 따르면 중남미에서는 코스타리카, 엘살바도르, 과테말라, 아이티, 니카라과, 아르헨티나, 볼리비아, 브라질, 칠레, 콜롬비아, 에콰도르, 페루가 결선투표제를 채택했다(Blais, Massicotte, and Dobrzynska 1997).

의 민주주의 국가에서 결선투표제 대신 비례대표제를 선택하게 된 이유 가운데 하나는 유럽에 광범위하게 확산된 다당제적 정당구도에서 비례대표제가 보다 많은 유권자의 이해를 반영할 수 있는 반면 결선투표제는 예측 불가능성을 높였기 때문인 것으로 알려졌다(Carstairs 1980).

20세기 이후에 급격히 줄어든 의회 수준의 결선투표제는 1980년대에 이르러 상대적으로 주변적인 선거제도로 밀려났고, 프리덤 하우스 점수를 기준으로 민주주의 수준이 낮은 국가들로 전파되었다(Birch 2003). 그러나 1989년부터 1999년 사이에는 다시 의회 수준의 결선투표제가 16개 국가에서 29개 국가로 확산되는 변화를 겪었다. 이러한 변화는 1980년대 말 구소연방 및 동유럽의 붕괴와 1990년대 아프리카의 광범위한 민주화와 관련되어 있다. 1980년대 구소연방이나 유고연방이 해체되면서 몇 개 국가들은 붕괴 전과 마찬가지로 의회선거에 결선투표제를 도입했다.[3] 그리고 1990년대 아프리카에서는 프랑스의 식민지 경험이 있는 국가들이 민주화 이후에도 프랑스와 유사하게 결선투표제를 채택했다(Mozaffar 2004).[4] 그러나 이러한 제도의 도입은 아프리카 민주화의 운

3. 이들 국가들은 러시아, 벨로루스, 키르기츠스탄, 투르크메니스탄, 우즈베키스탄, 우크라이나, 그루지아, 카자흐스탄, 타지키스탄 등이 있다(신명순 2006).
4. 이들 국가들은 아프리카에서 프랑스 언어권의 중앙아프리카 공화국, 콩고, 가봉, 몰리, 모리타니아, 토고 등이 해당된다. 그 외에 아프리카에서는 기니비사우, 니제르, 라이베리아, 르완다, 마다가스카르, 베냉, 상투메 프린시페, 세네갈, 세이셸, 수단, 시에라리온, 앙골라, 차드, 케냐가 결선투표를 이용하고 있다. 이 외에도 이란, 이집트, 인도네시아, 아프가니스탄, 베트남, 코모로스 제도, 키리바티 등도 결선투표제 국가의 예이다(IDEA Handbook 2005).

명에 매우 큰 영향을 준 것으로 드러났다(Reynolds 1999). 이 시기에 동유럽이나 아프리카 지역으로 대통령을 선출하는 데에도 결선투표제가 광범위하게 확산되어 1990년대 민주적인 대통령선거 가운데 각종 결선투표제로 치러진 사례가 69.3%에 이르렀다(Golder 2005 : 116).[5)]

III. 결선투표제의 정치적 효과

1. 결선투표제 도입의 목적과 과정에서 보이는 이율배반성

보편적으로 결선투표제가 상대적으로 복잡한 선거절차를 거쳐 얻으려는 제도적 목표는 매우 간단하다. 결선투표제는 다른 무엇보다 당선자의 정통성(legitimacy)을 강화하려는 목적을 갖는 것이다(Blais, Massicotte, and Dobrzynska 1997). 결선투표제의 일반적인 과반수의 원칙은 간단히 말해 대표를 선출하는 데 적어도 반대보다 찬성이 더 많아야 한다는 것이다. 과반수의 지지를 획득하여 선출된 대표는 그렇지 않은 대표보다 정통성 차원에서 더 견고함을 확보할 수 있고 결선투표제는 다소 인위적인 절차를 통해서라도 이를 확보하려는 목적을 갖는 것이다. 또한 이

5. 유럽에서 오스트리아, 벨라루스, 불가리아, 크로아티아, 에스토니아, 핀란드, 프랑스, 아일랜드, 리투아니아, 마케도니아, 몰도바, 폴란드, 포르투갈, 루마니아, 러시아, 우크라이나 등에서 대통령선거를 위하여 결선투표제를 사용한다(Blais, Massicotte, and Dobrzynska 1997).

러한 과반수의 원칙은 대의민주주의에서 선출된 대표의 대표성(representativeness)을 향상시키는 것이요, 대표의 민주적 통치력(democratic governability)을 담보시키는 것이다. 결선투표제에서 승리하려는 후보는 보다 많은 유권자의 지지를 획득하기 위해서 노력하게 되고 보다 넓은 정당이나 정치세력을 포함(inclusion)하는 선거연합을 시도하게 된다. 이를 통하여 궁극적으로 민주주의 원칙에 부합하는 다수의 지배를 구현하려는 것이다.

그러나 현실의 정치세계에서 결선투표제가 도입되는 목적과 과정을 구체적으로 살펴보면 이러한 고상한 원칙이 그리 확인되지 않는다. 현실사회에서 적지 않게 결선투표제가 선거과정에서 배제(exclusion)를 위한 조작적 도구로 이용되기 때문이다(Elgie 2005). 19세기 후반 미국의 남부에서는 짐 크로우(Jim Crow)라는 흑인을 멸시하는 이름과 이에 영향을 받아 흑백을 분리하는 이른바 짐 크로우법이 제정되어 1964년 폐지될 때까지 악명을 떨쳤다. 이 시기 동안 미국의 남부에서는 민주당의 지배가 압도적이었고 민주당의 후보로 결정되기만 하면 선거에서 당선되는 것이 확실했다. 이에 따라 민주당은 각종 선거의 후보를 선출하기 위한 예비선거에서 과반수의 지지를 확보하는 결선투표제를 도입했다. 결선투표제를 통하여 민주당의 예비선거에서 당내 경쟁을 촉진시키고 지지기반이 넓은 후보를 검증하여 선출한다는 명목이었다(Key 1949 ; Kousser 1984).

그러나 그 이면에는 특정 인구의 정치세력화를 막고 그의 정계진출을 최소화하려는 의도가 발견된다. 가령 예를 들면 가장 늦게 예비선거 과정에 결선투표제를 도입한 축에 드는 알칸사스에서는 결선투표를 통하여 KKK 출신 후보가 당선되는 것을 막으려고 시도했다(Alexander

1944). 하지만 미국에서 다른 지역이 아니라 유독 남부에서 결선투표제가 많이 도입된 배경에 대한 탐구는 케이(V. O. Key 1949) 이래 계속되었다.

남부의 예비선거에서는 흑인 유권자의 지지를 얻은 흑인 후보가 단독으로 출마하여 1위를 차지하는 반면 백인 유권자의 표는 여러 후보로 나뉘는 경향이 있었다. 이에 따라 결선투표제를 통하여 흑인 후보가 1위를 차지해도 2라운드에서 백인 유권자의 결집을 통하여 최종적으로 백인 후보가 민주당 티켓을 쥐게 만든 것이다. 특히 남부에서 결선투표제가 도입된 시점이 선거를 앞두고 문자해득 테스트(literary test)를 하거나 세금(poll tax)을 걷는 등 백인우월적인 정치가 등장한 뒤였다고 주목한다(Glaser 2006). 이러한 환경에서 결선투표제는 백인우월적인 정치체제와 민주당 우위의 정당체제를 유지하기 위한 노력의 일환으로 도입되었다고 지적한다. 그러므로 흑인들은 결선투표제를 두고 결선의 저주("run-off curse")라고 부를 정도였다(Patterson 1983 : 239). 학계에서는 결선투표로 인하여 흑인이 차별받는 결과를 얻는다는 사실이 매우 많이 보고되었다(Cohen 1984 ; Davidson 1984 ; Lamis 1984 ; Stewart, Sheffield, and Ellis 1995).

따라서 1980년대 미국에서는 결선투표제의 공정성이 많이 의심을 받았고 이에 대한 공식적인 수정이 이루어졌다. 1982년 대법원에서는 1965년 이후 흑인참정권의 침해를 치유하기 위하여 하급법원에게 결선투표제 규정을 폐지하도록 했다. 그리고 같은 해 미국 의회는 결선투표제가 소수자의 참정권을 약화시키는 제도 가운데 하나로 규정했다(Stewart, Sheffield, and Ellis 1995 : 808). 특히 1994년 대통령선거에 민주당 후보로 출마한 제시 잭슨은 당내 예비선거 과정에 남아 있는 결선투표제가 자신을 포함한 흑인에게 차별적인 제도로 폐지되어야 한다고 주장한 바 있다.

일반적으로 새로운 선거제도의 도입은 과거와 다른 선거결과를 낳을 수 있다. 각 선거제도의 독특한 작동방식에 따라 과거에 당선될 수 없는 후보가 당선되고 역시 반대의 경우도 발생할 수 있다(Shepsle and Bonchek 1997). 중남미의 대통령선거에 결선투표제를 도입하는 배경에도 과거와 다른 선거결과를 도출하려는 노력이 자리하고 있다. 다시 말해 중남미에서 결선투표제가 확산된 배경에는 포퓰리스트적인 후보가 갑자기 등장하여 당선되는 가능성을 줄이려는 시도가 자리하는 것이다(Schugart and Taagepera 1994 : 324). 1970년 칠레 대통령선거에서 36%라는 저조한 득표율로 아옌데가 당선되자 이러한 가능성을 낮추려는 노력이 결선투표제 도입의 계기가 되었다.

그리고 제3의 민주화 물결 이후 중남미에서는 선거제도를 고안하고 협상하는 과정에서 유력하고 큰 정당은 자신에게 유리하나 군소정당에게 불리한 단순다수제와 동시선거제도를 선호하는 경향이 있었다. 이와 정반대로 규모가 작은 정당이나 군부독재, 또는 과거 군부독재 시절의 잔재세력들은 대통령선거에서는 결선투표제를 추구하는 동시에 의회선거에서는 자신의 진출을 조금이나마 쉽게 만들 수 있는 비례대표제 및 대선거구제를 도입하고자 노력했던 것이다(Negretto 2006).

선거결과의 인위적이고 조작적인 목적이 더욱 크게 부각되는 사례는 1980년대 이후 동유럽과 아프리카에서 널리 퍼진 결선투표제에서 찾아진다. 결선투표제는 구체제에 위협적인 잠재적인 인물들이 대체로 과반수의 득표를 획득하기 어렵기 때문에 선거과정에서 탈락시키기 위한 도구로 이용되었다. 민주화 이후에도 지도자로 남아 있는 구체제 세력은 결선투표제가 가지고 있는 잠재적인 조작적 효과에 큰 관심을 가지고 구체제의 잔존과 유지를 위하여 이 제도를 이용한 것이다. 이에 따라 최근 동유럽과 아프리카에서 민주화 경험 이후에 결선투표제를 도입한 국가에서는 결선투표제가 독재자의 친구("dictator's friend")라고 평가를 받는다(Birch 2003 : 330).

이에 비하여 결선투표제가 유권자로 하여금 한 번 더 생각해 보고 더 많은 정보를 분석할 기회를 준다는 점에서 지적인 선택("intelligent choosing")을 보장하는 긍정적인 제도라는 평가도 있다(Sartori 1994 : 64). 하지만 결선투표제는 선거에 참여한 후보에게 선거결과의 정통성을 파괴시킬 수 있는 기회를 남겨줄 수 있다. 1라운드가 끝난 뒤 결선의 결과가 확연하게 예측되는 경우에는 당선 가능성이 적은 후보나 정당이 선거에 불참하거나 부정선거를 주장하면서 선거결과를 불복하는 등 비선거적인 방식에 의존하게 만든다. 이러한 사례는 콩고(1993), 마케도니아(1994), 아이티(1995), 토고(1994), 알제리(1991) 등에서 발견된다(Birch 2003).

이러한 현상은 중남미에서도 종종 발견된다. 도미니카 공화국의 2000년 대통령선거 1라운드에서 1위 후보가 49.9%를 획득하자 24.9%를 얻은 2위 후보가 확연한 선거결과를 받아들이고 2라운드까지 안 간 경우도 있다. 또한 아르헨티나의 2003년 대통령선거 1라운드에서는 현직 대통령으로 24.4%를 얻어 1위를 차지한 메넴이 22.0%를 확보한 2위 후보에게 대통령직을 양보했다. 여론조사에 따르면 7 대 3으로 뒤진다는 사실을 알았기 때문이다. 아르헨티나에서는 메넴이 제2라운드에 불참한 행위가 게임의 규칙을 지키지 않은 무책임한 것으로 평가를 받는다(Segl 2006). 1994년 대통령연임제 개헌을 주도하고 이에 혜택을 입은 메넴이 2003년에는 새 대통령의 정통성을 약화시켰다고 간주되는 것이다.

이에 비하여 의회선거 수준의 결선투표제는 당선자의 정통성을 향상시키기보다 집권당의 승리를 위한 선거개입을 쉽게 만들어 준다. 의회선거의 결선투표제에서는 집권당은 1라운드가 끝난 뒤 선거결과에 대하여 비교적 정확하게 예측할 수 있게 된다. 이에 따라 집권당은 2라운드 전 짧은 기간 동안 선거에 필요한 자원을 재분배하고 정부의 지원에 있어서 선택과 집중을 꾀할 수 있게 된다. 또한 이러한 선택을 받은 후보는 선거가 끝난 뒤 새로운 정부와 후견인-피후견인 관계를 더욱 돈독하게 만든다. 그리고 선거에 승리하기 위하여 이러한 선택을 받도록 결선에 진출한 다른 당이나 무소속 후보들도 서로 경쟁하기도 한다(Birch 2003).

2. 결선투표제와 투표율의 하락

이미 지적했듯이 결선투표제는 과반수라는 보다 광범위한 지지를 확보하여 당선자의 정통성을 높이는 것을 제도적 목표로 삼고 있다. 하지만 결선투표제는 특유의 메커니즘에 의하여 2라운드의 투표에 참여하는 유권자의 숫자를 줄이는 경향이 있다. 이에 따라 결선투표제가 당선자에게 보다 많은 유권자의 지지를 보장하는 데 장애로 작용할 수도 있다. 실제로 2라운드에서 낮은 투표참여는 1라운드에서 확보한 1위 득표자의 지지보다 더 적은 지지를 얻은 채 최종 승자를 선출할 가능성을 열어준다(Engstrom and Engstrom 2008).

2라운드에서 기권하는 사례가 많아지는 것은 유권자의 합리적 선택의 결과로 알려졌다(Bullock and Johnson 1992). 많은 유권자가 2라운드에 진출하지 못하는 후보나 정당을 가장 선호했기 때문이다. 그리고 짧은 기간 동안 하나의 선거를 위하여 두 번 투표하는 것은 유권자의 투표

비용을 현저히 증가시킨다. 또한 짧은 시간 간격에 두 번씩이나 투표장으로 향해야 한다는 것은 유권자에게 피로감을 더 많이 느끼게 한다. 결선투표를 앞두고 유권자는 1라운드에 비하여 선거결과를 더욱 잘 파악하게 된다. 선거의 결과가 비교적 뚜렷해진 상태에서 자신의 표가 갖는 중요성이나 효능감을 못 느끼는 유권자는 투표장으로 향할 필요성을 덜 인식하게 마련이다.

결선투표제가 적용된 선거에서 투표율이 저하되는 현상을 경험적으로 분석한 연구는 상당히 많다. 이러한 연구결과는 1949년 케이(V. O. Key)가 미국 남부 주지사 예비선거에서 결선투표의 투표율이 1라운드에 비하여 낮아지는 것이 전형적인 패턴이라고 주장한 이래 거의 변함이 없다(Ewing 1953). 노스캐롤라이나의 연방의회와 주지사 예비선거를 분석한 연구는 총 23개의 사례 가운데 무려 18개 결선투표에서 투표율이 낮아진 사실을 밝혔다(Lanier 1983). 1956년부터 1984년 사이 민주당의 연방의회와 주지사 예비선거 결선투표 사례 가운데 거의 77%에서 투표율이 낮아지는 것을 확인했다(Wright 1989). 결선투표의 참여율은 1라운드의 투표율에 비하여 약 86% 수준에 머물렀다. 이에 비하여 결선투표에서 투표율이 높아지는 경우는 전체 사례 가운데 불과 21%에 그쳤다.

1970년부터 1986년 사이 민주당의 연방의회, 도지사, 주의회 등 예비선거의 1라운드보다 결선투표의 투표참여가 대개 더 낮은 것도 확인되었다(Bullock and Johnson 1992). 이에 따르면 해당 결선투표에서 평균적으로 1라운드에 비하여 약 20%의 투표참여가 감소하는 것이다. 이와 달리 해당 사례 가운데 1/6 정도에서만 결선에서 투표율이 높아졌다. 1982년부터 1996년 사이 남부의 9개 모든 주에서 실시된 연방의회 예비선거 109개의 결선투표 사례 가운데 2라운드의 투표율이 상승한 경우가 불과 4개(3.7%)에 그쳤을 뿐이다(Bullock, Gaddie, and Ferrington 2002). 두 선거 사이에 투표율의 저하는 평균적으로 31.7%로 알려졌다.

이와 반대로 2라운드에서 투표율이 향상되는 경우는 먼저 같은 주에서 같은 당의 예비선거가 동시에 치러지는 경우에 발견된다. 연방의회 예비선거가 같은 주에서 동시에 치러진 경우에는 유권자의 이탈이 줄어들었다(Lanier 1983 ; Wright 1989). 그 다음으로 투표율이 향상되는 경우는 보다 중요한 직책의 예비선거 결선에서 발견된다. 조지아의 카운티 수준의 선거 가운데 비도시지역 카운티에서는 매우 중요한 자리인 셰리프(sheriff)의 후보를 선출하는 결선에서는 투표율이 비교적 높아졌다(Bullock and Johnson 1985). 이와 반대로 학교 이사진이나 카운티 커미셔너를 선출하는 결선에서는 투표율이 더 낮아졌다. 이와 비슷한 맥락에서 1980년부터 2002년 사이 미국의 상원과 주지사 예비선거를 사례로 투표율의 변화를 추적한 결과 52개 결선투표 가운데 겨우 7개(13. 5%)에서만 투표율이 낮아지는 사실도 확인되었다(Engstrom and Engstrom 2008). 상원과 주지사 예비선거는 다른 직책에 비하여 주 단위에서 실시할 수 있는 가장 높은 것이다. 그 다음으로 결선에 진출한 후보가 1라운드에서 높은 지지율을 확보했거나 경쟁력이 높을수록 2라운드에서 투표율이 더 자주 유지된다. 미시시피의 1967년, 1971년, 1975년 예비선거에서 결선에 진출하지 못하는 후보들의 득표율이 높을 경우에는 이들을 지지한 유권자의 이탈로 인하여 결선의 투표율이 더 낮아지는 것으로 확인되었다(Stewart, Sheffield, and Ellis 1995). 또한 이들 예비선거 결선에서는 흑백 사이에 접전이 벌어지는 선거(close election)의 투표율 증가가 두드러졌다. 흑인 유권자는 흑인 유권자대로, 그리고 백인 유권자는 백인 유권자대로 결집했기 때문이다.

이렇게 제도적인 측면에서 분석한 연구결과와 더불어 후보자 중심적인 연구도 등장했다. 즉 결선이 치러지기 직전에 투입된 후보자의 선거자금이 증가하고 선두주자의 정치적 경력이 화려할수록 결선의 투표율이 덜 낮아진다는 연구이다. 이러한 연구는 1982년부터 1996년 사이 미국 남부의 109개 연방의회 예비선거를 분석한 결과이다. 그러나 여기에서 중요한 사실은 1라운드가 치러지기 전에 투입된 선거자금은 시간이 지남에 따라 이미 효과가 소진해 버렸기 때문에 더 이상 결선의 투표율 변화에 영향을 주지 않는다는 점이다(Bullock, Gaddie, and Ferrington 2002). 선거 캠페인에 더 많은 선거자금이 투입될 때 더 많은 정보가 유권자에게 전달되고, 이것은 다시 유권자의 관심과 참여를 자극시키는 것이다(Cox 1999 ; Cox and Munger 1989 ; Leighley and Nagler 1992).

결선을 앞두고 선거자금이 많이 투입되는 과정에서는 선거가 가열되고 부정이 개입하기도 한다. 1994년 중남미의 콜롬비아 대통령선거 결선투표에서 한 후보(Ernesto Samper) 측은 악명 높은 칼리 마약 카르텔이 제공한 정치자금을 받기도 했다(Perez-Linan 2006 : 136). 이러한 사례가 미국의 예비선거나 중남미 대통령선거 수준의 결선투표제에서 발견할 수 있는 일반적인 현상은 아닐 것이다. 하지만 1970년 이후 중남미에서 치러진 27개 결선투표를 추적한 결과 투표율 저하현상은 매우 광범위하게 확인되었다(이준한 2007).

의회선거 수준에서 결선투표로 가는 과정에서 보이는 투표율의 변동도 크게 다르지 않은 것으로 보인다. 1997년과 2002년 프랑스 의회선거 수준의 결선투표에서 투표율의 변화를 추적한 결과 1997년에는 1라운드에서 68.3%였던 투표율이 2라운드에서 71.3%로 증가했지만 2002년에는 65.0%(1라운드)에서 60.7%(2라운드)로 낮아졌다는 사실이 확인되었다(Indridason 2008). 두 선거결과를 분석한 결과 다른 무엇보다도 1라운드의 경쟁성이 결선투표의 참여증가로 이어지는 것이 확인되었다. 유권자는 1라운드의 결과를 통하여 선거가 얼마나 치열한 것인지 알게 되고, 이에 따라 다음 라운드에 참여할 것인지 여부를 결정한다는 것이다.

사실 결선투표제의 투표율 변동에 대한 매우 흥미로운 분석의 대상이 되는 것은 프랑스이다. 프랑스에서는 대통령선거, 의회선거, 일부 지방선거가 결선투표제를 실시하지만 대부분의 지방선거 수준에서는 비례대표제가 적용된다. 이에 따라 어떤 지역에서는 지방선거(regional)를 비례대표제로 치르면서 다른 수준의 지방선거(cantoal)에서는 결선투표를 실시하는 사례가 발생한다. 이러한 선거환경에서는 같은 지역의 같은 유권자가 서로 다른 선거방식에 어떻게 반응하는지 추적할 수 있는 자연적인 실험 형식의 연구가 가능해진다. 유권자의 숫자도 매우 많기 때문에 통계적으로 매우 신뢰성 있는 추론이 이루어진다. 이러한 방식에 의거하여 1992년부터 2004년 사이의 선거들을 비교한 결과 1992년 결선투표제의 투표율은 1라운드(71%)에서 2라운드(48%)로 가면서 낮아지는 것을 발견했다(Fauvelle-Aymar and Lewis-Beck 2008 : 403). 1998년에도 투표율이 62%(1라운드)에서 46%(2라운드)로, 2004년에도 65%(1라운드)에서 54%(2라운드)로 더 낮아졌다.

3. 결선투표제와 선거결과의 역전

주지하듯이 결선투표제는 과반수 지지의 확보를 통하여 민주적 통치력(democratic governability)을 향상시키려는 제도적 목적을 가진다. 하지만 현실세계에서 한 선거를 위하여 두 번의 투표를 실시하는 결선투표제의 독특한 메커니즘은 오히려 민주적 통치력의 약화를 조장하기도 한다. 과반수 지지를 획득하지 못했지만 1라운드에서 1위를 차지한 후보가 2라운드에 진출하여 최종적으로 당선하지 못하는 사례가 발생하기 때문이다. 이미 살펴보았지만 이러한 선거결과는 가장 선호하는 후보나 정당이 탈락한 채 치러지는 결선투표에서 정치세력의 빈번한 합종연횡과 과열된 선거상황에서 많은 유권자들이 차선의 선택을 내린 가운데 파생된 것이다.

우선 이러한 사례는 수정헌법 12조에 따라 결선투표제를 실시하는 미국의 대통령선거에서 찾아진다. 하지만 결선투표가 실시된 유일한 사례인 1824년 미국 대통령선거에서는 선거결과가 역전되었다. 이 선거에서는 네 명의 후보 가운데 잭슨(41.3%), 애담스(30.9%), 클로포드(11.2%)가 각각 99표, 84표, 41표의 선거인단 지지를 확보했다. 일반선거는 물론 선거인단선거에서 아무도 과반수를 넘지 못했기 때문에 결선투표가 하원에서 진행되었다. 당시 하원의장으로서 4위에 그친 클레이는 자신을 지지했던 주의 표를 애담스에게 몰아주면서 애담스를 대통령으로 당선시켰다. 그리고 애담스는 당선 뒤 클레이를 국무장관에 임명했다. 클레이의 지역인 켄터키 선거인단은 선거인단 투표에서 애담스에게 한 표도 주지 않았지만 결선에서는 클레이의 영향으로 켄터키 출신 하원의원 12명 가운데 8명이 애담스를 지지했다(http://en.wikipedia.org/wiki/Twelfth_Amendment_ to_the_United_States_Constitution. 검색일 : 2010년 2월 10일).

이 외에 미국에서 예비선거의 결선투표제에서 빈번하게 발생하는 선거결과의 역전을 보고한 것은 역시 1949년 케이(V. O. Key)로부터 시작된 이래 계속 이어지고 있다. 그는 자신의 연구대상 가운데 약 1/3 이상인 36%의 결선에서 1라운드와 순위가 바뀌는 결과가 나타났다고 보고한다(Key 1949). 1970년부터 1986년 사이 예비선거에서는 30% 가량의 1라운드 승자가 2라운드에서 패배했다는 연구도 있다(Bullock and Johnson 1992). 1980년부터 2002년 사이에 남부에서 치러진 117개 연방의회 예비선거 결선투표에서 선거결과가 역전된 사례는 28%에 달한다(Glaser 2006). 그 결과 단순다수제에서는 패배했을지도 모르는 백인 후보들이 최종적으로 흑인들을 제치고 민주당 티켓을 쥐고 연방의회에 진출했다는 것이다. 1980년부터 2002년 사이 미국의 상원과 주지사 예비선거 결선에서도 약 1/4 가량이 선거결과의 역전을 경험했다(Engstrom and Engstrom 2008).

미국의 예비선거 결선투표에서 선거결과의 역전이 발생하는 경우는 1라운드 승자가 상대적으로 약한 경쟁력을 가지는 것으로 알려졌지만, 중남미의 대통령선거 결선투표에서는 정당체계가 아직 덜 제도화된 상태에 선거결과의 역전이 이루어져 상대적으로 위험스럽다는 평가를 받는다(Perez-Linan 2006). 1990년대 초반까지 중남미 대통령선거의 결선투표 가운데 약 1/4 정도인 23.5%에서는 1차 투표의 1위 득표자가 탈락했다(Shugart and Taagepera 1994 : 341). 1979년부터 2002년 사이 중남미 국가에서 치러진 76개 대통령선거 가운데에서 실제로 결선투표가 실시된 21개 중 7개(33.3%)에서는 선거결과가 달라졌다(Perez-Linan 2006 : 136).

물론 선거결과의 역전은 유럽의 대통령선거 수준에서 결선투표제를 실시하는 국가 가운데 하나인 프랑스에서도 비교적 자주 발견된다. 1958년 시작된 제5공화국에서 실시된 총 8회의 직선제 대통령선거 가운데 2007년 한 번을 제외하고 결선투표가 치러졌다. 이 가운데 1974년,

1981년, 1995년의 대통령선거 결선투표에서 1라운드의 승자가 패배했다. 결선투표제가 이용되는 프랑스는 서구 민주주의 국가 가운데 가장 불비례적인 선거결과를 나타내고 정당체계도 가장 불안정하다는 평가를 얻는다(Birch 2003).

일반적으로 선거결과의 역전은 결선에서 1라운드와 다른 유권자의 선택에 의하여 발생하지만 1980년대 동유럽이나 1990년 아프리카에서 의회선거 수준의 결선투표제를 도입한 뒤에는 집권당이나 정부가 선거결과를 역전시키는 데 주도적인 역할을 했다. 가령 예를 들면 키르기츠스탄의 2000년 의회선거가 대표적이다. 키르기츠스탄은 1999년에 하원선거를 위하여 구소연방 시절의 결선투표제를 재도입하면서 60석 가운데 15석은 비례대표제로 바꾸었다. 그러나 선거가 있기도 전에 이미 선거관리기관은 비공산당 계열 주요 정당 세 개를 정당명부 비례대표의석선거에서 배제시키는 결정을 내렸다. 선거관리기관은 1라운드가 끝나자 8개의 주요 선거구에서 당선 가능성이 높은 야당 후보 하나씩을 선거법 위반의 명목으로 등록을 취소시켰다. 선거법에 따르면 결선에 후보가 한 명이 남을 경우 그 후보가 자동으로 당선되는데, 이렇게 당선된 친정부 후보들은 1라운드에서 20% 이하, 심지어 10% 이하의 득표를 획득한 채 당선된 것이다(Birch 2003 : 337).

4. 결선투표제와 정당의 파편화

듀베르제에 따르면 결선투표제는 다당제로 이어지고 단순다수제는 양당제로 수렴되는 경향이 있다(Duverger 1986 : 70). 한 선거에서 두 번 투표하는 결선투표제는 이념적으로 유사한 정당 사이의 선거 전 연합(preelection coalition)에 대한 필요성이나 압박감을 줄여주기 때문이다. 오히려 1라운드는 예비선거와 같이 작용하여 가능한 모든 후보가 참여하는 공간으로 바뀐다. 이에 따라 일반적으로 결선투표제에서는 후보자의 숫자를 증가시키고 정당 내외의 경쟁을 증폭시키는 것이다. 이러한 선거의 경쟁성 증가는 정당체계를 파편화시키고 불안정하게 만들 가능성이 있다고 한다(Greenberg and Shepsle 1987).

사실 이미 확인했듯이 결선투표제는 미국 남부 민주당의 사례를 보았을 때 다름 아닌 당내 경쟁의 촉진을 중요한 목적 가운데 하나로 설정했기 때문에 예기치 못한 효과는 아니다. 민주당 주지사 예비선거 과정을 분석하면서 후보들이 1라운드에서 과반수를 득표할 가능성이 그리 높지 않다고 판단하는 경향이 발견되었다(Key 1949). 이에 따라 일단 예비선거에 참가하는 후보가 증가하는 것이다. 그의 연구결과가 발표된 이후 미국적 맥락에서 결선투표제는 경험적으로나 이론적으로 후보의 숫자를 증가시키는 효과가 있는 것으로 확인되었다(Berry and Canon 1993 ; Canon 1978 ; Wright and Riker 1989). 일단 후보로 선출되면 본선거에서 당선될 가능성이 높은 남부의 민주당 예비선거의 선거경쟁이 다른 지역의 예비선거에 비하여 훨씬 강하다(Glaser 2006).

1980년부터 2002년 사이 실시된 미국의 상원과 주지사 예비선거에서 결선투표가 실시된 선거는 전체 예비선거 가운데 약 1/3 정도에 그친다고 지적한다(Engstrom and Engstrom 2008). 이 연구에 따르면 해당 선거들의 분석결과 후보가 많은 예비선거일수록 결선투표로 넘어갈 가능성이 더 높다. 즉 결선투표제는 후보나 정당의 경쟁을 유인하고 증가된 후보나 정당의 경쟁은 다시 결선투표의 실시를 더욱 빈번하게 만드는 것이다. 이에 따라 결선투표제는 중요한 제도적 목적으로 과반수라는 넓은 지지율의 확보를 추구하지만 다소 역설적으로 후보와 정당의 난립으로 당선자가 확보하는 득표율은 장기적으로 저하하는 경향이 생긴다.

연구의 대상이라는 측면에서 미국보다 좀더 확대된 통계연구가 적지 않다. 그 가운데 중남미를 포함한 신생 민주주의 국가나 선진 민주주의 국가까지 포괄한 통계결과가 있다. 이에 따르면 결선투표제는 대통령 지지의 파편화와 의회의 분극화를 증폭시키는 경향이 있는 것으로 확인되었다(Katz 1997 ; Shugart and Carey 1992). 이와 동시에 더욱 사례의 숫자가 커진 연구들이 속속 등장하면서 결선투표제가 후보의 숫자를 증가시키는 경향이 있다고 재확인한 바 있다(Jones 1999, 2004 ; Mainwaring and Shugart 1997 ; Shugart and Taagepera 1994).

1990년대 이전의 중남미 16개국의 대통령선거를 분석한 연구는 단순다수제에서 상위득표자 2인의 득표율이 68.7%인 데 비하여 결선투표제에서 상위득표자 2인이 받은 표는 62.6%에 불과하다는 결과를 보여주었다(Jones 1994 : 49). 그만큼 결선투표제에서는 대통령 후보가 받는 표가 분산된다는 주장이다. 또한 그는 33개 민주주의 국가를 대상으로 분석했고(Jones 1999), 다른 연구는 50개 대통령제 국가의 집합자료와 39개 대통령제 국가의 설문조사를 분석(Jones 2004)하면서 비슷한 결론에 도달했다. 결선투표제가 단순다수제에 비하여 후보의 숫자와 선거의 경쟁성을 통계적으로 유의미한 수준으로 증가시킨다는 것이다.

유럽에서 결선투표제를 도입한 프랑스의 대통령선거에서도 대통령 후보의 폭이 확대되고 2라운드에서는 1위 득표자에 대항하는 선거연합의 구축이나 유권자 동원이 활발해지는 것으로 나타난다. 프랑스의 첫 직선제 대통령선거 결선투표가 실시된 1965년에는 대통령 후보가 6명에 불과했다. 그러나 1969년에는 대통령 후보가 7명이 되었다가 1974년

(12명)과 1981년(10명)에는 더욱 늘어났다. 1988년과 1995년에는 각각 9명의 대통령 후보가 등장했으나 2002년에는 대통령 후보가 16명으로 증가했고 2007년에는 12명의 후보가 출마했다(http://en.wikipedia.org/wiki/Elections_in_France 검색일 : 2010년 2월 10일).

의회선거 수준의 결선투표제는 다양한 정당으로 하여금 국민의 대표로 선출되게 만든다. 듀베르제(1986)에 따르면 결선투표제가 단순다수제와 달리 사표를 방지하려는 유권자의 심리적 장애를 없애는 효과(psychological effect)를 낳기 때문에 유권자가 전략적 투표(strategic voting) 대신 소신투표(straight voting)를 하게 된다(Blais and Carty 1991). 이러한 심리적 효과는 정당의 숫자를 증가시키는 경향이 있다(Sartori 1994). 한 개의 선거구에서 결선투표가 이루어지는 대통령선거와 달리 수십 개 이상의 선거구에서 결선투표가 이루어지는 의회 수준의 결선투표제는 대통령선거 수준보다도 더 다양한 정당의 선거경쟁과 의회진출을 유도할 수 있다.

단순다수제에 비하여 결선투표제에서 더 심화되는 것으로 확인된 선거의 경쟁성이나 정당의 파편화는 비례대표제에 비해서는 더 약한 것으로 나타난다. 1992년부터 2004년 사이 프랑스 의회 수준의 선거를 지역(canton) 단위(N=17,267)로 분석한 결과 결선투표제에서는 비례대표제에 비하여 선거의 경쟁성이 적다는 보고가 등장했다(Fauvelle-Aymar and Lewis-Beck 2008). 여기에서 선거의 경쟁성은 좌파연합의 득표율과 우파연합의 득표율 차이의 절대값으로 측정되었다. 프랑스에서는 좌우의 선거연합이 활발한데, 선거에서 경쟁이 심할수록 양측의 득표율 차이가 적다고 보는 것이다.

1992년 결선투표제에서 선거의 경쟁성이 낮아지는 것은 좌파연합과 우파연합의 득표율 차이 절대값이 14% 포인트였던 데 비하여 비례대표제 선거에서는 10% 포인트로 낮았던 것에서 확인된다. 1998년에는 결선투표제 선거에서 좌파연합과 우파연합의 득표율 차이의 절대값이 13% 포인트였던 데 비하여 비례대표제 선거에서는 10% 포인트였다. 2004년에도 양대 선거연합의 득표율차 절대값은 15% 포인트였지만 비례대표제 선거에서는 10% 포인트였다(Fauvelle-Aymar and Lewis-Beck 2008 : 403).

이에 비하여 1980년대 동유럽이나 1990년 아프리카에서 민주화를 경험하면서 의회 수준의 결선투표제를 도입한 국가들에서는 일당우위의 파편화된 정당체계로 수렴되는 경향이 있다(Birch 2003 : 330). 비교적 자유롭지 못한 선거환경에서 소수정당들이 선거 외적인 수단을 추구하거나 집권당에 의하여 선거과정에서 배제되기 때문에 집권당의 압도적 우위 속에서 군소정당들이 난립하는 결과가 나타난다. 다시 말해 대개 집권당에게 유리한 선거결과가 비교적 확실하게 예측되는 선거환경이 조성되기 때문에 이들 국가에서는 미국, 중남미, 프랑스 등에서 확인되는 것과 반대로 선거경쟁이 약화된다.

5. 결선투표제와 네거티브 선거연합

결선투표제가 과반수 지지의 확보를 목표로 하면서 결선에서는 1라운드 결과 최선의 선택이 탈락한 유권자 차원에서 타협을 유도하고 정당의 차원에서 공동의 적을 낙선시키기 위한 선거연합의 구축을 촉진시킨다. 이러한 가능성은 결선투표제의 순기능 가운데 하나로 꼽힐 수도 있지만, 다른 한편으로는 결선에서 유권자 기권의 증가로 이어지거나 네거티브 투표("negative voting")의 확산으로 귀착될 수 있다(Birch 2003 : 330). 상황이 어찌되었든 간에 결선에서 인위적이고 급작스런 선거연합은 대체로 이념적으로 극단적인 정당(extremist party)이나 반체제 정당(anti-system party)에 대항하여 이념적으로 온건한 정당(moderate party)을 중심으로 형성되는 경향이 있다.

하지만 이념적으로 정당이 분산되어 있는 프랑스에서는 결선투표제가 결코 중도적인 온건정당의 활성화로 이어졌다는 데 의문을 품는 연구들이 제시되었다(Callander 2005 ; Criddle 1975). 그럼에도 불구하고 2002년 프랑스 대통령선거에서 중도우파인 시라크가 극우파인 르펭을 제치고 대통령에 당선된 사례는 결선투표제가 온건한 정당의 승리를 이끈다는 사실을 다시 한 번 확인시켜 주었다. 이 선거에서 르펭은 1라운드에 확보한 지지율에서 거의 변화 없이 패배했지만 시라크는 무려 1라운드에 비하여 세 배에 해당하는 지지율의 폭등을 경험했다(Laveri, Benoit, and Sauger 2006).

1992년부터 2004년 사이 프랑스 의회 수준의 선거를 지역(canton) 단위(N=17,267)로 분석한 결과 결선투표제에서는 비례대표제에 비하여 이념적으로 극단적인 정당에 대한 지지가 더 줄어든다는 사실이 재확인되었다(Fauvelle-Aymar and Lewis-Beck 2008 : 403). 여기에서 이념적인 극단성은 극좌와 극우 정당이 득표한 퍼센트로 측정되었다. 1992년 결선투표제 선거에서 이념적으로 극단적인 정당이 득표한 비율은 12%, 1998년에는 13%, 2004년에는 15%에 그쳤다. 이에 비하여 같은 날 치러진 비례대표제 선거에서는 이념적으로 극단적인 정당이 14%(1992년), 18%(1998년), 21%(2004년)의 표를 확보했다.

또한 같은 연구에서는 결선투표제에서 비교적 온건한 정당이 당선되는 경향이 있다는 주장도 타당한 것으로 밝혀졌다. 프랑스의 의회선거 수준의 결선투표제에서는 2명 이상의 후보가 진출할 수 있다. 1992년 결선투표제 선거의 1라운드에서는 이념적으로 극단적인 정당이 득표한 비율이 12%였지만 2라운드에서는 4%로 떨어졌다. 1998년에도 이념적으로 극단적인 정당이 득표한 비율이 1라운드에서 13%였던 것이 2라운드에서는 5%로 낮아졌다. 2004년에도 이념적으로 극단적인 정당이 득표한 비율이 15%에서 4%로 줄어들었다.

1라운드 뒤 결선이 치러지기 전 짧은 기간 동안 시도되는 선거연합은 유럽의 비례대표제 의회주의 사회와 같이 연합정치(선거연합 또는 연합정부)의 전통과 경험이 풍부하고 정당체계가 비교적 안정적이지 않은 사회에서는 기대만큼 좋은 성과를 낳는 게 아닌 것으로 알려졌다. 정당 간 타협과 협상 또는 연합의 전통이 없는 사회에서는 오히려 결선을 앞둔 연합의 창출이 불안정한 정당정치를 유도하는 것이다(Perez-Linan 2006). 예컨대 브라질의 선거연합은 법적으로 선거일 다음에 해체되도록 규정되어 있다. 이에 따라 선거연합이 거버넌스에 큰 영향을 주지 않는 것이다(Ames, Baker, and Renno 2009). 2002년 브라질 대통령선거에서 중도정당인 PMDB(Party of the Brazilian Democratic Movement)는 1라운드에서 2등을 차지한 보수파 후보(Jose Serra)를 지지했으나 2라운드에서는 PT(Workers' Party)의 룰라를 밀었다.

이러한 현상은 비단 중남미에 그치는 것이 아니라 1980년대 이후에 민주화를 경험한 동유럽과 아프리카의 신생 민주주의 국가들에서도 발견된다. 결선을 앞두고 효과적인 선거연합을 구축하기 위해서는 정당이 충분히 훈련되어 있고 긴밀해야 하지만 갓 민주화를 경험한 국가에서는 이러한 기대를 충족시키기 어려운 것이다. 그리고 유권자도 정당의 선거연합 결정을 따를 수 있을 정도로 준비되어 있어야 하지만 민주주의 역사가 짧은 사회일수록 정당과 유권자 사이의 관계도 긴밀하지 못한 경향이 있다(Birch 2003).

이러한 현상은 유럽의 프랑스에서도 관찰된 바 있다. 프랑스의 의회선거 결선에서 상대 후보에 대한 배신 가능성에 따른 불신으로 인해 지구당 수준에서는 당 중앙 지도부의 결정을 따르지 않는 일이 다반사로 벌어졌다. 또한 실제로 한 표를 행사하는 유권자 수준에서도 정당의 선거연합 결정에 선선히 따르지 않는 결정을 내리는 일이 속출했다(Criddle 1975).

6. 결선투표제와 선거의 비동시화 효과

중남미에서는 대통령선거와 의회선거를 동시선거주기로 치르면서 대통령선거에서는 결선투표제를 적용하지만 의회선거에서는 그렇지 않는 사례가 많다(Jones 1995). 이에 따라 1라운드에서 과반수 득표를 확보하지 못한 채 대통령선거가 끝나면 결선투표제는 사실상 의회선거와 비동시선거를 치르게 되는 결과를 낳는다. 1라운드로부터 최소 1주일 뒤에 개최되는 대통령선거의 2라운드에서는 대체로 유권자가 의회에서 다수당 지위를 점한 정당의 대통령 후보를 견제하는 선택이 이루어지는 경향이 있다(Payne, Zovatto, Florez, and Zavala 2002 : 68-70). 그 결과 결선투표제는 주로 다당제인 중남미에서 의회의 소수파 대통령 탄생을 더욱 조장하는 것이다. 그러므로 결선투표제가 당선자의 민주적 통치력에 저하를 가져올 수 있는 요인은 이미 살펴보았듯이 대통령선거 차원에서 머무르는 것이 아니라 대통령선거와 의회선거 사이의 관계에서도 찾아진다.

일반적으로 비동시선거는 중남미에 만연해 있는 다당제화를 더욱 조장하면서 과반수가 없는 정당 또는 선거연합 체제(no majority situation)를 더욱 유지시키는 경향이 있다. 이에 따라 대통령의 통치력은 더욱 약해지고 소수파인 대통령이 의회의 지지와 협력을 얻지 못하는 경우가 많아지는 것이다(Jones 1994). 이러한 연구는 1990년대 이전 중남미 대통령선거 가운데 동시선거주기를 채택한 국가와 비동시선거주기를 채택한 국가의 유효 정당수를 비교한 결과에 기초하는데, 동시선거는 비동시선거에 비하여 상대적으로 정당의 다당제화를 완화시켜 주고 정치를 안정시켜 주는 것으로 드러났다. 중남미에서는 단순다수제나 소선거제 대신 복수선거구제(multimember district)에 비례대표제를 많이 이용한 결과 정당체계가 다당제화되고 파편화되어 선거정치의 유동성(volatility)이 큰 상황이다.[6] 이러한 상황에 결선투표제는 과반수가 없는 정당 또는 선거연합 체제의 지속에 일조하는 것이다.

더욱이 중남미 대통령선거 수준의 결선투표제는 결선을 통하여 인위적인 과반수를 창출하는 과정에서 유권자로 하여금 최선의 선택이 아니라 차선의 선택을 취하게 만들기 때문에 이른바 네거티브 컨센서스("negative consensus")에 기초한 통치자를 선출하는 의미가 있다(Perez-Linan 2006 : 137).[7] 네거티브 컨센서스에 기초한 결선투표의 결과는 결국

6. 1946년부터 2000년 사이 중남미에서는 76.83%의 의회선거에서 단순다수제가 아닌 비례대표제를 채택했다(Golder 2005 : 115).
7. 결선투표제에서 최선의 선택이 사라진 유권자는 결국 선택의 폭이 좁아진 상황

민주적 통치력에 의심을 살 만한 권력의 위임을 제공하게 된다. 이에 더 나아가 결선투표에서 떨어진 후보는 의회에서 가장 큰 세력의 지도자로 자리를 잡는다. 그 결과는 네거티브 컨센서스에 기초한 대통령과 그에 대항하는 의회의 연합파 사이의 극한 대치이다. 이러한 상황이 바로 린츠가 우려했던 이중 정통성(dual legitimacy)의 위기에 해당하는 것이다(Linz 1997) 그 대표적 사례는 에콰도르의 1984년 선거, 1996년 선거, 페루의 1990년 선거, 과테말라의 1991년 선거 이후의 정치적 파국에서 발견된다.

이 외에도 중남미의 파편화된 다당제적 정당체계에서 대통령 소속 정당이 대체로 의회의 소수파에 불과한 상황이 빈번해지는 정치구조에서는 체제의 위기와 붕괴가 빈번했다(Mainwaring 1993). 가령 브라질의 대통령 소속정당은 불과 의회의 20% 미만의 의석만 확보하는 게 다반사였다(Ames, Baker, and Renno 2009). 이에 따라 중남미 대통령제의 위기는 대통령제 자체의 결함이 아니라 다당제와 대통령제의 조합에서 기인한다고 알려졌다. 이러한 결선투표제는 중남미에서 정당체계를 더욱 불안정하게 만들면서 비동시화된 선거에서 출현한 대통령과 의회 사이의 교착상태에 빠지게 하는 데 일조해 왔던 것이다.

에 최악의 선택을 방지하는 차원에서 투표하게 된다고 한다. 이를 두고 "lesser of two evils"을 선출했다고 부르기도 한다(Payne, Zovatto, Florez, and Zavala 2002 : 68).

Ⅳ. 결론

민주주의의 꽃인 선거는 인민의 의지(will of the people)를 확인하는 과정이다. 민주주의는 다수의 동의에 기초하지만 소수를 배제하지 않는다. 민주주의의 이상을 좇아 과반수의 동의를 추구하는 결선투표제는 실제로는 다른 선거제도와 마찬가지로 예기치 않은 결과들을 낳기도 한다. 흔히 다른 선거제도도 그렇듯이 결선투표제의 도입은 선거결과를 바꿀 수 있고 정당의 체계나 심지어 민주주의의 작동에 영향을 주는 것이다(Cox 1997 ; Rae 1971 ; Taagepera and Shugart 1989).

이 장에서는 결선투표제가 매우 다양한 형태로, 그리고 매우 다양한 사회적 · 경제적 · 정치적인 환경에서 작동하기 때문에 상대적으로 간단한 정의로밖에 포괄할 수 없었다. 이러한 다양성에도 불구하고 여기에서는 전 세계적인 차원에서 결선투표제를 경험적 · 비교정치학적으로 분석한 선행연구들을 추적한 결과 대개 다음의 여섯 가지 현상이 공통적으로 발생했다는 사실을 확인했다. 첫째, 결선투표제는 과반수의 지지를 획득하여 당선자의 정통성, 대표성, 민주적 통치력을 강화하려는 제도적 목적을 갖지만 실제로는 선거과정에서 특정한 인구나 정당이 정치세력화하고 권력을 잡는 것을 배제하며 선거결과를 조작하는 역할을 해왔다. 둘째, 결선투표제는 대체로 2라운드에서 유권자의 투표참여를 저해하는 방향으로 작용했다. 셋째, 결선투표제에서는 선거의 결과가 주목할 만큼 빈번하게 역전되었다. 넷째, 결선투표제는 선거의 경쟁을 부추기고 정당의 파편화를 이끄는 경향이 있었다. 다섯째, 결선투표제는 2라운드에서 네거티브 컨센서스에 기초한 불안정한 선거연합을 구축시키는 경향이 있었다. 마지막으로 결선투표제는 동시선거제 국가의 선거를 사실상 비동시화시키는 경향이 있었다.

이에 따라 미국의 예비선거라는 맥락에서 결선투표제는 양날의 칼날("a two-edged sword")이 되어 인위적인 방식에 의하여 과반수를 얻는 후보를 확보하게 돕지만 흑인에게는 넘지 못할 장벽을 만들었다는 평가를 얻는다(Stewart, Sheffield, and Ellis 1995 : 819). 그리고 1980년부터 2002년 사이 미국의 연방 상원과 주지사 예비선거에서는 결선투표제 대신 단순다수제를 채택한 주에서 과반수 지지를 획득한 후보가 선출되는 경우가 3/4 이상에 육박한 것으로 드러났다. 이러한 통계는 오히려 결선투표제를 이용해 예비선거를 치르는 주에서 1라운드를 통해 확보하는 과반수 득표 선출자 비율보다 조금 더 높은 것이다. 그 결과 저자들은 과반수를 확보하기 위한 결선투표제의 효용성에 심대한 의문을 제기한다(Engstrom and Engstrom 2008 : 415).

이러한 의문은 중남미 대통령선거의 결선투표제의 맥락에서도 공감을 얻는다. 1979년부터 2002년 사이 중남미 대부분의 대통령선거 1차 선거에서는 1위가 정통성을 확보할 만큼 충분한 득표율을 획득하기 때문에 결선투표제가 굳이 필요하지 않다고 한다(Perez-Linan 2006 : 136). 만약 순위가 바뀌어 당선된 결선의 결과가 투표참여의 저하 등으로 충분한 지지를 획득하지 못한다면 결선투표제는 오히려 문제를 일으키는 불편한 제도로 전락한다는 것이다. 다시 말하자면 그는 중남미에서 대통령선거를 결선투표제가 아니라 단순다수제로 실시했어도 대부분 비슷한 결과를 낳을 수 있었는데 구태여 새로운 정권의 민주적 통치력에 의심을 살 수 있는 선거결과를 파생시키는 결선투표제를 이용할 필요가 있겠느냐는 보다 근본적인 문제를 제기하는 것이다.

1980년대 이후에 민주화를 경험한 동유럽과 아프리카 국가 등의 의회선거 맥락에서 결선투표제는 민주주의 발전을 저해하는 불안정한 요소이고 권력을 잡기 위하여 선거 외적인 수단을 찾도록 만드는 제도("a destabilizing factor that inhibits democratic development and encourages the use of nonelectoral means of exercising power")라는 지적을 받는다(Birch 2003 : 319). 그녀에 따르면 한 마디로 결선투표제는 민주주의와 적대적인 제도("inimical to democracy")이다(Birch 2003 : 320). 그러므로 그녀는 단도직입적으로 민주주의를 열망하는 신생 민주주의 국가는 결선투표제의 도입을 고려하지 말 것("aspiring democracies should be discouraged from adopting TR electoral systems")을 제안한다(Birch 2003 : 340).

이러한 평가들은 결선투표제 도입을 고려하는 신생 민주주의 국가 가운데 하나인 한국에서 심각하게 음미해 봐야 할 과제가 아닐 수 없다. 특히 한국 대통령선거에서도 당선자의 득표율이 35.9%(노태우 대통령), 41.4%(김영삼 대통령), 39.7%(김대중 대통령), 48.4%(노무현 대통령), 42.8%(이명박 대통령)로 점점 40%대로 수렴되는 중이다. 현재 한국은 이른바 3김의 퇴장 이후에 당선 가능성이 있는 대통령 후보의 숫자가 현격하게 감소하고 있고, 국회에서도 의회 차원의 유효 정당수가 2.0-2.5 사이로 점차 낮아지는 상황이다. 이에 따라 장차 대통령선거 결과는 단순다수제를 통하여 40%를 훌쩍 넘는 득표율을 담보할 가능성이 높다. 그러므로 인위적인 절차를 밟아 명목적인 과반수를 확보하기 위하여 굳이 결선투표제를 도입할 필요가 있느냐는 미국과 중남미의 교훈이 새로운 주목을 끌기에 마땅하다. 더욱이 한국에서 선거의 동시화를 추구한다면 결선투표제는 매력적인 대안이 되지 않는 것이다.

현재 과반수 결선투표제의 대안으로 40% 정도가 정통성을 확보하는 데 무난하기 때문에 새로운 기준으로 삼자는 방안이 제시되는 것(Bennett, 2006 ; Edwards 2004 ; Shugart and Taagepera 1994)도 한국에서 결선투표제가 적합하지 않다는 사실을 다시 한 번 깨우친다. 이미 한국의 대통령들이 대부분 단순다수제에서도 40%를 넘는 지지를 가졌기 때문이다. 그리고 이러한 결선투표제의 개조는 실제로 결선투표제가 제도적으로 큰 약점이 있다는 사실을 인정하는 의미가 있는 동시에 결선투표제를 더욱 인위적으로 복잡하게 만드는 셈이다.

참고문헌

강원택. 1997. "대통령 선거방식의 제도적 문제점에 대한 연구 : 단순다수제와 결선투표제 방식의 비교를 중심으로." 『한국정치학회보』 제31집 제3호 : 89–108.

강원택. 2006. "대통령 선거에서 결선투표제 도입의 정치적 효과." 2006년 한국정치학회 하계학술회의 발표자료.

신명순. 2006. 『비교정치』. 서울 : 박영사.

이준한. 2007. "결선투표제의 목적과 결과의 불일치." 『개헌과 민주주의』. 서울 : 한울 아카데미.

Alexander, Henry M. 1944. "The Double Primary." *Arkansas Historical Quarterly* 3 : 217–268.

Ames, Barry, Andy Baker, and Lucio R. Renno. 2009. "Split–ticket Voting as the Rule : Voters and Permanent Divided Government in Brazil." *Electoral Studies* 28 : 8–20.

Bennett, Robert. W. 2006. *Taming the Electoral College* Stanford, CA : Stanford University Press.

Berry, William D., and Bradley C. Canon. 1993. "Explaining the Competitiveness of Gubernatorial Primaries." *Journal of Politics* 55 : 454–471.

Birch, Sarah. 2003. "Two–Round Electoral Systems and Democracy." *Comparative Political Studies* 36 : 319–344.

Blais, Andre, and R. K. Carty. 1991. "The Psychological Impact of Electoral Laws : Measuring Duverger's Elusive Factor." *British Journal of Political Science* 21 : 79–93.

Blais, Andre, Louis Massicotte, and Agnieszka Dobrzynska. 1997. "Direct Presidential Elections : A World Summary." *Electoral Studies* 16 : 441–455.

Bullock, Charles S. III., and Loch K. Johnson. 1985. "Runoff Elections in Gerogia." *Journal of Politics* 47 : 937–946.

Bullock, Charles S. III., and Loch K. Johnson. 1992. *Runoff Elections in the United States*

Chapel Hill : University of North Carolina Press.

Bullock, Charles S. III. Ronald Keith Gaddie, and Anders Ferrington. 2002. "System Structure, Campaign Stimuli, and Voter Falloff in Runoff Primaries." *Journal of Politics* 64 : 1210–1224.

Callander, Steven. 2005. "Duverger's Hypothesis, the Run–Off Rule, and Electoral Competition." *Political Analysis* 13 : 209–232.

Canon, Bradley C. 1978. "Factionalism in the South : A Test of Theory and a Revisitation of V. O. Key." *American Journal of Political Science* 22 : 833–848.

Carstairs, Andrew McLaren. 1980. *A Short History of Electoral Systems in Western Europe* London : George Allen & Unwin.

Cohen, Richard E. 1984. "Many are Skeptical about Jackson's Dual Primary Argument." *National Journal* 16 : 921–926.

Cox, Gary W. 1997. *Making Votes Count : Strategic Coordination in the World's Electoral Systems* Cambridge, UK : Cambridge University Press.

Cox, Gary W. 1999. "Electoral Rules and the Calculus Mobilization." *Legislative Studies Quarterly* 24 : 387–419.

Cox, Gary W., and Michael C. Munger. 1989. "Closeness, Expenditures, and Turnout in the 1982 U.S. House Elections." *American Political Science Review* 83 : 217–231.

Criddle, Byron. 1975. "Distorted Representation in France." *Parliamentary Affairs* 28 : 154–179.

Davidson, Chandler. 1984. *Minority Vote Dilution* Washington D.C. : Howard University Press.

Duverger. Maurice. 1986. "Duverger's Law Forty Years Later." In Bernard Grofman and Arend Lijphart eds., *Electoral Laws and Their Political Consequences* New York : Agathon Press.

Elgie, Robert. 2005. "France : Stacking the Deck." In Michael Gallagher and Paul Ewing, Cortez A. M. 1953. *Primary Elections in the South* Norman : University of Oklahoma Press.

Engstrom, Richard L., and Richard N. Engstrom. 2008. "The Majority Vote Rule and Runoff Primaries in the United States." *Electoral Studies* 27 : 407–416.

Fauvelle–Aymar, Christine, and Michael S. Lewis–Beck. 2008. "TR versus PR : Effects of the French Double Ballot." *Electoral Studies* 27 : 400–406.

Glaser, James M. 2006. "The Primary Runoff as a Rremnant of the Old South." *Electoral Studies* 25 : 776–790.

Golder, Matt. 2005. "Democratic Electoral Systems around the World, 1946–2000."

Electoral Studies 24 : 103–121.

Greenberg, Joseph, and Kenneth A. Shepsle. 1987. "The Effect of Electoral Rewards in Multiparty Competition with Entry." *American Political Science Review* 81 : 525–537.

Grofman, Bernard. 2008. "A Taxonomy of Runoff Methods." *Electoral Studies* 27 : 395–399.

Grofman, Bernard, Andre Blais, and Shaun Bowler. 2008. "Editors' Introduction." *Electoral Studies* 27 : 393–394.

Grofman, Bernard, William Koetzle, and Anthony J. McGann. 2002. "Congressional Leadership 1965–1996 : A New Look at the Extremism versus Centrality Debate." *Legislative Studies Quarterly* 27 : 87–100.

Indridason, Indridi H. 2008. "Competition and Turnout : the Majority Run–off as a Natural Experiment." *Electoral Studies* 27 : 699–710.

Jones, Mark P. 1994. "Presidential Election Laws and Multipartism in Latin America." *Political Research Quarterly* 47 : 41–57.

Jones, Mark P. 1995. "A Guide to the Electoral Systems of the Americas." *Electoral Studies* 14 : 5–21.

Jones, Mark P. 1999. "Electoral Laws and the Effective Number of Candidates in Presidential Elections." *Journal of Politics* 61 : 171–184.

Jones, Mark P. 2004. "Electoral Institutions, Social Cleavages, and Candidate Competition in Presidential Elections." *Electoral Studies* 23 : 73–106.

Katz, Richard S. 1997. *Democracy and Elections* Oxford, UK : Oxford University Press.

Key, V. O. Jr. 1949. *Southern Politics in State and Nation* New York : Alfred A. Knopf.

Kousser, J. Morgan. 1984. "Origins of the Run–off Primary." *Black Scholar* 15 : 23–26.

Lamis, Alelxander P. 1984. "The Runoff Primary Controversy : Implications for Southern Politics." *PS : Political Science and Politics* 17 : 782–787.

Lanier, Mark. 1983. "The Runoff Primary : A Path to Victory." *N. C. Insight*(June) : 18–23.

Laveri, Michael, Kenneth Benoit, and Nicolas Sauger. 2006. "Policy Competition in the 2002 French Legislative and Presidential Elections." *European Journal of Political Research* 45 : 667–697.

Leighley, Jan E., and Jonathan Nagler. 1992. "Individual and Systemic Influences on Turnout" *Journal of Politics* 54 : 718–740.

Mainwaring, Scott. 1993. "Presidentialism, Hurtipartism, and Democracy : The Difficult Combination." *Comparative Political Studies* 26 : 198–228.

Mozaffar, Shaheen. 2004. "Africa : Electoral Systems in Emerging Democracies." In Colomer, Josep ed., *Handbook of Electoral System Choice* New York : Palgrave.

Negretto, Gabriel L. 2006. "Choosing How to Choose Presidents : Parties, Military Rulers, and Presidential Elections in Latin America." *Journal of Politics* 68 : 421–433.

Patterson, B. C. 1983. "The Three Rs Revisited : Redistricting, Race and Representation in North Carolina." *Phylon* 44 : 232–243.

Payne, J. M., G. D. Zovatto, F. Carrillo Florez, and A. Allamand Zavala. 2002. *Democracies in Development : Politics and Reform in Latin America* Inter–American Development Bank and International Institute for Democracy and Electoral Assistance. New York.

Perez–Linan, Anibal. 2006. "Evaluating Presidential Runoff Elections." *Electoral Studies* 25 : 129–146.

Rae, Douglas. 1971. *The Political Consequences of Electoral Laws* New Haven, CT : Yale University Press.

Reilly, Ben. 2003. "Political Parties and Political Engineering in the Asia Pacific Region." *Asia Pacific Issues : East–West Center* 71 Honolulu, Hawaii.

Reynolds, Andrew. 1999. *Electoral Systems and Democratic Consolidation in Southern Africa* Oxford, UK : Oxford University Press.

Sartori, Giovanni. 1994. *Comparative Constitutional Engineering : An Inquiry into Structures, Incentives, and Outcomes* New York : New York University Press.

Segl, Horacio Vives. 2006. "The 2003 and 2005 Elections in Argentina : From Anomaly and Emergency to the Legitimization of a Government." *Taiwan Journal of Democracy* 2 : 107–22.

Shepsle, Kenneth A., and Mark S. Bonchek, 1997. *Analyzing Politics : Rationality, Behavior, and Institutions* NY : Norton, W. W. & Company, Inc.

Shugart, Mattew, and John Carey 1992. *Presidents and Assemblies : Constitutional Design and Electoral Dynamics* Cambridge : Cambridge University Press.

Shugart, Mattew, and Rein Taagepera. 1994. "Plurality versus Majority Election of Presidents : A Proposal for a "Double Complement Rule." *Comparative Political Studies* 27 : 323–349.

Stewart, Joseph Jr., James F. Sheffield Jr., and Margaret E. Ellis. 1995. "The Mechanisms of Runoff Primary 'Disadvantage.'" *Social Science Quarterly* 76 : 807–822.

Wright, Stephen G. 1989. "Voter Turnout in Runoff Elections." *Journal of Politics* 51 : 385–396.

Wright, Stephen G., and William Riker. 1989. "Plurality and Runoff Systems and Numbers of Candidates." *Public Choice* 60 : 155–175.

Chapter 9

한국의 중선거구제*

I. 서론

현재 한국에는 개헌 및 행정구역의 개편과 맞물려 국회의원선거제도의 개혁이 중요한 현안으로 제기된 상태이다. 특히 행정구역의 개편은 현 정부가 2014년까지 현행 3단계의 행정구역을 2단계로 과감하게 줄이는 것을 목표로 한다. 즉 전통적인 행정구역은 광역시도 아래 구·시·군, 그리고 그 아래 다시 읍·면·동이라는 중층구조를 가졌는데 이번에는 통합시와 그 아래의 기초단위로 크게 단순화하자는 것이다. 장차 계획대로 행정구역 개편이 이루어지면 현재 약 230여 개 구·시·군를 약

* 이 장은 2010년 지방선거 기초의회선거에서 실시된 중선거구제 사례는 다루지 않는다.

70여 개의 통합시가 대체하게 된다.

이에 따라 자연스럽게 현행 245개 국회의원 선거구도 다시 획정할 필요가 제기된다. 그러나 현재의 분위기는 단순히 선거구를 재획정하는 데 그치는 것이 아니라 국회의원선거제도를 전반적으로 손질하는 데 초점이 맞춰지고 있다. 그 대안으로는 현재 중선거구제, 대선거구제, 권역별 비례대표제, 정당명부식 비례대표제, 도농복합형 선거구제 등이 거론되고 있다. 그 가운데 가장 주목을 끄는 것은 행정구역 개편 뒤 생길 약 70여 개 광역시를 한 선거구로 하고 거기에서 2인 이상의 국회의원을 선출하자는 중선거구제이다. 현행 국회의원의 정수인 299명에 변화가 없다고 가정하면 한 선거구에 2-4인을 뽑는 중선거구제가 현실성이 있는 대안인 것이다.

비단 이러한 행정구역의 개편이라는 계기가 아니더라도 그간 현행 국회의원선거제도의 대안으로 중선거구제는 큰 관심을 모아왔다. 그 배경에는 무엇보다도 중선거구제가 한국 선거정치에 뿌리깊은 지역주의를 완화시킬 수 있다는 기대가 놓여 있다. 중선거구제에서는 한 선거구마다 1등만 당선되는 소선거제와 달리 사표가 크게 줄고 선거구의 크기에 따라 2등이나 3등 또는 4등도 당선될 수 있기 때문이다. 이에 따라 호남지역에서는 한나라당이, 영남지역에서는 민주당이 각각 2-4등으로 의석을 획득하여 지역에 따른 의석독식 현상을 적지 않게 줄일 수 있다는 계산이 나온다.

이러한 정치적 환경 아래 이 장에서는 한국적 맥락에서 중선거구제의 실질적인 효과를 평가해 본다. 과거 한국에서 실시되었던 중선거구제 선거에서 나타난 바 있는 실제적인 선거결과를 비교·평가하는 것이 중선거구제의 도입이 논의되는 현 시점에서 매우 중요한 과제로 떠오르기 때문이다. 따라서 이 연구는 이론적인 성격을 갖기보다는 매우 현실적인 성격을 지닌다. 한국에서는 이미 제9대 국회의원선거부터 제12대 국회의원선거까지 중선거구제를 실시한 경험이 있고, 과거 2006년 전국동시지방선거 기초의회선거에서도 중선거구제를 실험한 바 있다.

현재까지 국회의원선거 수준에서 역대 소선거구제와 더불어 중선거구제가 선거결과에 미친 영향을 추적한 연구는 더러 등장한 바 있다(김용호 1996, 2000 ; 심지연 · 김민전 2002 ; 정준표 · 정영재 2005). 그리고 대표적으로 국회의원선거제도의 도입과정에서 보이는 동학(이상묵 2006), 국회의원선거제도의 구체적인 개혁방향이나 대안(강원택 2003), 2000년대 1인 2표제의 도입과 정치적 효과(김영태 2002 ; 김왕식 2006) 등 국회의원선거 수준에서는 선거제도와 그 효과에 관련하여 다양한 측면에서 분석이 이루어졌다. 그러나 아직 국회의원선거 수준에서 중선거구제가 선거결과에 끼친 실제적 영향을 집중적으로 분석한 연구가 적다. 이에 비하여 지방선거 수준에서는 2006년에 중선거구제가 도입된 계기로 그나마 상대적으로 많은 연구가 이루어졌다(고선규 2006 ; 김원홍 · 윤덕경 · 김은경 · 김은수 2007 ; 이상묵 2007 ; 정준표 2007 ; 한인택 2006 ; 황아란 2007).[1)]

이러한 선행연구와 달리 이 장은 현재 중선거구제의 도입을 통하여 기대하는 긍정적인 효과를 하나씩 찾아내어 이를 일관적인 기준으로

1. 현재까지 지방선거 수준에서 중선거구제가 도입된 뒤 기초의회 선거결과에 미친 영향은 대부분 여성이라는 차원(김원홍 · 윤덕경 · 김은경 · 김은수 2007)에 초점을 두었거나 하나 이상의 지방자치시도(고선규 2006 ; 이상묵 2007 ; 정준표 2007 ; 한인택 2006)를 연구의 단위로 하고 있다. 황아란(2007)의 연구가 예외적으로 2006년 기초의회 선거결과를 체계적으로 분석했다.

삼아 과거의 모든 중선거구제 선거사례에서 어떻게 그 긍정적인 효과가 발현되었는지 구체적으로 비교·평가하는 것을 목적으로 설정한다. 이러한 목적에 도달하기 위하여 여기에서는 먼저 현재 중선거구제의 도입을 통해 추구하는 효과를 체계적으로 분석하는데, 특히 여기에서는 중선거구제가 파생시킬 수 있는 긍정적인 효과와 부정적인 효과로 나누어 살펴볼 것이다. 이를 통하여 현재 한국에서 중선거구제의 도입을 통하여 꾀하는 것은 지역주의의 완화, 소수정당(이념정당, 신생정당)의 의회 진출 촉진, 정치신인과 여성의 의회 진출 유인 등이라고 추려볼 것이다.

그 다음으로 이 연구는 실제로 이러한 측면들이 한국의 모든 중선거구제 선거에서 어떻게 나타났는지 추적해 본다. 특히 제9대–제12대 국회의원선거에서 중선거구제가 도입된 배경이 현재 중선거구제의 도입이 추구하는 배경과 똑같지 않다. 이에 따라 여기에 요약된 선거자료들이 성격상 같은 집합자료임에도 불구하고 각 선거마다 적용된 선거환경이 적지 않게 다르다. 그러므로 중선거구제 도입배경의 차이와 무관하게, 그리고 시대적 환경과 제도적인 상이성을 떠나 중선거구제가 실제로 작동된 결과를 살펴보는 것은 이론적으로나 현실적으로 매우 흥미롭다. 따라서 이 장에서는 사회과학적 방법론에 기초하여 먼저 변수들 사이의 관계를 가장 단순화한 상태에서 분석하고 그 다음으로 그 변수들 사이의 관계를 좀더 잘 이해할 수 있도록 그 외의 맥락을 보충해 설명하는 방식이 될 것이다.

하지만 이 연구의 분석대상이 되는 선거사례가 매우 적기 때문에 통계적인 방법에 기초한 인과관계를 추론하는 데는 적지 않은 한계가 따른다. 따라서 이 연구는 중선거구제라는 변수 외에 다른 변수들은 모두 배제한 상태에서(*ceteris paribus*) 소선거제와 달리 중선거제가 선거결과에 미친 영향을 체계적으로 비교·평가하는 방식을 취할 것이다. 이 연구가 중앙선거관리위원회의 선거자료를 중심으로 분석하기 때문에 집합자료의 비교에 따른 한계가 수반되는 것을 피할 수 없다. 그러나 현 시점에서 이러한 선거결과 집합자료를 제외하고 중선거구제가 도입된 뒤 이루어진 변화를 찾도록 해주는 구체적인 자료도 없는 실정이다. 따라서 좀더 입체적이고 다차원적인 비교와 평가는 다음의 과제로 넘긴다. 이 장의 결론은 분석결과를 종합하고 그 현실적인 함의를 논의할 것이다.

II. 한국에서 예상되는 중선거구제의 효과

일반적으로 의회선거에서 선거구의 크기는 한 선거구에서 1인의 대표를 선출하는 단수선거구제(single-member district system)를 한 축으로 하고, 하나의 선거구에서 2인 이상의 대표를 뽑는 복수선거구제(multi-member district system)를 다른 한 축으로 구분된다(Carey and Shugart 1995 ; Grofman 2005). 전자는 해당 선거구마다 유권자로부터 가장 많은 표를 얻은 후보 1인만 당선시키는 단순다수제를, 또는 경우에 따라서는 절대다수제를 이용한다. 이에 비하여 후자는 유권자로부터 득표를 많이 한 순서대로 1위부터 법으로 정해진 방식으로 순위 안에 안착한 모든 후보를 당선시킨다.

복수선거구제가 구체적으로 작동하는 과정에는 정당명부식 비례대표제(part list proportional representation)가 이용되거나 단기이양식(single transferable vote : STV) 또는 단기비이양식(single nontransferable vote : SNTV)

이라는 방식 등이 이용된다. 정당명부식 비례대표제는 대표적으로 브라질과 같이 개방형(open list)이 있고 이 외의 다른 많은 국가에서는 폐쇄형(closed list)이 이용된다. 단기이양식은 유권자의 표에 선호를 부여하고 특정한 공식에 따라 쿼터를 적용하여 최종 당선자를 확정하는 생소한 제도이지만, 단기비이양식은 그 대표적인 사례가 한국의 중선거구제이기 때문에 상대적으로 익숙한 제도이다. 그러나 단기비이양식 선거제도는 전 세계적으로 한국을 제외하고는 일본과 대만에서 과거에 사용한 바 있는 매우 독특한 선거제도라고 하겠다(Grofman 1999).

당선자의 숫자와 관련하여 복수선거구제는 많은 경우 한 선거구에서 터키와 같이 27명이나 브라질과 같이 37명의 대표를 한꺼번에 선출한다(Colomer 2007). 이에 비하여 한국에서는 복수선거구제를 통상 선출되는 대표의 숫자에 따라 중선거구제와 대선거구제로 구분하고 단수선거구제를 소선거구제라고 부른다. 중선거구제에서는 흔히 2-4명 정도의 후보를 당선시키나 대선거구제에서는 그 이상의 후보를 당선시킨다. 한국의 제9대-제12대 국회의원선거에서는 대표를 2인씩 선출했고 2006년 기초의회선거에서는 2-4명씩 뽑았기 때문에 여기에서는 복수선거구제 가운데 한국의 사례를 중선거구제라고 부른다.

일반적으로 소선거구제에서는 한 정당이 출마시킬 수 있는 후보의 숫자가 1명을 넘지 못한다. 소선거구제에서 한 당이 한 선거구에서 복수의 후보를 출마시키면 그 정당으로 향하는 표를 서로 분산시키기 때문에 해당 정당의 승리를 보장하기 어렵다. 이에 따라 승리 가능성이 없는 경우에는 그 정당은 해당 선거구에 후보를 내보내지 않기도 한다. 그러나 중선거구제에서는 선거구의 크기에 따라 한 정당에서 복수의 후보를 출마시킬 수 있다. 물론 이러한 경우는 복수의 후보가 모두 이길 수 있다는 합리적인 계산을 전제로 한다.

이러한 특징에 기초하여 한국에서 중선거구제를 통하여 목표로 하는 긍정적인 효과를 찾아보면 먼저 유권자의 표가 의석으로 전환되는 과정에서 소선거구제보다 비례성이 훨씬 높아지고 그만큼 사표가 줄어든다는 사실을 지적할 수 있다(Jones 1993 ; Lijphart 1990 ; Rae 1971 ; Taagepera and Shugart 1989). 단순다수제 소선구제에서는 득표율의 높고 낮음을 떠나 최다득표자 1인이 획득한 표만 의석으로 반영된다. 이에 비하여 중선거구제에서는 복수의 후보가 선출되는 만큼 상대적으로 더 많은 유권자의 표가 의석으로 전환된다. 그 결과 의회의 대표성과 선거제도의 공정성이 향상될 수 있다.

둘째, 중선거구제는 한 선거구에서 여러 정당의 후보를 당선시킬 수 있기 때문에 정치적인 약자나 소수, 또는 이들을 대표하는 정당에게 의회 진출의 새로운 기회를 제공한다. 단순다수 소선거구제에서는 유권자가 심리적 효과(psychological effect)로 인하여 자신의 표가 사표로 되는 것을 피하는 경향이 있다(Duverger 1954). 대신 유권자는 선거에서 이길 수 있는 정당 또는 큰 정당에게 표를 던지는 것이다. 이에 따라 소선거구제에서는 현실적으로 정권을 담당하기 어려울 것으로 여겨지는 작은 정당이나 무소속 후보가 표를 얻기가 쉽지 않다.

이에 비하여 중선거구제에서는 유권자가 자신이 느끼는 최상의 선택에 따라 적극적으로 투표할 수 있는 환경을 조성해 준다. 소선거구제와 달리 유권자가 자신의 귀중한 한 표를 사표로 전락하지 않도록 소극적으로 차선의 선택을 내릴 필요가 사라지는 것이다. 이에 따라 소선거구제에 비하여 중선거구제에서는 이념정당이나 소수정당, 신생정당은 물론 무소속의 의회진입이 더 쉬워지는 경향이 있다(Adams 1996 ; Engstrom and McDonnald 1993). 또한 비슷한 논리에 따라 소선거구제보다 중선거구제 아래에서 기성 정치인이 아닌 정치신인이나 여성 정치인이 당선되기 더 쉬워질 가능성이 생긴다(Grofman, Migalski, and Noviello 1986 ; Hogan 2001 ; Niemi, Hill, and Grofman 1985).

다른 한편 중선거구제는 본질적으로 심각한 부정적인 측면도 가지고 있다(강원택 2005). 첫째, 중선거구제에서는 표의 등가성이 크게 훼손되는 경향이 있다. 중선거구제는 소선거구제에 비하여 사표를 줄인다는 점에서는 긍정적이나 중선거구제의 독특한 작동기제에 따라 대의민주주의의 공정성을 위협할 수 있는 것이다.

중선거구제에서는 소선거구제에 비하여 당선자의 숫자를 크게 늘려주기 때문에 후보의 출마에 대한 심리적 장벽을 현격하게 낮춰준다. 이에 따라 중선거구제에서는 후보의 숫자가 증가하고 정당이 난립할 수 있다(Blais and Carty 1987 ; Taagapera and Shugart 1989). 정당이 난립하면서 다당제화되면 선거정치의 유동성(volatility)이 크게 증가하는 것으로 알려졌다(Remmer 1991). 중선거구제에서는 상대적으로 많이 출마한 후보 사이에 표가 나뉘게 되고 복수의 당선자가 탄생하기 때문에 당선자 사이의 득표율상 편차가 발생한다. 선거구의 크기가 커지는 등 경우에 따라서는 그 왜곡이 더욱 심해질 수 있다(Benoit 2001 : 221).[2)]

2. 복수선거구제에서 증가하는 후보 숫자와 관련하여 재미있는 사례는 2002년 브라질 의회선거에서 찾아진다. 브라질 의회선거에서 가장 경쟁력이 높은 지역인 수도 상파울로에서는 700명 이상의 후보가 출마했다(Ames, Baker, and Renno 2009 : 11).

예를 들어 3인을 선출하는 중선거구제의 한 선거구에서 후보들이 50%, 25%, 8%, 5%, 4%, 3%, 2%, 2%, 1% 등을 득표한 채 선거가 끝났다고 가정해 보자. 이 선거에서 50%를 득표한 후보나 8%를 득표한 후보가 모두 법정 등수인 3위 안에 들었기 때문에 똑같이 의회에 진출한다. 선거구의 크기가 4명으로 커지면 5%를 득표한 후보까지 당선된다. 그 결과 50%를 득표한 후보나 8% 또는 5%를 득표한 후보가 모두 유권자의 대표로 선출된다. 법적으로는 문제가 안 되지만 당선자의 대표성에 큰 편차가 발생하는 것을 피할 수 없다.

둘째, 중선거구제는 정당 간 득표율과 의석점유율 사이에 심각한 왜곡을 초래할 수 있다. 앞의 예에서 50%를 득표한 후보와 25%를 득표한 후보가 같은 "가"정당 소속이고 8%를 득표한 후보가 다른 "나"정당 출신이라고 가정하자. "가"정당은 도합 75%의 표로 66%의 의석을 얻은 반면 "나"정당은 8%의 표로 33%의 의석을 얻는다. 이러한 현상이 전국적으로 발생한다면 특정("가") 정당은 과소대표되고 특정("나") 정당은 과대대표되는 것이다. 중선거구제에서 선거구의 크기가 3인보다 더 크다면 당선자의 득표율에 있어서 편차가 더 커질 수 있으며, 이에 따라 정당 간 득표율과 의석점유율 사이의 왜곡도 더 심해질 수 있다.

셋째, 중선거구제는 정책에 기초한 정당정치의 발전보다는 계파정치나 금권정치를 심화시킬 가능성이 있다. 이러한 특징은 18세기 제네바 출신인 장자크 루소(Jean-Jacques Rousseau)가 프랑스의 복수선거구제에서 극성을 벌이는 파벌의 폐단을 지적한 이래 계속해서 비판을 받아왔다(Colomer 2007 : 269). 또한 건국 초기 영국의 영향으로 각급 선거에서 복수선거구제가 유행했던 미국에서 제임스 매디슨(James Madison)이 파벌의 위험성을 지적한 것도 같은 맥락으로 이해된다(Aldrich 1995). 이러한 현상은 세기가 바뀌어 1994년까지 단기비양식 중선거구제를 이용했던 일본에서도 개혁의 대상이 되었다(박철희 2006 ; 양기호 1997 ; 전황수 1998). 중선거구제에서는 한 정당이 복수의 후보를 출마시킬 수 있고 선거에서 이길 가능성이 높은 정당일수록 당내 경쟁이 더 가열되는 경향이 있기 때문이다. 당의 후보로 결정되면 선거에서 당선될 가능성이 높기 때문이다. 실제 선거에서도 한 정당에서 복수의 후보가 출마한 환경에서는 정당 사이의 경쟁만큼이나 같은 정당 출신 후보 사이의 경쟁도 치열해진다. 이에 따라 정당의 내부결속력이나 위계질서가 사라지고 대신 계파나 계보 중심의 파벌정치가 활성화될 수 있다.

중선거구제에서 파벌 사이의 인물 중심으로 선거를 치르게 되면 1차적인 사조직이나 관계에 의존한 캠페인이 진행되기 마련이다. 이 경우 후보 선정과정이나 본선거에서 돈 쓰는 선거가 이어질 가능성이 있다. 또한 계파나 계보에 의한 선거나 정당정치가 이루어진다면 정당 안팎에서 정책이나 공약이 뒷전으로 밀려나게 된다. 이러한 파벌정치는 정치행위자 사이에 후진적인 후견인과 피후견인(patron-client) 관계를 잔존시켜 온갖 부정부패의 온상이 될 수 있다.

마지막으로 중선거구제는 정당체계를 파편화시키고 불안정하게 만들 수 있다(Lijphart 1994). 장기적으로 보았을 때 중선거구제는 군소정당의 출현이나 난립으로 이어질 수 있다. 다양한 정당이 의회에 진입하여 국민을 대표하는 것은 바람직하다. 하지만 정책이나 이념에 기초하지 않는 정당이 선거를 앞두고 난립하는 것은 정당정치의 발전에 장애가 될 수 있다. 일반적으로 정당이 난립하면 정당체계가 파편화되고 구심력을 잃는 경향이 있기 때문이다. 한 마디로 중선거구제에서는 정당 자체의 위계질서도 약화되고 정당체계도 불안정해질 가능성이 생긴다.

위와 같이 중선거구제가 각각 긍정적이고 부정적인 측면을 가지고 있다는 점에서 다른 선거제도와 마찬가지이지만, 한국에서는 중선거구제가 한 선거구에서 복수의 당선자를 배출하고 이에 따라 여러 가지 긍정적인 효과를 파생시킬 것이라는 점에서 큰 주목을 받는다. 이러한 논의를 배경으로 삼아 여기에서는 한국의 중선거구제에서 나타난 현실적 효과를 실증적으로 평가해 볼 것인데, 여기에는 앞서 살펴본 중선거구제의 긍정적인 측면으로 꼽은 것을 하나씩 묻고 답해볼 것이다. 한국에서 중선거구제가 실제로 지역주의와 어떠한 관계가 있나? 중선거구제는 소수정당의 국회 진출에 어떠한 영향을 주었나? 중선거구제는 정치신인과 여성 정치인의 국회 진출에 어떠한 영향을 주었나?

III. 한국의 중선거구제와 실제 작동

1. 제9대-제12대 국회의원선거

1) 중선거구제와 지역주의

한국의 선거에서 지역주의의 맹아는 제5대 대통령선거(1963년 10월)에서 제6대 대통령선거(1967년 5월)를 지나 제7대 대통령선거(1971년 4월)를 거치면서 싹트기 시작했다. 중앙선거관리위원회의 자료(http://www.nec.go.kr/sinfo/index.html 검색일 : 20010년 1월 7일)에 따르면 제5대 대통령선거에서 민주공화당의 박정희는 충남 아산 출신인 윤보선에 비하여 영남은 물론 호남지역에서도 압승을 거두었다. 그러나 4년 뒤 제6대 대통령선거에서 신민당의 윤보선이 전북과 전남에서 민주공화당의 박

〈표-1〉 제8대 국회의원선거 지역별 분포(단위 : 명, %)

	민주공화당	신민당	국민당	민중당
서울	1(5.3)	18(94.7)		
부산	2(25.0)	6(75.0)		
경기	11(68.8)	4(25.0)		1(6.3)
강원	8(88.9)	1(11.1)		
충북	6(75.0)	2(25.0)		
충남	11(73.3)	4(26.7)		
전북	6(50)	6(50)		
전남	15(68.2)	7(31.8)		
경북	15(62.5)	8(33.3)	1(4.2)	
경남	9(50)	9(50)		
제주	2(100)			
합계	86(56.2)	65(42.5)	1(0.7)	1(0.7)

출처 : http://www.nec.go.kr/sinfo/index.html(검색일 : 2010년 1월 7일)

정희보다 조금이나마 더 많은 표를 얻은 반면 영남지역에서는 전보다 훨씬 더 큰 표 차이로 패배했다. 이 선거에서 윤보선은 서울과 경기, 충남에서만 박정희보다 조금 더 앞섰을 뿐이다.

그 뒤 유신이 선포된 배경이기도 한 제7대 대통령선거에서 신민당의 김대중이 서울과 경기를 제외하고 민주공화당의 박정희보다 더 많은 표를 확보한 곳은 전북과 전남밖에 없었다. 이 선거에서 박정희는 제6대 대통령선거에서와 마찬가지로 영남지역에서 상대방에 비하여 약 세 배씩이나 더 많은 표를 얻었다. 이후 제4공화국과 제5공화국 아래 치러진 다섯 차례 대통령선거는 모두 간선제였기 때문에 대통령선거에서 지역주의 선거결과를 확인할 방도는 없다. 하지만 주지하다시피 민주화 이후

〈표-2〉 제9대 국회의원선거 지역별 분포(단위 : 명, %)

	민주공화당	신민당	민주통일당	무소속
서울	7(43.8)	8(50.0)		1(16.7)
부산	4(50.0)	4(50.0)		
경기	9(56.3)	6(35.7)		1(6.3)
강원	5(50.0)	3(30.0)		2(20.0)
충북	5(62.5)	2(25.0)		1(12.5)
충남	5(35.7)	7(50.0)		2(14.3)
전북	4(33.3)	4(33.3)		4(33.3)
전남	10(50.0)	6(30.0)	2(10.0)	2(10.0)
경북	12(54.5)	5(22.7)		5(22.7)
경남	10(55.6)	8(44.4)		
제주	1(50.0)			1(50.0)
합계	73(50.0)	52(35.6)	2(1.4)	19(13.0)

출처 : http://www.nec.go.kr/sinfo/index.html(검색일 : 2010년 1월 7일)

제13대 대통령선거(1987년 12월)부터 가장 최근의 제17대 대통령선거(2007년 12월)까지 지역주의는 크게 변화가 없는 상황이다.

중선거구제가 처음 도입되기 전 소선거구제로 실시된 제8대 국회의원선거(1971년 5월)에서는 전국구 51명을 포함한 총 204명의 국회의원 가운데 민주공화당은 113명(55.4%), 신민당 89명(43.6%), 국민당과 민중당은 각각 1명(0.5%)을 당선시켰다. 〈표 1〉은 제8대 국회의원선거에서 각 당이 확보한 지역별 의석 숫자인데, 당시 대통령선거와 달리 아직 정당에 따른 지역별 압승현상이 나타나지 않는다. 다만 여기에서 주목할 만한 사실은 민주공화당과 신민당이 전체 의석의 98.0%를 확보했

〈표-3〉 제10대 국회의원선거 지역별 분포(단위 : 명, %)

	민주공화당	신민당	민주통일당	무소속
서울	9(40.9)	11(50.0)	1(4.5)	1(4.5)
부산	4(40.0)	5(50.0)		1(10.0)
경기	8(50.0)	7(43.8)		1(6.3)
강원	5(50.0)	3(30.0)		2(20.0)
충북	3(37.5)	4(50.0)	1(12.5)	
충남	7(50.0)	5(35.7)		2(14.3)
전북	6(50.0)	4(33.3)		2(16.7)
전남	8(40.0)	7(35.0)	1(5.0)	4(20.0)
경북	9(40.9)	8(36.4)		5(22.7)
경남	8(44.4)	7(38.9)		3(16.7)
제주	1(50.0)			1(50.0)
합계	68(44.2)	61(39.6)	3(1.9)	22(14.3)

출처 : http://www.nec.go.kr/sinfo/index.html(검색일 : 2010년 1월 7일)

다는 점이다. 이 선거에서 무소속 출마는 법적으로 허용되지 않았다(「국회의원선거법」 1970년 12월 22일 시행 제24조).

이제 중선거구제가 도입된 뒤 지역에 따른 의석의 분포라는 차원에서 어떠한 변화가 일어나는지 살펴보자. 중선거구제가 처음 도입된 제9대 국회의원선거는 6년 임기로 한 선거구당 2인씩 선출하는 선거구 의석 146석과 3년씩 대통령의 제청에 따라 통일주체국민회의에서 간접적으로 선출하는 유신정우회 73석을 포함하여 도합 219석을 대상으로 치러졌다. 1973년 2월에 실시된 제9대 국회의원선거에서는 중선거구제가 새로 실시되고 무소속 출마가 허용되면서 정당과 후보가 난립될 환경이 조성되었다. 이에 따라 「국회의원선거법」(1972년 12월 31일 시행 제32조)은 후보자 기탁금제도를 새로이 도입했다. 정당의 후보는 당시 화폐로 200만 원이었고 무소속은 300만 원이었다.[3] 선거결과 지역구의원 146명 가운데 민주공화당이 73명(50.0%), 신민당이 52명(35.6%), 민주통일당이 2명(1.4%), 무소속이 19명(13.0%) 당선되었다. 앞의 〈표 2〉는 제9대 국회의원 선거결과를 담고 있는데, 영남지역의 선거결과가 제8대에 비하여 민주공화당으로 편중되었다는 것 외에 특별한 변화는 없다.

1978년 12월에 실시된 제10대 국회의원선거는 지역구의원으로 154명과 유신정우회로 77명을 포함하여 도합 231명을 선출하였다. 이 선거는 유신정우회를 포함한 국회의원의 임기가 모두 4년으로 바뀐 것을 제외하고 제9대 선거와 거의 비슷하게 시행되었다. 이 선거에서 「국회의원선거법」(시행 1978년 2월 15일) 제32조에 따르면 무소속의 기탁금이 500만 원으로 올랐고 정당 후보는 300만 원으로 늘어났다. 선거결과 민주공화당은 68석(44.2%), 신민당은 61석(39.6%), 민주통일당은 3석(1.9 %)을 확보했고 무소속은 22석(14.3%)을 얻었다. 〈표 3〉은 제10대 국회의원 선거결과를 지역별로 정리한 것인데 민주공화당이 신민당보다 영남이나 호남에서 모두 앞섰다는 사실을 보여준다.

1981년 3월에 실시된 제11대 국회의원선거는 중선거구에서 184명과 전국구에서 92명으로 도합 276명을 선출했다. 이 선거에서 민주정의

3. 1972년 무소속 후보의 기탁금이 300만 원인 것은 2009년 현행 공직선거법 제56조에 국회의원 기탁금이 1,500만 원으로 규정되어 있는 것을 통해 보았을 때 인플레이션을 감안하면 매우 큰 액수로 보인다.

〈표-4〉 제11대 국회의원선거 지역별 분포(단위 : 명, %)

	민정당	민한당	한국당	민사당	민권당	신정당	안민당	민농당	무소속
서울	14 (50.0)	11 (39.3)	1 (3.6)	1 (3.6)					1 (3.6)
부산	6 (50.0)	5 (41.7)			1 (8.3)				
경기	12 (50.0)	10 (41.7)	1 (4.2)			1 (4.2)			
강원	6 (50.0)	4 (33.3)	2 (16.7)						
충북	4 (50.0)	1 (12.5)	3 (37.5)						
충남	8 (50.0)	5 (31.3)	2 (12.5)						1 (6.3)
전북	7 (50.0)	6 (42.9)							1 (7.1)
전남	10 (45.5)	9 (40.9)	1 (4.5)			1 (4.5)	1 (4.5)		
경북	13 (50.0)	5 (19.2)	5 (19.2)						3 (11.5)
경남	10 (50.0)	1 (5.0)	3 (15.0)	1 (5.0)	1 (5.0)			1 (5.0)	3 (15.0)
제주									2 (100)
합계	90 (48.9)	57 (31.0)	18 (9.8)	2 (1.1)	2 (1.1)	2 (1.1)	1 (0.5)	1 (0.5)	11 (6.0)

출처 : http://www.nec.go.kr/sinfo/index.html(검색일 : 2010년 1월 7일)

당(민정당)이 전국구 61석을 포함하여 151석(54.7%), 민주한국당(민한당)이 전국구 24석을 포함하여 81석(29.3%), 한국국민당(한국당)이 전국구 7석을 포함하여 25석(9.1%)을 각각 확보했다. 이에 비하여 민주사회당(민사당), 민권당, 신정당이 각각 2석, 안민당과 민주농민당(민농당)

이 각각 1석을 얻었다. 여기에서 무소속은 11석을 차지했다. 〈표 4〉는 제11대 국회의원 선거결과를 지역별로 정리한 것인데 민주정의당이 영남지역에서 압승하고 호남에서도 승리를 거두었다.

제12대 국회의원선거에서는 중선거구로 184명, 전국구로 92명을 포함한 총 276명의 국회의원을 선출했다. 1985년 2월에 치러진 이 선거에서는 민주정의당(민정당)이 전국구 61석을 포함한 148석(53.6%), 신한민주당(신한당)이 전국구 17석을 포함한 67석(24.3%), 민주한국당(민한당)이 전국구 9석을 포함한 35석(12.7%), 한국국민당(한국당)이 전국구 5석을 포함한 20석(7.2%)을 차지했다. 그 밖에 무소속이 4석, 신민주당과 신정사회당(신사당)이 1석씩 확보했다. 다음의 〈표 5〉는 제12대 국회의원선거에서 보인 지역별 분포인데 민주정의당, 신한민주당, 민주한국당 사이의 지역별 독식현상이 확실하지 않다.

이상을 간단하게 정리해 보면 대통령선거 수준에서는 제6대와 제7대를 거치면서 지역주의가 강화되는 추세와 달리, 국회의원선거 수준에서는 제9대부터 제12대까지 지역주의적 선거결과가 뚜렷하게 형성되지 않았다. 이미 앞에서 살펴본 소선거구제 제8대 국회의원 선거결과와 중선거구제 제9대-제12대 선거결과 사이에 큰 차이가 발생하지 않았던 것이다. 같은 기간 동안 국회의원선거에서 지역주의가 뚜렷하게 관찰되지 않는 배경을 중선거구제의 영향과 관련지어 생각해 볼 수 있다. 하지만 중선거구제 이외에 다른 변수까지 감안하게 되면 대통령선거에서도 아직 맹아 수준에 머문 지역주의였다는 사실이 더 중요한 배경이 될 것이다. 또한 제9대-제12대 국회의원선거가 치러진 정치적 환경은 유신과 군사정권으로 점철되어 자유롭고 공정한 정당활동과 투표선택이 보장되지 못한 시절이었다는 사실을 감안해야 한다.

〈표-5〉 제12대 국회의원선거 지역별 분포(단위 : 명, %)

	민정당	신민당	민한당	한국당	신민주당	신사당	무소속
서울	13(46.4)	14(50.0)	1(3.6)				
부산	3(25.0)	6(50.0)	2(16.7)	1(8.3)	?	?	?
대구	2(33.3)	2(33.3)	1(16.7)	1(16.7)	?	?	?
인천	2(50.0)	2(50.0)	?	?	?	?	?
경기	10(50.0)	4(20.0)	3(15.0)	3(15.0)	?	?	?
강원	6(50.0)	?	1(8.3)	4(33.3)	?	?	1(8.3)
충북	4(50.0)	2(5.0)	1(12.5)	1(12.5)		?	?
충남	8(50.0)	4(25.0)	4(25.0)	?	?	?	?
전북	7(50.0)	2(14.3)	1(7.1)	3(21.5)	1(7.1)	?	?
전남	11(50.0)	5(22.7)	5(22.7)	?	?	1(4.5)	?
경북	10(50.0)	4(20.0)	3(15.0)	1(5.0)	?	?	2(10.0)
경남	10(50.0)	5(25.0)	4(20.0)	1(5.0)		?	?
제주	1(50.0)						1(50.0)
합계	87(47.2)	50(25.0)	26(14.4)	15(8.3)	1(2.2)	1(0.6)	4(2.2)

출처 : http://www.nec.go.kr/sinfo/index.html(검색일 : 2010년 1월 7일)

이와 더불어 제9대부터 제12대 국회의원선거까지 지역주의라는 측면에서 더욱 흥미로운 것은 선거에 출마한 후보자의 숫자와 관련되어 있다. 만약 제9대-제12대 국회의원선거에서 지역주의가 강했다면 지역별로 한 정당이 의원정수 2명에 해당하는 후보를 모두 채워서 출마시키고 해당 의석을 모두 독식하는 일이 많이 발생했을 것이다. 그러나 당시 「국회의원선거법」이 한 선거구당 의원삭(또는 의원정수)을 2명으로 정했지만 한 정당이 2명의 후보를 모두 출마시킨 경우가 상당히 적고 그나마 그 2명의 후보가 모두 당선된 사례는 더욱 적었다

제9대 국회의원선거에서 제1당인 민주공화당이 2명의 후보를 출마시킨 선거구는 총 73개 가운데 7개(9.6%)에 그쳤고 제1 야당인 신민당은 14개(19.2%) 선거구에 2명의 후보를 출마시켰다. 양대 정당이 선거법상 출마 가능한 2명의 후보를 모두 출마시킨 지역도 지역주의적 성격과 거리가 있었다. 민주공화당이 경기, 강원, 충북, 전남, 경북에 한 선거구씩, 경남에서는 2개의 선거구에 2명의 후보를 내보냈고 신민당은 서울의 7개, 부산의 2개, 경기의 1개, 경북의 4개 선거구에 2명의 후보를 출마시켰기 때문이다. 나아가 2명의 후보가 모두 당선된 곳은 민주공화당이 경기, 충북, 경북, 경남에서 한 선거구씩, 신민당이 서울에서 한 선거구로 모두 5개에 그쳤다.

제10대 국회의원선거에서 이러한 현상은 더욱 강해졌다. 이 선거에서 제1당인 민주공화당이 2인의 후보를 출마시킨 선거구는 하나도 없었다. 이에 비하여 제1 야당인 신민당이 2인의 후보를 출마시킨 선거구는 4개에 그쳤다. 신민당은 서울에서 두 개의 선거구, 충북과 충남에서 각각 1개의 선거구씩 2명의 후보를 출마시켰다. 하지만 신민당이 2명의 후보를 모두 당선시킨 사례는 하나도 없었다.

제11대 국회의원선거는 이러한 상황에 비추어 매우 독특한 선거이다. 제1당인 민주정의당이나 제1 야당인 민주한국당이 모두 2명의 후보를 출마시킨 사례가 하나도 없었다. 당시 「국회의원선거법」(시행 1981년 1월 29일) 제14조에는 "② 1지역구에서 선거할 의원의 정수는 2인으로 한다"고 되어 있다. 그리고 제28조에는 "① 정당은 지역구 선거에 있어서는 지역구별로 그 지역구에서 선거할 의원정수의 범위 안"에서 후보를 추천할 수 있었다.

제12대 국회의원선거에서도 이전의 선거에 비하여 큰 차이가 나타나지 않는다. 이 선거에서 제1당인 민주정의당이 2명의 후보를 추천한 경우는 하나도 없었다. 다만 제1 야당인 신한민주당은 3개의 선거구에 2명의 후보를 출마시켰다. 신한민주당은 대구, 전남, 경남에 한 선거구씩 2명의 후보를 출마시켰지만 어느 곳에서도 2명의 후보를 모두 당선시키지 못했다. 전체적으로 제9대-제12대 국회의원선거는 지역주의적 독식 현상과 거리가 먼 것으로 해석된다.

2) 소수정당의 국회 진출

이미 앞에서 거론했듯이 제9대 국회의원선거에서 새로이 도입된 중선거구제는 신생정당이나 이념정당 등 소수정당의 국회 진출을 촉진시킬 것으로 기대할 수 있다. 제9대부터 제12대 국회의원선거까지 장기적인 관점에서 보면 이러한 흐름이 다소 혼합적으로나마 있는 것으로 확인된다. 하지만 먼저 중앙선거관리위원회 자료(http://www.nec.go.kr/sinfo/index.html 검색일 : 2010년 1월 10일)를 통해서 본 제9대 국회의원 선거결과는 중선거구제의 도입이 소수정당의 원활한 국회 진출로 이어지지 않았다는 사실을 알려준다. 제9대 국회의원선거에서는 3개 정당(민주공화당, 신민당, 민주통일당)이 의석을 나누었을 뿐이다. 이 선거에서 양대정당 외에 제3당인 민주통일당은 48명의 후보를 추천했고 무소속은 102명의 후보가 출마했다. 그러나 앞의 〈표 2〉에서 보이듯이 출마자 가운데 민주통일당은 겨우 2명(4.2%)만 당선되었고 무소속은 19명(18.6%)만 의회에 진출했다. 한 마디로 제9대 국회의원선거에 참여한 정당의 숫자가 매우 적었고 그만큼 소수정당이나 신생정당의 국회 진입은 어려웠던 것이다.

제10대 국회의원선거에서 무소속을 제외하고 후보를 추천한 정당은 민주공화당, 신민당, 민주통일당, 통일사회당으로 정당의 숫자가 제9대에 비하여 겨우 하나 더 늘었다. 중앙선거관리위원회 자료(http://www.nec.go.kr/sinfo/index.html 검색일 : 2010년 1월 10일)에 의하면 양대정당을 제외하고 민주통일당이 51명, 통일사회당은 3명의 후보를 추천했으며 223명의 후보가 무소속으로 출마했다. 그러나 앞의 〈표 3〉에서 확인되듯이 출마자 가운데 민주통일당은 불과 3명(5.9%)만 당선되었고 통일사회당은 전부 낙선했다. 또한 223명의 무소속 후보 가운데 22명(9.9%)만이 당선되었다.

하지만 제11대 국회의원선거는 과거의 선거에 비하여 조금 달라졌다. 이 선거에서 후보를 출마시킨 정당은 모두 12개(민주정의당, 민주한국당, 민주사회당, 한국국민당, 민권당, 원일민립당, 신정당, 안민당, 사회당, 한국기민당, 통일민족당, 민주농민당)로 과거에 비하여 크게 늘어났다. 제1당인 민주정의당을 제외하고 민주한국당이 66명, 민주사회당이 33명, 한국국민당이 56명, 민권당이 58명, 원일민립당이 8명, 신정당이 39명, 안민당이 6명, 사회당이 13명, 한국기민당이 8명, 통일민족당이 3명, 민주농민당이 12명의 후보를 각각 추천했다. 이 선거에서 무소속 후보는 61명으로 전에 없이 대폭 줄었다. 이에 비하여 79.9%의 지역구를 장악한 양대정당을 제외하고 의석을 확보한 정당은 한국국민당(18석), 민주사회당(2석), 민권당(2석), 신정당(2석), 안민당(1석), 민농당(1석)에 그쳤다(〈표 4〉 참조). 그 밖에 4개의 정당(원일민립당, 사회당, 한국기민당, 통일민족당)은 단 한 명의 후보도 당선시키지 못했고 무소속은 61명 중에 11명(18.0%)만이 당선되었다.

제12대 국회의원선거에서 후보를 추천한 정당은 모두 9개(민주정의당, 신한민주당, 민주한국당, 한국국민당, 신정사회당, 민권당, 민족당, 근농당,

〈표-6〉 제8대-제12대 국회의원선거와 소수정당의 국회진입

	출마한 정당수	국회 진출 정당수	양대정당 의석점유율	소수정당 의석점유율	전체 후보수	지역구 선거경쟁률
제8대 국회	6개	4개	98.7% (151/153)	1.3% (2/153)	576명	3.76대 1
제9대 국회	3	3	85.6 (125/146)	14.4 (21/146)	297	2.03대 1
제10대 국회	4	3	83.8 (129/154)	16.2 (25/154)	416	2.67대 1
제11대 국회	12	8	79.9 (147/184)	20.1 (37/184)	430	2.34대 1
제12대 국회	9	6	74.5 (137/184)	25.5 (47/184)	386	2.10대 1

출처 : http://www.nec.go.kr/sinfo/index.html(검색일 : 2010년 1월 7일)

신민주당)로 4년 전에 비하여 조금 줄었다. 이 선거에서 양대 정당을 제외하고 민주한국당(80명), 한국국민당(62명), 신정사회당(15명), 민권당(9명), 민족당(4명), 근농당(16명), 신민주당(22명)이 후보를 추천했다. 앞의 〈표 5〉에서 확인되듯이 이 선거에서 74.5%의 지역구를 석권한 양대정당을 제외하고 민주한국당(26석), 한국국민당(15석), 신정사회당(1석), 신민주당(1석), 무소속(4석)만 의회에 진출했다. 이와 반대로 이 선거에서 민권당, 민족당, 근농당은 단 한 석도 확보하지 못했다.

이상의 논의를 요약하면 위의 〈표 6〉과 같이 정리된다. 이 표에서는 제9대 국회의원선거(14.4%) 이후 소수정당의 지역구 의석점유율이 제10대(16.2%), 제11대(20.1%), 제12대(25.5%)를 거치면서 점차 증가한 사실이 두드러진다. 특히 소선거구제로 치러진 제8대 국회의원선거의 소수정당 지역구 의석점유율이 1.3%였던 것을 감안하면 중선거구제의

효과가 적지 않게 확인된다고 하겠다. 특히 제9대 국회의원선거에서 중선거구제가 도입된 뒤 제11대 국회의원선거에 이르러 선거에 출마한 정당의 숫자나 국회에 진출한 정당의 숫자가 2배 이상으로 늘었고 선거에 출마한 전체 후보자의 숫자도 적지 않게 증가했다.[4)]

3) 정치신인의 의회 진출

이제 중선거구제가 실시된 제9대부터 제12대 국회의원선거 사이에 정치신인의 국회진입에 있어서 변화가 있는지 살펴보자. 장기적으로 보았을 때도 같은 기간 동안 초선의원의 국회 진출은 매우 제한적으로 이루어진 것처럼 보인다. 다음의 〈표 7〉은 중선거구제가 도입되기 전후의 국회의원 선거결과를 초선의원이라는 관점에서 정리한 것이다. 이 표에 따르면 제9대 국회에 진입한 지역구 초선의원은 41명(28.1%)에 불과하다. 그 뒤 제10대 국회에는 50명(32.5%)으로 증가했고 제11대 국회에는 135명(73.4%)으로 크게 늘었다. 하지만 제12대 국회에는 41명(22.3%)으로 다시 감소했다.

이렇게 중선거구제가 제9대 국회부터 제12대 국회 사이에 정치신인의 증가라는 측면에서 큰 영향을 주지 못했다고 보는 이유는 우선 제8대 국회의원 선거결과 때문이다. 제8대 국회의원선거에서 소선거구제 지역구로 당선된 정치신인이 74명(48.4%)이었다(〈표 7〉 참조). 이에 비하여 제11대를 제외한 중선거구제 국회의원선거에서 지역구로 당선된

4. 그러나 제11대 국회의원선거부터 선거구의 숫자도 과거보다 크게 늘어났기 때문에 오히려 지역구 선거경쟁도는 더 낮아졌던 것으로 드러난다.

〈표-7〉 제8대-제12대 국회의원선거와 초선의원(단위 : 명, %) :
지역구 vs. 전체 국회의원

	지역구 총수**	지역구 초선의원***	의원 총수**	전체 초선의원****
제8대 국회	153	74(48.4)	204	112(54.9)
제9대 국회	146	41(28.1)	223	115(51.6)
제10대 국회	154	50(32.5)	231	88(38.1)
제11대 국회	184	135(73.4)	276	225(78.9)
제12대 국회*	184	41(22.3)	276	102(40.0)

출처 : * 중앙선거관리위원회(1985)
** 대한민국국회사무처(1983)
*** http://www.assembly.go.kr/renew07/asm/ifa/mem_history_index.jsp?M_idx=5_02&M_menu=m05_02(검색일 : 2010년 1월 10일)
**** 국회도서관(1983)

초선의원의 비율이 크지 않았다. 게다가 제11대 국회에서 정치신인의 비중이 비약적으로 증가한 것은 중선거구제와 관련이 적고 대신 새로운 정치적 환경에 영향을 입은 것으로 보인다. 1981년 전두환 정권 초기에 실시된 제11대 국회의원선거에서는 김종필과 이후락 등 과거 유신 시대 정치인들이 권력형 부정축재자로 지목되어 더 이상 출마가 불가능해졌다. 이러한 상황에 정치신인이 대거 등장했고 제11대 국회는 대부분 초선의원으로 구성된 것이다.

그 다음으로 정치신인의 등장에 중선거구제가 큰 효력이 없었다고 보는 것은 중선거구 지역구 선거보다는 유신정우회나 전국구가 정치신인의 국회진입에 중요한 통로로 드러났기 때문이다. 〈표 7〉에서 보이듯이 제9대와 제12대 국회의원선거에서는 지역구를 통한 초선의원이 유신정우회와 전국구를 통한 초선의원의 반쯤에 불과했다. 제10대와 제11

대 국회의원선거에서는 그러한 수준까지 벌어지지 않았지만 여전히 전체 초선의원 가운데 지역구 출신의 비중이 훨씬 더 적었던 것이다.[5)]

4) 여성의 의회 진출

다음으로 중선거구제가 여성의 국회 진출에 어떠한 변화를 주었는지 살펴보자. 결론부터 말하자면 제9대부터 제12대 국회의원선거 사이에 중선거구제의 도입은 여성의 국회 진출에 큰 효과를 낳지 않았다고 하겠다. 다음의 〈표 8〉은 중선거구제가 도입되기 전후의 선거결과를 여성 의원의 측면에서 정리한 것이다. 이 표에 따르면 제9대부터 제12대 국회의원선거 사이에 지역구를 통하여 당선된 여성 의원의 숫자에 있어서 주목할 만한 변화가 없었다. 물론 제8대 국회에 한 명도 없던 여성 의원의 숫자가 제9대에 2명으로 늘었긴 하지만 그로부터 더 이상 증가하지 않았다. 그리고 중선거구 지역구보다 전국구나 유신정우회가 여성의 국회 진출에 훨씬 더 효과가 있는 경로였다.

〈표 8〉에 따르면 제9대 국회의원선거에서는 2명의 지역구 여성 국회의원이 탄생했다. 신민당의 김옥선과 김윤덕으로 두 의원은 모두 재선이었다. 제10대 국회의원선거에는 여성 의원의 숫자가 하나로 줄었다.

5. 그리고 기성 정당의 추천을 받지 않은 무소속 국회의원이라는 측면에서 볼 때도 정치신인의 국회 입성이 쉽지 않았다고 하겠다. 〈표 2〉부터 〈표 5〉를 보면 중선거구제 아래 무소속 의원의 숫자에 있어서도 의미 있는 변화가 확인되지 않기 때문이다. 제9대 국회에서 19명(13.0%)으로 출발하여 제10대에는 22명(14.3%)으로 증가했으나 제11대에 11명(6.0%)으로 절반이 줄어들었고 마침내 제12대에는 4명(2.2%)으로 낮아졌다. 제8대에는 무소속이 법적으로 출마할 수 없었다.

〈표-8〉 제8대-제12대 국회의원선거와 여성 의원 :
지역구 국회의원 vs. 전체 국회의원

	지역구총수	지역구출마자	지역구당선자	전국구/유정회
제8대 국회	153명	2명	0명	5명
제9대 국회	146	2	2	9(유정회 1기) 6(유정회 2기)
제10대 국회	154	5	1	7(유정회 3기)
제11대 국회	184	10	1	8
제12대 국회	184	7	2	6

출처 : 김원홍(1996).

이 선거에서 신민당의 김윤덕이 3선에 성공한 것이다. 제11대 국회의원선거에서도 여성 의원의 숫자는 하나에 그쳤다. 이 선거에서 민정당의 김정례가 처음 국회에 진입했다. 제12대 국회의원선거에서는 여성 의원의 숫자가 2명으로 늘어났다. 이 선거에서 민정당의 김정례가 재선에 성공했고 신한민주당으로 김옥선이 3선에 성공했다. 이에 비하면 유신정우회 1기와 2기를 구분하여 총 5번의 간접선거로 충원된 여성 의원은 모두 36명으로 평균 7명 이상이 된다.

2. 2006년 지방선거

1) 중선거구제와 지역주의

1987년 민주화 이후에 다시 시작된 지방선거는 2006년에 실시된 기초의회선거부터 중선거구제를 새로이 도입했다. 이 선거에서 중선거구제를 도입한 배경 가운데 하나는 주지하듯이 지역주의의 완화라는 목표가 놓여 있었다. 그렇다면 새로운 중선거구제는 지역주의 완화에 어떠한 영향을 미쳤을까? 결론부터 말하자면 2006년 기초의회선거의 중선거구제는 지역주의 완화에 긍정적인 효과를 주지 못한 것으로 보인다.

그 이유는 무엇보다도 2006년 지방선거에서 기초의회 선거결과 정당에 따른 지역독식 현상이 과거에 비해서 거의 변함없이 강하게 드러났기 때문이다. 〈표 9〉는 2006년 지방선거에서 기초의회 중선거구 선거결과를 지역별로 정리한 것이다. 이 표에 따르면 한나라당은 부산(86.7%), 대구(97.0%), 울산(58.1%), 경북(74.1%), 경남(74.7%)에서 압승했으나 광주, 전북, 전남에서는 단 한 석도 확보하지 못했다. 이에 비하여 열린우리당은 광주, 전북, 전남에서 선전을 했지만 영남지역에서는 고전을 면치 못했다. 또한 민주당이 주목할 만한 성과를 낳은 곳은 광주, 전북, 전남을 제외하고 찾아보기 어렵다. 그리고 국민중심당이 의석을 확보한 곳도 겨우 대전과 충남에 그쳤다.

2002년 지방선거는 기초의회선거를 소선거구제로 실시했기 때문에 2006년 중선거구제와 비교하면 중선거구제의 도입에 따른 지역주의 변화라는 문제에 대한 평가가 가능할 것이다. 하지만 2002년 지방선거에서는 2006년과 달리 기초의회선거가 정당공천제로 이루어지지 않았기 때문에 정당별 의석분포를 찾아 비교할 수 없다. 따라서 여기에서는 한국의 지방선거(1인 5–6표제)와 국회의원선거(1인 2표제)는 물론 미국의 동시선거에서 보편적으로 유권자의 일괄투표가 분리투표보다 훨씬 더 많은 것을 감안해서 2002년과 2006년의 광역의회 비례대표선거의 주요 정당별 득표율을 비교하는 것으로 그친다(김왕식 2006).[6]

다음의 〈표 10〉은 최근 두 차례의 지방선거에서 보인 광역의회 비례대표 선거결과를 한나라당과 민주당(열린우리당)의 측면에서 정리한 것이다. 이 표에 따르면 놀랍게도 한나라당의 지역별 득표율은 4년이라

〈표-9〉 2006년 지방선거 기초의회선거 주요 정당지역별 당선인(단위 : 명, %)

	열린우리당	한나라당	민주당	민주노동당	국민중심당	무소속
서울	119(32.6)	233(63.7)	10(2.7)	2(0.5)		2(0.5)
부산	19(12.0)	137(86.7)				2(1.3)
대구	2(2.0)	99(97.0)				1(1.0)
인천	31(31.2)	61(62.9)	1(1.1)	2(2.0)		2(2.0)
광주	16(27.1)		34(57.6)	8(13.6)		1(1.7)
대전	21(38.2)	30(54.5)			4(7.3)	
울산	2(4.7)	25(58.1)		11(25.6)		5(11.6)
경기	103(28.3)	245(67.3)	1(0.3)	7(1.9)		8(2.2)
강원	32(21.9)	92(63.0)				22(15.1)
충북	39(34.2)	61(53.5)		1(0.9)		13(11.4)
충남	22(14.5)	66(43.4)		1(0.7)	52(34.2)	11(7.2)
전북	85(49.1)		52(30.1)	6(3.5)		30(17.3)
전남	34(16.1)		135(64.0)	3(1.4)		39(18.5)
경북	5(2.0)	183(74.1)		2(0.8)		57(23.1)
경남	13(5.8)	169(74.7)		9(4.0)		35(15.5)
합계	543(21.6)	1,401(55.8)	233(9.3)	52(2.1)	56(22.2)	228(9.0)

출처 : http://www.nec.go.kr : 7070/dextern/main.html(검색일 : 2010년 1월 10일)
주 : 제주도는 특별행정자치도로서 기초의회선거를 동시에 실시하지 않았다.

는 긴 시간적 간격에도 불구하고 거의 변화가 없었다. 다만 2006년 지방선거에서 한나라당이 겪은 변화는 호남지역에서 받은 지지가 조금씩 더 감소했다는 현상을 지적할 수 있다. 이에 비하여 2006년 지방선거에서 열린우리당과 민주당이 영남지역에서 받은 득표율을 합하면 2002년 민주당이 받은 득표율과 비교하여 조금씩 더 늘어난 것이 확인된다. 이와 동시에 2006년 지방선거에서 열린우리당과 민주당이 호남에서 받은 득표율의 합계도 2006년 선거에서 보인 민주당의 득표율보다 조금씩 더 증가했다. 이를 종합하면 결국 전체적으로 지역주의의 약화가 감지되었다고 하기 어려운 것인데, 이러한 현상이 기초의회선거 수준에서도 큰 차이 없이 이루어졌을 것으로 조심스럽게 추론해 본다.

그 다음으로 2006년 지방선거 기초의회선거에서 중선거구제가 지역주의 완화에 긍정적인 효과를 낳지 못한 것으로 보이는 근거는 선거구별 독식현상이다. 다시 말하자면 2006년 기초의회선거에 2-4인을 선출하는 중선거구제를 도입함으로써 적어도 호남지역에서는 한나라당이 2-4등으로나마 기초의회에 진출하고 영남지역에서는 열린우리당이나 민주당이 2-4등으로 당선되는 것을 기대했지만 현실은 그렇지 않았다는 것이다. 〈표 11〉은 2006년 기초의회선거의 선거구 수준에서 한나라당이나 열린우리당(민주당)이 독식한 사례를 정리한 것이다. 이 표에서는 16개 광역시도 가운데 한 정당이 각 선거구에 할당된 의석의 대부분이나 전부를 장악한 경우가 매우 빈번했고, 또한 그러한 현상이 지역적으로 매우 뚜렷하게 편중되어 있다는 사실이 확인된다.

이 표에 따르면 한나라당이 부산, 대구, 경북, 경남의 2인 선거구에서 두 자리를 모두 장악한 사례가 절대적으로 많았다.[7] 같은 지역에서

6. 물론 이러한 방법이 두 선거 사이에서 지역별 정당의 의석분포를 정확하게 비교하도록 보장해 주지는 않는다. 다만 이 연구에서는 2002년 지방선거에서 정당공천이 적용되지 않은 이유로 2006년 지방선거와 비교하는 것을 피하기보다는 그나마 가용한 자료를 최대한 활용하는 방법을 택하는 것이다. 아쉽게도 현실적으로 이러한 방법 외에 정당별 의석분포에 대한 추론을 그나마 가능하게 하는 방법이 없다.

〈표-10〉 광역의회 비례대표선거 주요 정당지역별 득표율(%) : 2002년과 2006년

	2002	2006	2002	2006	
	한나라당	한나라당	민주당	열린우리당	민주당
서울	51.8	57.2	37.0	21.3	10.4
부산	71.7	65.7	14.1	19.7	2.0
대구	76.2	77.6	7.7	12.6	0
인천	54.4	57.9	29.8	20.6	6.9
광주	8.5	4.7	70.4	28.4	49.4
대전	42.9	46.4	12.6	26.5	0
울산	60.3	58.5	8.6	14.7	0
경기	55.0	58.9	32.2	22.3	6.5
강원	61.0	62.3	21.7	25.0	0
충북	51.3	54.1	16.2	29.3	0
충남	33.1	41.3	11.9	20.3	0
전북	9.7	7.7	65.2	39.7	37.7
전남	7.4	5.6	67.4	22.9	58.8
경북	74.9	74.9	7.9	12.9	2.0
경남	74.5	63.8	10.8	18.1	0
제주	47.5	4.7	39.3	28.4	49.4
합계	52.2	53.8	29.1	21.6	9.9

출처 : 중앙선거관리위원회(2002), 411 ; 중앙선거관리위원회(2006), 266.

한나라당이 3인 선거구에서 세 자리를 모두 확보한 선거구도 적지 않았다. 심지어 한나라당은 대구에서 3인 선거구의 75%를 모두 독식했다. 또한 한나라당은 경북의 4인 선거구 네 군데 가운데 하나를 모두 독점했다. 앞의 〈표 9〉를 참고하면 한나라당이 부산, 대구, 울산에서 독식한 뒤

〈표-11〉 주요 정당의 독식 선거구(단위 : 개, %)

	정당	2인 선거구	3인 선거구	4인 선거구
서울	한나라당	38(31.4)	1(0.8)	–
	열린우리당–민주당	0	0	–
부산	한나라당	42(84.0)	7(38.9)	0
	열린우리당–민주당	0	0	0
대구	한나라당	25(96.2)	12(75.0)	–
	열린우리당–민주당	0	0	–
인천	한나라당	8(27.6)	0	–
	열린우리당–민주당	0	0	–
광주	한나라당	0	0	0
	열린우리당–민주당	2(50.0)	0	0
대전	한나라당	0	0	–
	열린우리당–민주당	0	0	–
울산	한나라당	0	2(18.9)	–
	열린우리당–민주당	0	0	–
경기	한나라당	26(32.5)	10(14.7)	–
	열린우리당–민주당	0	0	–
강원	한나라당	5(41.7)	6(17.6)	1(20.0)
	열린우리당–민주당	0	0	0
충북	한나라당	5(21.7)	0	0
	열린우리당–민주당	0	0	0
충남	한나라당	8(22.9)	1(5.6)	0
	열린우리당–민주당	0	0	0
전북	한나라당	0	0	0
	열린우리당–민주당	38(80.8)	8(38.1)	1(25.0)

전남	한나라당	0	0	0
	열린우리당－민주당	31(68.9)	14(45.2)	2(28.6)
경북	한나라당	30(50.0)	15(40.5)	1(25.0)
	열린우리당－민주당	0	0	0
경남	한나라당	36(58.0)	7(23.3)	0
	열린우리당－민주당	0	0	0

출처 : http://www.nec.go.kr : 7070/dextern/main.html(검색일 : 2010년 1월 10일)

남은 극소수의 의석은 열린우리당으로 향했고 경북과 경남에서는 민주노동당으로 돌아갔다는 사실을 알 수 있다.

이에 비하여 열린우리당과 민주당이 독식한 경우는 역시 광주, 전북, 전남에서만 발견된다. 열린우리당은 광주의 2인 선거구 가운데 반을 모두 독식했다. 열린우리당과 민주당의 조합이 전북과 전남의 2인 선거구와 3인 선거구를 모두 장악하는 사례는 매우 빈번했다. 또한 두 정당의 조합이 같은 지역의 4인 선거구를 독식하는 일도 적지 않았다. 그러나 앞의 〈표 9〉를 보면 이 지역에서 두 정당이 독식한 뒤 남은 의석은 한나라당의 몫이 아니라 민주노동당의 자리였다.

2) 소수정당의 기초의회 진출

이제 중선거구제가 처음 실시된 2006년 지방선거 기초의회선거에

7. 〈표 11〉을 읽을 때 2006년 기초의회선거의 전체 1,028개 선거구 가운데 2인 선거구가 610개(59.3%), 3인 선거구가 379개(36.9%)를 차지했고 4인 선거구는 39개(3.8%)에 불과했다는 사실을 감안해야 한다(황아란 2007).

서 소수정당의 선거결과를 살펴보자. 결론부터 말하자면 2006년 기초의회선거에서 중선거구제가 도입된 뒤 새로운 소수정당의 진입에는 큰 효과를 낳지 못했지만 한국의 이념정당인 민주노동당의 의석을 넓히는 데는 조금이나마 기여한 것으로 보인다. 먼저 중앙선거관리위원회 자료(http://www.nec.go.kr : 7070/dextern/main.html 검색일 : 2010년 1월 10일)에 따르면 2006년 기초의회선거에는 모두 8개(열린우리당, 한나라당, 민주당, 민주노동당, 국민중심당, 시민당, 한미준, 희망사회당) 정당이 참여했다. 그러나 이 선거에서 의석을 확보한 정당은 5개(열린우리당, 한나라당, 민주당, 민주노동당, 국민중심당)에 그쳤다. 이들 정당은 이름이 바뀐 것이 있을지언정 모두 2000년대의 다른 선거에 지속적으로 참여했기 때문에 신생정당이라고 부르기가 쉽지 않다.[8]

다음으로 민주노동당은 소선거구제의 2002년에 비하여 중선거구제가 도입된 2006년에 비율상 약 2배 정도로 성장한 것으로 확인된다. 앞의 〈표 9〉와 같이 2006년 지방선거에서 당선된 민주노동당 출신 선거구 기초의회의원은 모두 52명이다. 2006년 지역구 기초의회의원의 정수(2,513명)에 비하여 2.07%에 달한다. 민주노동당 기초의회의원은 부산, 대구, 대전을 제외하고 전국적으로 골고루 당선되었는데 울산에는 11명씩이나 당선자가 탄생했다. 이에 비하여 민주노동당 정책연구소 자료에

8. 참고로 2002년 지방선거에는 모두 15개 정당(한나라당, 민주당, 자민련, 민국당, 미래연합, 국민행동, 노권당, 녹색당, 녹색평화당, 민주공화당, 민주노동당, 사회당, 새신당, 번영당, 한국당)이 참여했다. 하지만 기초의회선거에는 정당공천제가 적용되지 않았다.

따르면 2002년 민주노동당 소속 기초의회의원은 모두 32명이었다. 2002년 지역구 기초의회의원의 총수(3,015명) 가운데 1.06%를 차지한다. 당시 민주노동당 소속 기초의회의원은 인천, 강원, 충청을 제외한 모든 지역에 걸쳐 있었고 울산에서는 10명이 배출되었다.

3) 정치신인의 기초의회 진출

다음으로 2006년 중선거구제 실시와 정치신인의 기초의회 진출이라는 주제는 기초의회의원의 연령대와 무소속이라는 범주와 관련지어 설명한다. 그러나 2006년 기초의회에 중선거구제로 인하여 정치신인이 많이 증가했는지는 유보적인 것으로 보인다. 다음의 〈표 12〉는 기초의회의원의 연령대별 분포를 정리한 것인데, 2002년에 비하여 2006년 기초의회의원의 연령대가 크게 젊어지지 않았기 때문이다. 비율로 기준을 삼았을 때 차이가 보이는 연령대는 40대와 60대 이상이다. 2002년에 비하여 2006년 기초의회에 40대 의원의 비율이 약 3% 포인트 증가했고 60대 이상의 의원이 약 3% 포인트 감소했다.

그리고 2006년 기초의회에 진입한 무소속 출신은 228명으로 전체 기초의회의원 가운데 9.0%에 불과하다. 중앙선거관리위원회 자료(http://www.nec.go.kr : 7070/dextern/main.html 검색일 : 2010년 1월 10일)에 따르면 2006년 기초의회선거에 출마한 무소속 후보가 모두 3,266명이었는데 그 중 7.0%만 겨우 당선된 셈이다. 정당공천제가 실시되지 않은 2002년 기초의회선거와 비교할 수 없지만 2006년 기초의회의원 가운데 무소속 후보의 성공률은 총 4,742명의 정당소속 후보의 성공률(48.2%)에 비하여 크게 낮은 것이 분명하다.

또한 앞의 〈표 9〉를 다시 한 번 보면 무소속 당선자가 전북, 전남,

〈표-12〉 기초의회의원의 연령대별 분포(단위 : 명, %) : 2002년과 2006년

	2002년	2006년
30세 미만	4(0.1)	6(0.2)
30대	227(6.5)	165(6.6)
40대	1348(38.7)	1061(42.2)
50대	1386(39.8)	996(39.6)
60대 이상	520(14.9)	285(11.3)
합계	3,485	2,513

출처 : http://www.nec.go.kr : 7070/dextern/main.html(검색일 : 2010년 1월 10일)

경북, 경남에 집중되어 있는 것을 알 수 있다. 이들의 비율은 전체 무소속 당선자 가운데 무려 74.4%를 차지한다. 그러나 이들이 순수한 의미의 무소속이라기보다 공천만 받으면 당선이 가능할 정도로 지역주의가 강한 지역에서 기성 정당의 공천을 받지 못하자 마지못해 무소속으로 출마한 사례가 많다고 보인다. 이들은 선거에서 당선되면 지역주의가 강한 정당에 입당하는 경향이 강하다.

4) 여성의 기초의회 진출

마지막으로 2006년 기초의회선거에서 중선거구제가 도입된 뒤 여성의 기초의회 진출이 어떠한 변화를 겪었는지 살펴보자. 일견 2006년 기초의회선거에서 여성의 진출이라는 측면에서는 다소 긍정적인 변화가 있다고 보인다. 2006년 지역구 기초의회의원 총 2,513명 가운데 남성이 2,403명(95.6%)인 데 비하여 여성이 110명(4.4%)이나 탄생했기 때문이다. 2002년 기초의회선거에서 여성 의원이 총 3,485명 가운데 77명(2.2%)에 그쳤던 것을 감안하면 4년 만에 기초의회에서 여성 의원의 비중

이 2배씩이나 성장한 것이다.

그러나 이러한 변화가 기초의회선거의 중선거구제 도입 때문인지는 아직 불확실하다. 2006년 지방선거에서 광역의회의원 총 655명 가운데 여성이 32명(4.9%)을 차지했고, 이러한 비중은 2002년의 약 2배에 해당하기 때문이다. 2002년 광역의회선거에서 총 609명 가운데 여성은 14명(2. 3%)에 머물렀다. 중선거구제와 상관 없는 광역의회선거에서도 여성 의원의 비율이 기초의회선거에서와 비슷한 폭으로 증가했다는 것은 기초의회에서 여성 의원의 증가가 중선거구제 외에 다른 요인에 의하여 영향을 받았다고 추론하게 만든다.

다른 한편 2006년 지방선거에서 광역단체장 16명 가운데 여성이 전무했고 기초단체장 230명 가운데 여성은 3명(1.3%)뿐이었다. 또한 2002년 지방선거에서도 광역단체장은 16명 모두 남성이었고, 기초단체장 232명 가운데 여성은 2명(0.9%)에 불과했다. 여기에서 여성할당제가 적용되는 비례대표 광역의회의원이나 기초의회의원은 논외로 한다.

Ⅳ. 결론

이 연구는 현재 한국의 국회의원선거제도의 대안 가운데 하나로 꼽히는 중선거구제에 대하여 공통적인 기준을 적용하여 실제 사례를 분석하고 평가해 보았다. 그 기준은 현재 한국에서 중선거구제를 도입할 것을 고려하면서 얻으려는 긍정적인 목표들로서 지역주의의 완화, 소수정당의 진출, 정치신인의 진출, 여성의 진출과 관련된 것이다. 연구의 필요상 공통적인 기준을 적용하다 보니 아직 국회의원선거 수준에서 지역주의가 뚜렷해지기 전 시기의 사례를 훑어보는 일도 피할 수 없었다. 그리고 연구의 대상이 되는 선거사례가 매우 적기 때문에 보다 엄밀한 통계적인 분석에 기초한, 보다 과학적인 인과관계를 추출하지 못한 아쉬움도 남는다. 대신 총 5회의 선거(제9-12대 국회의원선거와 2006년 지방선거)에서 나타난 공식 선거결과를 표로 요약해서 선거결과에서 나타난 중선거구제의 효과를 비교했기 때문에 본문에 등장하는 표가 많아진 것도 피하지 못했다. 그럼에도 불구하고 일관성 있는 기준을 적용하고 중선거구제의 도입 외에 다른 변수들은 모두 배제한 상태에서 한국의 중선거제 사례를 체계적으로 비교·평가해 보았다. 그 결과는 다음에 요약되어 있는데, 궁극적으로 중선거구제 도입에 대한 현실적인 시사점을 찾게 도와줄 것이다.

여기에서 발견한 가장 중요한 사실은 그간 한국의 중선거구제는 제도적으로 파생시킬 수 있는 긍정적인 효과를 일관성 있게 현실화시키지 못했다는 것이다. 이 연구에서 한국의 사례 가운데 중선거구제의 효과가 그나마 예상대로 확인된 것은 소수정당의 의회 진입과 관련되어 있었다. 중선거구제는 실제로 제9대 국회의원선거(14.4%) 이후 제10대(16.2%), 제11대(20.1%), 제12대(25.5%)를 거치면서 소수정당의 의석점유율을 점차 증가시키는 데 영향을 주었다. 그리고 중선거구제는 2006년 기초의회선거에서 신생정당 또는 군소정당이 새로이 의회로 진입하는 데는 크게 기여하지 못했을지라도 이념정당인 민주노동당이 소선거구제인 2002년에 비하여 비율상 약 2배 정도 성장하는 정치적 토양을 제공하기에 충분했다.

이에 비하여 한국의 사례를 비추어 보았을 때 중선거구제의 다른 긍정적인 요소가 기대에 크게 못 미쳤다는 결론에 도달할 수 있다. 그 이유는 우선 중선거구제가 정치신인의 의회 진출에 주목할 만한 도움을 주지 못했기 때문이다. 국회의원선거에서 중선거구제가 도입된 뒤 초선 의원은 제9대에 41명(28.1%)이 탄생했고, 제10대에는 50명(32.5%)으로 증가했으며, 제11대에는 135명(73.4%)으로 크게 늘었으나 제12대에는 41명(22.3%)으로 다시 감소했다. 제11대 국회의원선거에는 유신시대의 정치인들이 출마하지 못하는 상황이었고, 그 공백을 정치신인이 대거 메웠다. 다시 말해 전체적으로 같은 기간 동안 정치신인의 증가가 이루어진 것이 중선거구제의 도입과 무관했던 것이다.

그리고 지방선거 수준에서도 중선거구제가 정치신인의 등용에 큰 영향을 주지 못했다. 2002년와 2006년 기초의회의원 사이의 연령대를 보면 큰 차이가 없어 중선거구제가 젊고 유능한 신인을 유인하지 못한 것으로 보인다. 또한 2006년에 진입한 무소속 출신 기초의회의원이 228명으로 전체의 9.0%로 매우 소수에 불과했다. 이에 비하여 무소속 후보는 모두 3,266명 출마했는데 그 중 7.0%만 겨우 당선되었을 뿐이다.

다음으로 중선거구제는 제9대부터 제12대 국회의원선거 사이에 여성의 국회 진출에도 큰 효과를 낳지 못했다. 같은 기간 동안 지역구를 통하여 당선된 여성 의원의 숫자는 1-2명으로 큰 차이가 없었다. 그리고 2006년 기초의회의원 가운데 여성이 110명(4.4%)으로 2002년 77명(2.2%)에 비하여 2배 정도 성장한 것으로 보인다. 하지만 이러한 변화가 중선거구제 도입 때문인지는 아직 불확실하다. 중선거구제가 아닌 2006년 광역의회의원선거에서도 2002년에 비하여 여성 의원의 비율이 기초의회의원에서와 비슷한 폭으로 증가했기 때문이다.

그러나 그 무엇보다 중선거구제의 효과가 기대에 못 미친 것으로 보이는 부분은 지역주의 완화 효과이다. 대통령선거에서는 제6대와 제7

대를 거치면서 지역주의가 강화되기 시작했지만 다행히 국회의원선거에서는 제9대부터 제12대까지 지역주의적 선거결과가 형성되지 않은 것으로 나타났다. 이러한 요인은 다른 변수들을 감안하지 않았을 경우 중선거구제의 효과와 관련지을 수도 있겠지만 실제로는 당시 시대적 환경이 더 크게 작용한 것으로 보인다. 그 시기는 아직 대통령선거에서도 지역주의가 맹아 수준이었고 유신과 군사정권으로 인해 자유롭고 공정한 선거가 보장되지 않았던 것이다.

그러나 지역주의가 매우 강해지고 민주적 선거활동이 보장된 정치적 환경에서 치러진 2006년 지방선거에서는 중선거구제가 도입된 기초의회선거에서 기대와 달리 정당에 따른 지역독식 현상이 매우 강하게 나타난 것으로 확인된다. 2-4인의 당선자를 배출하는 중선거구제를 도입하면서 크게 기대를 모았던 정당 간 지역적 의석 분점이라는 목표는 여전히 현실화되지 않았다. 오히려 각 정당은 자신의 표밭마다 2-4인의 후보를 모두 출마시켰고, 그마저 거의 독식해 버려 중선거구제의 제도적 맹점을 철저히 이용한 것으로 드러났다.

이 연구는 앞으로 국회의원선거제도로 중선거구제를 도입할 때 2006년 기초의회선거와 비슷하게 지역적 독식현상이 그대로 재연될 것이라고 주장하는 것은 아니다. 기초의회선거와 국회의원선거 사이에는 엄연한 차이가 있기 때문이다. 그러나 이 연구는 향후에 국회의원선거제로를 중선거구제로 바꾼다고 할지라도 과거의 사례에 비추어 볼 때 지역주의적 선거결과를 완화시키는 데는 매우 제한적일 것이라고 본다. 중선거구제는 정당이 선거구 정수만큼 후보를 추천할 수 있는 제도적 맹점이 있기 때문이다. 이러한 선거결과는 비단 한국에 국한되지는 않는다. 1842년까지 복수선거구제를 실시했던 미국의 주하원의원선거에서

한 정당이 거의 90%의 선거에서 거의 모든 의석을 독식했다(Calabrese 2000). 이렇게 중선거구제의 선거구의 크기는 날카로운 양날의 칼로서 정당 간 지역적 의석 분점에 대한 기대를 받고 있지만 여전히 지역적 의석 독식이라는 결과를 낳을 수 있는 것이다.

그러므로 현재 중선거구제의 도입을 고려할 때 가장 중요한 근거가 되는 것이 지역주의의 완화 가능성인데, 이 연구결과가 그러한 긍정적 효과가 확인되지 않는다는 사실을 규명한 것은 매우 의미심장하다. 게다가 정치신인과 여성의 의회 진출이라는 측면에서도 기대했던 효과가 확인되지 않았거나 매우 유보적이다. 그나마 중선거구제는 한국에서 소수정당이나 이념정당의 의회 진출에 다소 긍정적인 기여를 한 것으로 나타날 뿐이다. 나아가 이미 서두에서 언급한 중선거구제의 본원적인 부정적인 측면이 엄중한 것까지 감안한다면 향후 국회의원선거에서 적어도 과거와 같은 중선거구제, 즉 단기비이양식 중선거구제의 재도입은 매우 조심스럽게 접근할 필요가 생긴다고 하겠다.

참고문헌

강원택. 2003. "바람직한 선거제도의 개혁 방안." 『한국정당학회보』 제2권 제2호 : 5-21.

______. 2005. 『한국의 정치개혁과 민주주의』. 서울 : 인간사랑.

고선규. 2006. "2006년 지방선거에서 중선거구제 도입과 정치적 효과." 『한국정치연구』 제15권 제2호 : 122-144.

국회도서관. 1983. 『의정30년 사료 : 제헌국회-제10대 국회』.

국회사무처. 1993. 『역대국회의원총람 2』.

김영태. 2002. "1인 2표제의 제도적 효과와 정치적 영향." 진영재 편. 『한국의 선거제도』. 서울 : 한국사회과학데이터센터. 207-249.

김용호. 1996. "대통령 및 국회의원 선거제도의 변화." 『국회보』 353 : 89-106.

______. 2000. "한국 선거제도의 변화와 정치적 효과분석." 박찬욱 편. 『비례대표선거제도』. 서울 : 박영사. 263-286.

김왕식. 2006. "1인 2표제 도입의 정치적 효과." 『한국의 선거 : 제16대 대통령선거와 제17대 국회의원 선거』. 서울 : 오름.

김원홍. 1996. 『국회의원 여성후보에 관한 연구』. 한국여성개발원 연구보고서.

김원홍 · 윤덕경 · 김은경 · 김은수. 2007. "기초의회 선거제도의 변화가 여성의 의회진출에 미친 효과성에 관한 연구 : 2006년 5 · 31 지방선거를 중심으로." 『여성연구』 73 : 119-158.

대한민국국회사무처. 1983. 『역대국회의원총람』.

박철희. 2006. "일본 야당세력의 재편과 정당경쟁체제." 『한국정치학회보』 제40집 제5호 : 279-299.

심지연 · 김민전. 2002. "선거제도 변화의 전략적 의도와 결과 : 역대 국회의원 선거를 중심으로." 『한국정치학회보』 제36집 제1호 : 139-162.

양기호. 1997. "일본 중의원 소선거구제 비판에 관한 일고찰." 『한국정치학회보』 제31집 제2호 : 277-295.

이상묵. 2006. "한국의 국회의원 선거제도 변화의 원인분석." 『한국정치학회보』 제40집 제5호 : 165–189.

______. 2007. "지방선거제도 변화의 정치적 효과 분석." 『한국지방자치학보』 제19권 제1호 : 53–70.

전황수. 1998. "일본 정치의 여야유착관계." 『국제관계연구 IRI 리뷰』 제3권 제1호 : 201–235.

정준표. 2007. "5 · 31 기초의원선거에서 나타난 선거제도의 효과." 『한국정당학회보』 제6권 제2호 : 29–63.

정준표 · 정영재. 2005. "선거제도의 정치적 효과 : 제6대–제17대 국회의원선거를 중심으로." 『한국정당학회보』 제4권 제2호 : 5–44.

중앙선거관리위원회. 1985, 『제12대 국회의원선거총람』.

______. 2002. 『제3회 전국동시지방선거총람』.

______. 2006. 『제4회 전국동시지방선거총람』.

한인택. 2006. "단기비이양식투표제하 정당실책분석 : 서울, 전북, 전남지역의 제4회 지방기초의회선거를 중심으로." 『한국정치학회보』 제40권 제5호 : 215–232.

황아란. 2002. "국회의원선거구제 개편논의에 대한 비판적 고찰." 진영재 편. 『한국의 선거IV』. 서울 : 한국사회과학데이터센터.

______. 2007. "기초 지방의원선거의 중선거구제 개편과 정치적 효과 : 실패한 제도 개혁." 『지방정부연구』 제11권 제1호 : 209–225.

Adams, Greg D. 1996. "Legislative Effects of Single–member vs. Multimember Districts." *American Journal of Political Science* 40 : 129–144.

Aldrich, John H. 1995. Why Parties? : *The Origin and Transformation of Political Parties in America* Chicago : University of Chicago Press.

Ames, Barry, Andy Baker, and Lucio R. Renno. 2009. "Split–ticket Voting as the Rule : Voters and Permanent Divided Government in Brazil." *Electoral Studies* 28 : 8–20.

Benoit, Kenneth. 2001. "District Magnitude, Electoral Formula, and the Number of Parties." *European Journal of Political Research* 39 : 203–224.

Blais, Andre, and R. K. Carty. 1987. "The Impact of Electoral Formulae on the Creation of Majority Governments." *Electoral Studies* 6 : 209–218.

Calabrese, Stephen. 2000. "Multi–member District Congressional Elections." *Legislative Studies Quarterly* 25 : 611–643.

Carey, John M., and Matthew Soberg Shugart. 1995. "Incentives to Cultivate a Personal Vote : A Rank Ordering of Electoral Formulas." *Electoral Studies* 14 : 417–440.

Colomer, Josep M. 2007. "On the Origins of Electoral Systems and Political Parties : The

Role of Elections in Multi−member Districts." *Electoral Studies* 26 : 262−273.

Duverger, Maurice. 1954. *Political Parties : Their Organization and Activity in the Modern State* New York : John Wiley.

Engstrom, Richard L., and Michael D. McDonnald. 1993. "Enhancing Factors' in at−large Plurality and Majority Systems : A Reconsideration." *Electoral Studies* 12 : 385−401.

Grofman, Bernard, Michael Migalski, and Nicholas Noviello. 1986. "Effects of Multi-member Districts on Black Representation in State Legislatures." *The Review of Black Political Economy* 14 : 65−78.

Grofman, Bernard. 1999. "SNTV : An Inventory of Theoretically Derived Propositions and A Brief Review of the Evidence from Japan, Korea, Taiwan and Alabama." In : Grofman, B., Lee, S. C., Winckler, E., Woodall, B. (Eds.), *Elections in Japan, Korea and Taiwan under the Single Non−transferable Vote : The Comparative Study of An Embedded Institution* University of Michigan Press, Ann Arbor, MI.

Grofman, Bernard. 2005. "Comparisons among Electoral Systems : Distinguishing between Localism and Candidate−centered Politics." *Electoral Studies* 24 : 735−740.

Hogan, Robert E. 2001. "The Influence of State and District Conditions on Representation of Women in U.S. State Legislatures." *American Politics Research* 29 : 4−24.

Jones, Mark P. 1993. "The Political Consequences of Electoral Laws in Latin America and the Caribbean." *Electoral Studies* 12 : 59−75.

Lijphart, Arend. 1990. "The Political Consequences of Electoral Laws : 1945−85." *American Political Science Review* 84 : 481−496.

Lijphart, Arend, 1994. *Electoral Systems and Party Systems* Oxford University Press, Oxford.

Niemi, Richard G., Jeffrey S. Hill, and Bernard Grofman. 1985. "The Impact of Multi−member Districts on Party Representation in U.S. State Legislatures." *Legislative Studies Quarterly* 10 : 441−455.

Rae, Douglas W. 1971. *Political Consequences of Electoral Laws* New Haven, CT. : Yale University Press.

Remmer, Karen L. 1991. "The Political Impact of Economic Crisis in Latin America." *American Political Science Review* 85 : 777−800.

Taagepera, Rein, and Matthew Soberg Shugart. 1989. *Seats and Votes* New Haven, CT. : Yale University Press.

지은이 **이준한**

이준한은 1989년 서울대학교 인문대학을 졸업한 뒤 1992년 서울대학교 사회과학대학 정치학과에서 석사학위를 받았다. 그 뒤 2001년 미국 Michigan State University에서 "Economics and Elections in South Korea and Taiwan"이란 논문으로 정치학 박사학위를 받았고, 2002년까지 University of Missouri–Columbia에서 Post-Doctoral Fellow를 역임했다. 2003년부터 현재까지 인천대학교 정치외교학과의 교수로 재임 중이며, 2010년 7월부터는 인천학연구원의 원장을 맡고 있다. 저서로는 『개헌과 민주주의』(한울아카데미, 2007)가 있으며, 지금까지 *Democratization*, *Asian Survey*, *International Journal of Public Opinion Research* 등 국내외 학술지에 다수의 논문을 발표했다. 연구영역은 주로 선거, 정당, 의회, 정치제도, 민주화 등 비교정치에 걸쳐 있다.

개헌과 동시선거
선거주기의 효과에 대한 비교연구

초판1쇄 / 2011년 1월 27일

지은이 **이준한**
펴낸이 **여국동**
펴낸곳 **도서출판 인간사랑**
인 쇄 **백왕인쇄**

출판등록 1983. 1. 26. / 제일 3호

(411-815) 경기도 고양시 일산구 백석동 1178-1
TEL (031)901-8144, 907-2003
FAX (031)905-5815
E-mail igsr@yahoo.co.kr / igsr@naver.com

정가 17,000원

ISBN 978-89-7418-015-7 93340